教师专业标准研究丛书

JIAOSHI ZHUANYE BIAOZHUN YANJIU CONGSHU

丛书主编　周南照

教师专业标准的深度开发与实施

陈德云　王远美　熊建辉◎著

北京师范大学出版集团
BEIJING NORMAL UNIVERSITY PUBLISHING GROUP
北京师范大学出版社

图书在版编目(CIP)数据

教师专业标准的深度开发与实施 / 陈德云,王远美,熊建辉
著. —北京:北京师范大学出版社,2022.4(2022.12 重印)
(教师专业标准研究丛书 / 周南照主编)
ISBN 978-7-303-27708-7

Ⅰ.①教… Ⅱ.①陈… ②王… ③熊… Ⅲ.①师资培养-对比
研究-世界 Ⅳ.①G451.2

中国版本图书馆 CIP 数据核字(2022)第 001389 号

营 销 中 心 电 话　010-58808083
图 书 意 见 反 馈　gaozhifk@bnupg.com　010-58805079

JIAOSHI ZHUANYE BIAOZHUN DE SHENDU KAIFA
YU SHISHI

出版发行:北京师范大学出版社 www.bnupg.com
　　　　北京市海淀区新街口外大街 19 号
　　　　邮政编码:100875
印　　刷:唐山玺诚印务有限公司
经　　销:全国新华书店
开　　本:710 mm×1000 mm　1/16
印　　张:14
字　　数:255 千字
版　　次:2022 年 4 月第 1 版
印　　次:2022 年 12 月第 2 次印刷
定　　价:49.00 元

策划编辑:张丽娟　　　　　　责任编辑:马力敏　梁民华
美术编辑:李向昕　　　　　　装帧设计:李向昕
责任校对:康　悦　　　　　　责任印制:赵　龙

献给恩师周南照先生

本专著系国家社科基金 2014 年度教育学一般课题"教师专业标准深度开发与实施策略的国际比较研究"（课题批准号：BDA140026）的研究成果

序 一

"十四五"时期，我国教育进入高质量发展阶段。提高教育质量的重要前提条件之一是提高教师质量，教师质量需要以教师专业标准为前提。为此，以教师专业道德、专业知识和专业技能为核心内容的教师专业标准，是确立和提升教师专业地位的重要前提，是评价教师教学质量的必要依据，也是建立教师教育标准体系的核心内容。从某种意义上说，没有教师专业标准，就无法从根本上保障基础教育质量；甚至可以说，教师专业标准是衡量一个国家基础教育质量水平的重要指标之一。

教师专业标准是确立和提升教师专业地位的重要前提，是评价教师教学质量的必要依据，是加强教师队伍建设、构建教师教育质量保障体系的关键措施。纵观各国经验，教师专业标准深度开发的核心是建立完整的教师专业标准体系。根据标准制定机构、标准适用范围、教师专业发展阶段、学段等的不同，标准体系庞大而内容丰富：从标准制定机构看，有政府制定标准、各教学专业团体制定标准、各师范专业或中小学制定标准等；从标准适用范围看，有通用标准和具体学科标准，还有国家、地方及学校标准等；从教师专业发展阶段看，有新教师专业标准、成熟教师专业标准、资深教师专业标准、优秀或卓越教师专业标准等；从学段看，有中小幼教师专业标准等。纵观世界各国的标准，在大的维度层面呈现出许多相似的特征。同一个标准体系下，不同学段、不同学科、不同专业发展阶段的教师专业标准，一般使用同样的标准框架结构；而在标准内容方面，体现不同学段、不同学科、不同专业发展阶段的教师专业标准的特征。

此外，我国义务教育质量目前还存在着明显的地区差异，导致这些差异的因素很多，教师质量的不同是造成这些差异的重要因素之一。为此，需要把教师专业标准作为一种制度来实施，以提高教师实施义务教育的能力和水平，以教师专业标准来引领义务教育教师队伍建设的方向。教育大计，教师为本。有好的教师，才有好的教育。要推动教育高质量发展，就必须严格教师资质，提升教师素质，努力造就一支师德高尚、业务精湛、结构合理、充满活力的高素质、专业化教师队伍。当然，教师专业标准也必须坚持科学的质量观，它直接决定了人的全面发展是否能够实现。

正是在此背景下，陈德云、王远美、熊建辉三位学者基于国家社科基金课题"教师专业标准深度开发与实施策略的国际比较研究"的研究成果，撰写了《教师专业标准的深度开发与实施》一书。该书的三位作者联合课题组其他成员，对教师专业标准采用比较教育研究、案例研究以及实施情况调查等方式进行了广泛的、深入的经验总结和科学研究。该书是教育政策研究者、实践者和理论研究者共同完成的一项研究成果，对推动教师专业标准的科学和可持续发展具有重要的作用。该书以下几个方面的研究成果给我留下较为深刻的印象。

其一，《教师专业标准的深度开发与实施》一书是周南照教授团队关于教师专业标准的系列研究成果之一，也是周南照教授主编的"教师专业标准研究丛书"的著作之一。2003 年以来，周南照教授作为联合国教科文组织高级专家，参与了亚太地区教师专业标准的研发。此后，周南照教授组织团队进行了一系列关于教师专业标准的研究项目，如联合国教科文组织亚太国际教育与价值教育联合会（UNESCO-APNIEVE）亚太地区教师专业标准的国际比较项目，中华人民共和国教育部—联合国儿童基金会合作项目——"中国爱生学校质量框架与教师标准的咨询服务"之爱生学校教师专业标准研制项目，中国—联合国儿童基金会教育与儿童发展合作项目"爱生学校教师专业标准研究与地方创新子项目"，亚太经合组织项目"亚太地区教师专业标准比较研究与开发项目"，教育部委任、世界银行资助的"中国教师教育标准研究"项目之"中小幼教师专业标准研究"课题，教育部原师范教育司委托项目"教师专业标准的国际比较研究"，华东师范大学 985 工程子项目"教师专业标准的国际研究与联合开发"。从 2005 年到 2011 年，依托联合国教科文组织教师教育教席，由其学术性依托机构华东师范大学国际教师教育中心联合国内外有关专业机构举办的由该团队发起的、在联合国教科文组织范围内影响力较大的国际教师教育论坛，共成功举办了七届。每次论坛都设计有关教师专业标准的研究主题，并设立了教师专业标准研究分论坛。历经十多年的研究，周南照教授团队向国家及有关国际组织提交了多份政策建议报告，发表了一系列丰富的研究成果，为国家层面教师专业标准研制做出了重要贡献。

其二，《教师专业标准的深度开发与实施》一书一方面采用了比较教育的研究方法，以当今世界各国现行教育制度为研究对象，对当今世界各国的现行教育制度进行比较研究，并重点以美国、英国、澳大利亚等国家的教师专业标准及其基于标准的认证、对与标准相关的教育事实的描述为基础，进行以"现实解释"为主、"历史解释"为辅的解释，通过解释与评价，探究世界各国教师专业标准体系开发及实施策略等。另一方面，该书对以北京教育学院为代表的本土教师专业标准的开发实践进行了案例研究。在周南照教授带领的国家教师专业标准研究和开发课题组的引领下，北京教育学院教师专业发展标准研究课题组在李晶教授的带领下，对学科教师专业标准开发与实施进行了深入的地方探索，开发了分学科（领域）、分阶段的"中小学教师专业发展标准及指导丛书"。在此基础上，该书根植于我们的民族文化与教育实践，对世界各国基本经验做出思考，探究如何对不同学段、不同学科、不同专业发展阶段的教师专业标准体系进行深度开发以及怎样实现从标准文本向实施路径转化等。

其三，《教师专业标准的深度开发与实施》一书以世界各国教师专业标准体系为分析单位，探究了不同学段、不同学科、不同专业发展阶段的教师专业标准体系的开发以及基于标准认证的实现。该书围绕教师专业标准体系的开发与实施这一核心，对世界各国不同学段、不同学科、不同专业发展阶段的教师专业标准进行了多案例研究，对各案例的标准内容、标准的研发过程、标准的认证、基于标准认证的实施及其影响等进行了研究。该书通过这些案例研究，试图探究以下问题：世界各国开发了怎样的不同学段、不同学科、不同专业发展阶段的教师专业标准体系，是怎样实现从标准文本向实施路径转化的，等等。

其四，教育部于 2012 年 2 月颁布了《幼儿园教师专业标准（试行）》《小学教师专业标准（试行）》和《中学教师专业标准（试行）》，将其作为加强教师队伍建设的重要任务和举措。为了解我国 2012 年颁布的中小幼教师专业标准的实施情况，为标准的进一步开发和实施提供实践基础，教师专业发展标准研究课题组采用自编调查问卷，通过描述性统计分析了我国中小幼教师对专业标准的认知情况、对专业标准的重要性及作用的认知情况、对专业标准的认知途径情况、教师所在单位及地方教育行政部门对标准实施采取措施情况、教师对专业标准进一步开发与实施的思考及建议。这一调查报告的核心成果体现在《教师专业标准的深度开发与实施》一书中。

事物总是不断发展的，人们的思想认识也是不断丰富的。希望教师专业标准政策制定、实践工作和科研团队秉承先贤"筚路蓝缕，以启山林"的创业精神，习旧开新，持之以恒，继续为推进教师专业标准学术研究的科学化、体制化、规范化发展，为进一步落实全国教育工作会议的精神，为教师教育的高质量发展，为教师专业标准的完善更好地发挥引领和示范作用。

联合国教科文组织国际农村教育研究与培训中心

2021 年 3 月 18 日于北京师范大学

序　二

悼老周

　　周南照先生于 2014 年 7 月 15 日永远离开了我们，从去年夏天查出病因，前后拖了一年左右。

　　记得 2001 年在广州召开的亚太地区首届"网络时代的学与教"国际研讨会上，我以博士研究生的身份参会并第一次见到老周。当时的他作为联合国教科文组织国际教育高级计划专家和高级官员，为中国以及亚太地区的教育创新带来了很多新的理念。此时他并不认识我。2003 年下半年，我刚刚担任华东师范大学校长助理，时任校长王建磐教授拿着一份传真给我，说我校一直是联合国教科文组织亚太地区教育创新为发展服务项目的中国联系中心，今后在项目参与方面可以更加积极，并让我负责推动此项目。我因此参加了 2003 年年底在北京召开的 UNESCO APEID 中国联系中心的会议，并在会议上正式认识了老周。此后，在工作和生活中我们接触就多了起来，算来也有十年以上了。最初几年我一直称呼他周老师或周先生；后来越来越熟悉了，才开始喊他老周。

　　老周做起事来风风火火、精力充沛，对于事业非常执着和拼命。我们常笑说老周是机场旅行家。好几次当有人艳羡他去过七十多个国家和地区时，他总是笑着说，对绝大部分国家的所谓"去过"，仅限于该国的机场和会场两点一线之间。确实，老周经常奔忙在国内外的各种国际教育会议和论坛上，我也有几次与他一起参会，记忆中没有一次有整段的休息或欣赏风光的时间。我还记得，好几次给他打电话讨论工作或请教问题，他常说"我还在欧洲某地，马上开完会就飞回来和你详谈"。当他 24 小时后出现在我面前时，除了显出疲惫些许外，和平时没什么区别，我也从没听他说过需要倒时差。2012 年，老周计划重译出版《学习：内在的财富》("国际 21 世纪教育委员会报告")。他把这件事看得很重，几乎将其作为自己的一个历史交代。老周亲自邀请了有翻译经验的同行，并对稿件逐字逐句进行了修改。2013 年 9 月，我在北京看望了正在养病的老周，当时他还不断强调出版此书的决心和推进出版进程的愿望。

作为老一代学者，老周幸运地赶上了改革开放的时代。在美国获得教育学科哲学博士学位并回国工作后，面对当时一些体制上的差异，他也有些无奈和遗憾。但是他始终以开阔的视野和独到的眼光，积极推进教育国际化的一系列理念和实践。从担任国际 21 世纪教育委员会唯一中方委员，到出任联合国教科文组织高级官员，可以说老周是改革开放以来中国教育国际化的重要亲历者和贡献者。

2004 年从联合国科教文组织退休以后，他应邀到我校担任国际教育中心主任，成了我校教育国际化战略的积极推进者。他帮助华东师范大学申请到了联合国教科文组织教师教育教席，创建并领导我校国际教育中心。在他的大力推动下，我校连续举办了多届具有广泛影响的国际教师教育论坛、亚太国际教育论坛和国际职业教育论坛。他特别重视对发展中国家教育的关注，推动我校参与国际社会为实现全民教育和可持续发展目标而进行的南南合作、南北合作的共同行动，在我校争取发展中国家教育硕士项目等方面起到了不可替代的作用。他诲人不倦，甘为人梯，认真对待教学和学生，为国家和学校培养了优秀的比较教育人才。华东师范大学聘任老周一直到他 70 周岁，这是学校人事制度可以做到的极限了，但是老周的学术贡献和学者风范已经超越了任何外在的形式。

老周的离去实在让人非常遗憾和痛心。学校官方微博第一时间整理发布了《沉痛悼念周南照先生》的配图文章，我从自己的电脑中找出了过去十多年来老周的很多照片，也回忆起很多和他相处的点滴，仍感到一幕一幕近在眼前。人生最难得的莫过于这份亦师亦友的默契和情谊。他是中国改革开放后在联合国教科文组织教育领域的元老之一，他为华东师范大学带来了联合国教科文组织教师教育教席，也是带领我走上教育国际化道路的引路人。而在生活中，他是一个极其质朴、淡泊名利的人，除了工作几乎没有其他兴趣爱好。他内心世界深邃而丰富，宁愿自己默默承担各种压力，对外则显得不甚在乎。也许是因为出生在南方，他非常喜欢吃米饭。记得有一次他请我在曼谷吃海鲜自助餐——这在大多数人看来总是应该多吃海鲜时，他却一个劲儿地劝我多吃泰国米饭，只因为他认为这个米饭很好，总想把好的东西与人分享。

在得知老周患病后我去看了他两次，老周尽管为疾病所困，但还是非常关心国际教师教育中心的工作，情真意切，见于辞色。很后悔还有几次到北京却没有更多的时间再去看看老周，我总以为还有时间，现在晚了。

惊悉老周去世的消息，我一夜未眠，想到他的执着和坚守，想到他的纯粹和朴厚，心中不免无比哀伤。他的追悼会于 2014 年 7 月 18 日上午在北京举行，当天满是前来为老周送行的人。我也特地赶到北京送了老周最后一程，内心不断回想起过去和他交往的种种。告别仪式后，我给联合国教科文组织中国全国委员会秘书处杜越秘书长发短信，说这几天满眼都是老周，音容笑貌犹清晰如昨。杜秘书长的回答境界很高，也让我很有同感：死者已矣，生者珍重；岁月如梭，风雨入磬；虽不尽如人意，却也无愧此生。

日往月来，老周终究是离我越来越远了。可叹哲人其萎，空余著述。我们所能做的也许就是在老周的事业上努力走得更远一些，更尽心尽责地为教育国际化事业做出自己应有的贡献。正是老周让我意识到，我们的教育国际化战略应该从改革开放之初一味向欧美学习的态势，转而更多向发展中国家辐射我们的影响力，给予其力所能及的帮助，介绍我们的发展优势和改革理念。我们应该更多利用联合国教科文组织、联合国儿童基金会、经济合作与发展组织等多边合作平台，让中国学者有更多的机会介入国际事务，以开放和参与的心态与国际同行和一线师生真诚合作、共同探索，更好地履行中国人在国际教育界的职责，进一步发挥中国教育的影响力。我想，老周的映像将永远印在我的心中，时间越久，越显得鲜明。

好好休息吧，老周！

时任华东师范大学党委副书记、副校长

现任教育部教师工作司司长

2014 年 8 月 9 日于丽娃河畔

目　录
CONTENTS

第一章　教师专业标准研究的背景及意义

　　教师专业标准是确立和提升教师专业地位、评价教师教学质量的必要依据，也是建立教师教育标准体系的核心内容。建立客观、科学的教师专业标准是教师成为专业工作者的基本标志。因此，研究教师专业标准是国际教师教育与教师发展的重要趋势，已成为许多国家促进教师专业发展、提高教育教学质量的一项重要举措。

第一节　教师教育与教师发展的世界趋势

　　提高教育质量是近年来世界各国关注的重要议题。在联合国教科文组织发展战略规划（2014—2021 年）中，教育领域的五大工作重点之一，便是提高教育和学习的质量。联合国教科文组织在 2015 年发布的第三份思想性报告——《重新思考教育：迈向全球共同利益》（*Rethinking Education：Towards a Global Common Good*）特别指出："……我们必须比以往任何时候都更加重视教师和教育工作者，将他们作为全面推动变革的力量……在不断变化的全球教育格局中，教师和其他教育工作者的作用对于培养批判性思维和独立判断的能力、摆脱盲从至关重要。"提高教师质量被国际社会公认为教育质量提高的重要内容和核心路径。近年来，世界各国纷纷出台了相关政策文件，以加强教师队伍建设。联合国教科文组织等国际组织在许多报告中强调了教师对于全世界实现全纳、公平、优质教育目标的重要性。

一、近年来国外教师教育和教师发展态势

　　联合国教科文组织亚太地区办事处与联合国儿童基金会共同发布的《亚太地区全民教育目标六之十年回顾：教育质量》（*Asia-Pacific End of Decade Notes on Education for All Goal* 6：*Quality Education*）表明，在整个亚太地区，各种形式的教师教育一直也将继续成为教育方面的优先事项，受训教师的比例有所提升，但大多数国家受训教师的比例仍然不高。许多低收入国家教师的积极性往往很差，这是工作满意度较低、激励机制不够、专业自主性不足等因素共同作用的结果。报告的最后一部分关于优先领域与政策策略认为，以下四个方面是各国政府需要优先考虑的领域：界定有质量的教育的特征、目标与策略，改善教育信息与管理系统，开发合适的评估系统，加大对教育质量研究和发展的投入。报告提出六方面改善学校管理的优先事项，其中两方面是关于教师的：一是建立关于学校和教师绩效考核与绩效测量的标准；二是提升教师专业自主权，将教师纳入学校决策主体。

2012 年，在辛辛那提召开的 2012 年劳工管理会议的开幕式上，美国教育部部长阿恩·邓肯（Arne Duncan）与 7 大教育组织和机构的负责人签署了旨在改善教学职业、提高教育质量的联合声明——《变革教学职业》（*Transforming the Teaching Profession*），提出了美国未来教育职业的共同愿景。愿景的主要轮廓呈现了教学成为最有价值和最受尊重的职业的途径，聚焦于未来要实现的三大教育目标：第一，高水平学生的学业成绩——通过多种措施进行判断，如评估学生对知识与技能的理解和应用的能力，最重要的是为进入大学、就业和获得公民资格做好准备；第二，促进公平——判断是否缩小特权较多和较少的学生之间成绩与机会的差距；第三，为使所有学生获得全球竞争力做准备——通过按照国际基准评估美国学生的学术表现判断。2012 年 2 月，美国总统奥巴马（Obama）在国情咨文中提出要实施一项全新的综合教师政策——"认定教育成功、职业卓越及合作教学项目"（Recognizing Educational Success, Professional Excellence, and Collaborative Teaching, RESPECT），即"尊重项目"。2013 年 4 月，美国教育部发布奥巴马政府提升教师职业水平的《尊重蓝皮书》（*Blue for Respect*）。

为提高教学质量，英国于 2010 年 10 月颁布了学校白皮书——《教学的重要性》（*The Importance of Teaching*），至 2015 年 12 月已出台一系列相关措施。在具体措施上，该政策主要从培训新教师、提高教师专业素养、提高现任教师质量三个方面进行详细说明。在新教师培训的措施中，注重扩大由学校牵头的"初始教师培训"（initial teacher training）范围，使更多学校具有培训资质等；通过与师资培训机构合作，增加到薄弱学校任教的优秀毕业生人数；通过"部队到教师"

(troops to teachers)项目增加复员军人参与教师培训的机会；通过"大学培训学校"(university training schools)对教师进行多样化培训。在提高教师专业素养方面，减少行政支持，增强教师考核过程中的灵活度，赋予学校管理层更多权限；对于特别优秀的教师，在薪酬方面给予更大的灵活度。在提高现任教师质量方面，鼓励教师对研究方面提出建议，增加接受学科知识强化项目的途径，提高对教师标准的最低要求。

2014年2月，俄罗斯公布了《关于实施提高基础教育教师职业水平综合计划的措施建议》草案，其内容包括实施教师专业标准、完善师范教育、实施"效益合同制"、提高教师职业的社会地位四个方面。

二、近年来国外教师教育与教师发展政策趋势

虽然世界各国因教育发展状况及程度不同，在教师方面制定的政策有所差异，但是从这些差异中我们依然能够发现世界教师政策的发展趋势，如将重新塑造教师职业作为提升教师职业素养的政策目标，将吸引优秀人才从教作为重新塑造教师职业的重要路径，将提高教师质量作为提高教育质量的政策核心，将培养高水平数学与科学教师作为提升国家未来竞争力的政策走向，将制定与完善教师专业标准体系作为促进教师专业化的政策手段，将为教育者提供信息化支持作为促进教育信息化的政策途径。

(一)将重新塑造教师职业作为提升教师职业素养的政策目标

美国教育部于2013年4月发布的奥巴马政府提升教师职业素养的《尊重蓝皮书》，包括7项被美国教育部和7个全美重要的教育组织——美国教师联盟(American Federation of Teachers)、学校管理者联合会(Association of School Administrators)、州学校主管委员会(Council of Chief State School Officers)、大城市学校委员会(Council of the Great City Schools)、联邦调解服务委员会(Federal Mediation and Conciliation Services)、国家教育委员会(National Education Association)和国家学区委员会(National School Board Association)——联合认可的内容：①一种共同责任和领导力的文化；②招募顶尖从教人才，为成功做准备；③持续不断的成长和职业发展；④合格的教师和校长；⑤具备有竞争力报酬的连续职业生涯；⑥拥有成功教学和学习的条件；⑦与社区紧密联系。这些内容

被要求体现在教育部的各项政策中，为理想的教师职业描绘蓝图，以达到重新塑造教师职业的目标。联邦政府将采取措施，逐步使教师职业达到上述目标。时任总统奥巴马向国会申请50亿美元用于《尊重蓝皮书》中所列出的项目，包括按照建筑师、医生和律师等职业标准提高教师工资水平，支持新任教师，为优秀教师提供更多的职业发展机会。

在英国，自2010年10月颁布学校白皮书——《教学的重要性》以来出台的一系列相关措施中，为提高教学质量所采取的措施主要表现在对教师水平的提高上：①提高教学的专业水准，以增强对高年级学生的吸引力；②确保教师可以获得稳定的培训；③提供高水平的教师专业发展途径。

2013年7月，法国政府颁布《重塑共和国教育法》，对小学教育实施改革措施。2015年3月，法国教育部提出名为《更好地学习，为了更好的成功》的初中教学改革计划，要求增加教师自主教学时间，突出跨学科实用性教学，以强化基础知识教学、培养学生现代社会适应力、加强共和国价值观导向培养等为目标，最终打破社会阶层阻碍，提高所有学生学业成功率；与此同时，通过改革促进教师队伍建设，重在激发教师的工作热情和创造性。另外，法国从2010年秋季开始，将教师职业准入学历门槛由本科提高至研究生，对教师的综合素质的要求显著提高。

(二)将吸引优秀人才从教作为重新塑造教师职业的重要路径

美国的《变革教学职业》(*Transforming the Teacher Profession*)中，不仅描绘了美国未来教育职业的共同愿景，而且为使教师成为最有价值和最受尊重的职业，列出了诸多重要举措，其中举措之一是由总统向国会申请50亿美元用于所列出的项目，包括按照建筑师、医生、律师等职业标准提高教师工资水平，支持新任教师，为优秀教师提供更多的职业发展机会。

英国政府坚持通过各种政策及措施吸引优秀人才从教，提升中小学师资水平。2011年，英国教育大臣戈夫(Gove)公布政策，为优秀的大学毕业生提供2万英镑经费，让其接受师资培训；同时，放开仅可在专业性大学接受师资培训的政策限制，进一步扩大了提供合格师资培训的平台。此外，在政府的引导下逐渐放权各学校校长，允许其聘请优秀的大学毕业生从教。2014年，英国政府又宣布实施注资6700万英镑的培训项目，在未来五年中为1.5万名在职的数学和科学教师提供培训；另外，还额外招聘 2500 名教师，扩大师资队伍。

2014 年 3 月 28 日至 29 日，在新西兰首都惠灵顿，来自新西兰、美国、英国等 28 个国家和地区的教育部部长、教师协会领导人、部分教师教育和教育政策等方面的研究专家出席的第四届国际教师职业峰会上讨论的三个议题之一是"如何吸引优秀教师和教育领导者到最需要的学校去并留住他们"。在各参会方为达到优质、公平、全纳的教育目标提出的下一步工作重点和举措中，许多国家强调了吸引并留住优秀教师的重要性和措施。例如，芬兰提出在教师教育和教师培训的基础上，增强教师的自主性和反思能力，增强教师持续发展的技能，明确学校在促进教师专业发展方面的基本任务。德国提出通过科学的教师教育，使教师具备相关知识技能，保障教师充足的教学时间，实现对每位儿童的个性化教学。新加坡提出在制度层面，评估教师绩效管理体系，使其与教师职业发展框架更加一致；在教师层面，通过实施"高级、模范和专家级教师引领教师队伍发展"的里程碑项目，提升教师队伍整体能力。瑞典提出通过提供优厚待遇和良好工作条件，使教师有时间专注高质量的教育，吸引并留住资深教师、合格教师和学校领导者。

（三）将提高教师质量作为提高教育质量的核心政策

2010 年以来，美国鉴于其基础教育发展中出现的新问题及国内外形势的变化需要，启动了对 2002 年颁布实施的《不让一个孩子掉队法》(*No Child Left Behind Act*)的修订，最终制定了《让每一个孩子成功法》(*Every Student Succeeds Act*)。2015 年 12 月 10 日，美国总统奥巴马正式签署了这一法令，旨在继续推动美国基础教育改革与发展，提高教育标准，缩小学生成绩差距，实施与学生学业成绩挂钩的教师评价和绩效考核制度，提高教育质量，实现高中毕业生为升学或就业做好准备的教育目标。在教师政策方面，联邦政府将建立新的教师评价和激励机制，支持各州修改相关制度，采用绩效工资与奖金等激励办法，将教师奖励与学生的进步挂钩，使教师对提高教学质量承担更多的责任。

韩国教育革新委员在《韩国教育 2030 远景：旨在构建学习型社会的未来教育的远景和战略》中指出，要培养优秀的教育从业人员，提升专业水准，加强考核评价体系的科学化；全面实施教师教育教学能力评价考核制度；营造低碳、环保、绿色、环境友好型校园，改善教师与学生的教学和学习环境。

荷兰政府继 2011 年颁布《强大的职业——教师 2020 计划》、2013 年颁布《教师发展日志(2013—2020 年)》后，不断致力于强化教师教育与培训，全面提高教师质量，推进教师专业化建设。一方面，积极下大力气提高教师的薪酬待遇和社会地位，以增强教师职业的吸引力；另一方面，在高校设立专门培养小学教师的学位课程项目，严把师范生入口和出口质量关，通过增加中小学教师的海外交流机会、强化新教师岗前培训、加强中学和大学教师交流与合作等一系列措施加大培养培训力度，促进教师和学校管理者达到规定的职业能力标准。在教师管理体制上，建立教师注册制度，实施动态管理，吸引优秀教师继续留任，淘汰不合格教师。

联合国教科文组织亚太地区办事处与联合国儿童基金会于 2012 年共同发布的《亚太地区全民教育目标六之十年回顾：教育质量》的最后一部分关于优先领域与政策策略中提出，应该从三个方面为教师提供足够的支持，以帮助教师具备基本的技能和动力去胜任教学工作并追求长远的专业发展：第一，构建有效的教师培训和发展体系，提高教师在实践中真正需要的能力，并确保教师职前教育和在职教育的一致性与适切性；第二，确保教科书的数量和质量，开发以本地语言为媒介的教科书，确保所有语言背景的教师和学生都能获得有意义的学习；第三，改善教师工作条件，除了提高薪酬之外，为教师提供适宜的行政上的支持、创造没有暴力行为和虐待行为的校园环境、提升学校领导力，都有助于教师顺利开展工作，提高教师的工作满意度。

(四)将培养高水平的数学和科学教师作为提升国家未来竞争力的政策走向

为了及时更新中小学教师的知识结构，提高教育质量，德国联邦政府进一步加强中小学专业师资的培养，加大对中小学教师继续教育的投入，支持州政府扩大教师进修的范围，更新他们在数学、信息、自然科学、技术等领域的知识，提高他们应用媒体的能力。根据"教学质量公约"，联邦政府出资 20 亿欧元，提高奖学金额度，扩大奖学金受惠面。至 2011 年，联邦政府共投入 4300 万欧元用于技术和自然科学领域专业教师的培养。

近年来，英国联合政府一直积极推动各项教育改革，其中旨在提升英国中小学数学和科学能力的改革新政尤为引人瞩目。除与上海方面签订合作意向书并开展数学教师交流项目外，2014 年 12 月卡梅伦政府还宣布针对 17500 名数学和科学教师开展专门培训的项目，以提高这些科目的教学水平。英国教育大臣摩根（Morgan）代表该届政府公布新举措：数学和物理成绩好的青少年，如果同意在大学毕业后当教师，可以拿到 1.5 万英镑的奖学金。这一举措旨在吸引更多高质量的毕业生到未来学校的教师队伍中教授数学和物理。按照该计划，高等水平考试中数学和物理成绩顶尖的学生有资格申请奖学金，并且在大学期间专修这两个专业的其中之一。作为交换，他们必须承诺毕业后在教师岗位完成三年最低任职期。此外，2016—2017 年度英国的 10 所大学推出了一门新的物理本科课程，学生完成课程的学习后可以拿到物理和教育两个本科学位。这一措施便于优秀毕业生选择走进学校，成为数理学科教学的师资来源。

美国联邦政府为保障数学和科学教师师资供给，制订并实施了数学和科学教师培养计划：在 5 年内培养 1 万名数学和科学新教师，并为 10 万名科学、技术、工程和数学教师提供在职培训，确保美国学生在这些科目排名上处于世界前列。

（五）将制定与完善教师专业标准体系作为促进教师专业化的政策手段

自 20 世纪 80 年代以来，欧美发达国家陆续开发和实施了作为教师专业化重要标志之一的教师专业标准，如美国、英国、加拿大、澳大利亚、新西兰等。亚洲部分国家在国际组织的支持下于 21 世纪初期启动并完成了教师专业标准的比较研究与联合开发，如菲律宾、马来西亚、泰国、越南等开发了不同形式的专业标准。我国从 2003 年开始了较大规模的教师教育标准体系的研究，包括中小幼教师专业标准、教师教育课程标准、教师教育机构资质标准、教师教育质量评估标准。2012 年，教育部印发了《幼儿园教师专业标准（试行）》《小学教师专业标准（试行）》《中学教师专业标准（试行）》。

近年来，世界各国持续推进教师专业标准的开发和实施。没有标准的国家在开发标准，有标准的国家在进一步对不同层次标准、不同领域标准进行深度开发与探索实施。2013 年，俄罗斯联邦教育与科学部向社会公布俄罗斯教师专业标准。该标准从 2015 年 1 月 1 日起生效。俄罗斯教育与科学部认为，该标准的制定是教育与科学部最重要和最有意义的计划之一。

美国是世界上较早开发教师专业标准的国家。早在 1987 年，美国全国专业教学标准委员会（National Board for Professional Teaching Standards）成立，从此拉开了美国教师专业标准开发与实施的序幕。经过 30 多年的努力，美国已经为任教不同学科和不同学段、处于不同专业发展阶段的教师分别开发了不同的教师专业标准，建立起了较为完备的教师专业标准体系，并为不同教师提供了基于标准的认证体系。2015 年，美国教师教育与认证州管理者协会（National Association of State Directors of Teacher Education and Certification）发布了《教育工作者专业道德标准》（*Model Code of Ethics for Educators*），期望这一文件成为全美教育工作者公认的日常行动指南。美国教师教育与认证州管理者协会表示，该标准是美国第一份面向全国教育工作者的专业道德标准，有助于提升教育工作者的专业地位，指导现在和未来的教育工作者明确认识并忠实履行其专业道德责任。

（六）将为教育者提供信息化支持作为促进教育信息化的政策途径

2013 年，美国联邦教育部教育技术办公室宣布每年 10 月为"教育工作者互联月"（Connected Educator Month），该举措是为支持奥巴马政府推动的"教育互联计划"（Connected ED）而制定的。在当月，教育工作者可以参与在线活动，建立个人学习网络，并可以通过个人技术技能的展示获得虚拟勋章。奥巴马政府的"教育互联计划"提出要在制定后的 5 年内实现为 99％的美国中小学学生提供宽带，学生可以在课堂上使用笔记本电脑或平板电脑上网，教师可以利用互联网改进教学。白宫政策顾问表示，该计划是奥巴马政府第二届任期内一个较大的举措。有近 200 个教育组织参与了教育工作者互联月活动。教育工作者可以参加教学设计竞赛，如设计新的教学策略，帮助学生提高开展创新活动的自信心；也可以参加由 5 个美国教育组织与联合国教科文组织联合举办的网络研讨会，分享全球移动学习的经验与看法。

欧盟于 2015 年 1 月开通面向全欧洲的"学校教育"门户网站。3 月，该网站全面开通欧盟 23 种语言版本，方便不同语言国家的用户上线访问。"学校教育"门户网站由欧盟"新伊拉斯谟计划"（Erasmus Mundus，高等教育领域的一个合作性学生交流项目，支持高质量的欧洲研究生课程，提供优质的奖学金）全额资助，为欧洲中小学教师、教育专家及相关从业者提供信息。用户可通过该网站浏览教育领域的热点新闻和话题，学习有关项目的成功实践，了解有关教育专家的著作及文章。此外，该网站还为用户提供查询服务，使用户了解"新伊拉斯谟计划"提供的学习和交流机会，包括针对教师职业发展的 2900 门课程目录、可为教师提供海外交流的教学机会及可供学校建立战略合作伙伴关系的联系网络等。

三、对我国教师教育与教师发展的启示

从以上一些国家的教师政策及国际组织的报告中可以看出，各国政府试图通过制定教师政策、提高教师质量来提升教育质量；通过实施优惠政策及提供更多成为教师的途径吸引优秀的年轻人来从教，特别是优秀的数学及科学教师，以提高国家未来的竞争力。这些国际教师政策的发布及实施，对我国进一步加强教师队伍建设具有借鉴意义。

（一）进一步完善教师队伍建设政策体系，把教师队伍建设摆在更加突出的优先发展战略地位

近年来，特别是《国家中长期教育改革和发展规划纲要（2010—2020年）》颁布实施以来，我国政府相继出台了多项加强教师队伍建设的政策文件，加快完善教师队伍建设的政策体系，不断推出加强教师队伍建设的有力举措，努力打造一支师德高尚、业务精湛、结构合理、充满活力的高素质、专业化教师队伍。《国家中长期教育改革和发展规划纲要（2010—2020年）》从"建设高素质教师队伍、加强师德建设、提高教师业务水平、提高教师地位待遇、健全教师管理制度"五个方面规划了加强教师队伍建设的措施。《全国教育人才发展中长期规划（2010—2020年）》为建设高素质教育人才队伍制定了更为详尽的规划，提出"坚持教育人才优先发展，在教育事业发展中优先开发教育人才资源、优先调整教育人才结构、优先保证教育人才投资、优先创新教育人才制度"。其目标是"到2020年，培养和造就一支品德高尚、业务精湛、结构合理、充满活力的高素质、专业化、创新型教育人才队伍"。

2012年2月，教育部发布的《幼儿园教师专业标准（试行）》《小学教师专业标准（试行）》《中学教师专业标准（试行）》，成为教师培养、准入、培训、考核等工作的重要依据，力求通过构建教师专业标准体系来建设高素质、专业化的教师队伍。

2012年8月，国务院印发《关于加强教师队伍建设的意见》，指出当前我国教师队伍存在"整体素质有待提高，队伍结构不尽合理，教师管理体制机制有待完善，农村教师职业吸引力亟待提升"四大突出问题；为进一步加强教师队伍建设，提出了加强教师队伍建设的指导思想、总体目标和重点任务。《关于加强教

师队伍建设的意见》提出，要全面提高教师思想政治素质，构建师德建设长效机制；通过完善教师专业发展标准体系、提高教师培养质量、建立教师学习培训制度、完善教师培养培训体系、培养造就高端教育人才等措施来大力提高教师专业化水平；通过加强教师资源配置管理、严格教师资格和准入制度、加快推进教师职务（职称）制度改革、全面推行聘用制度和岗位管理制度、健全教师考核评价制度等措施来建立健全教师管理制度；通过完善教师参与治校治学机制、强化教师工资保障机制、健全教师社会保障制度、完善教师表彰奖励制度、保障民办学校教师权益等措施来切实保障教师合法权益和待遇；通过加强组织领导、加强经费保障、加强考核监督等措施来确保教师队伍建设政策落到实处。

2014 年 8 月，教育部印发《关于实施卓越教师培养计划的意见》，旨在针对教师培养的薄弱环节和深层次问题，深化教师培养模式改革，建立高校与地方政府、中小学（幼儿园、中等职业学校、特殊教育学校）协同培养新机制，推动教育教学改革创新，培养一大批师德高尚、专业基础扎实、教育教学能力和自我发展能力突出的高素质、专业化中小学教师。

2015 年 6 月，为解决乡村教师队伍面临的职业吸引力不强、补充渠道不畅、优质资源配置不足、结构不尽合理、整体素质不高等突出问题，国务院办公厅印发了《乡村教师支持计划（2015—2020 年）》，以吸引优秀人才到乡村学校任教，稳定乡村教师队伍，带动和促进教师队伍整体水平提高，促进教育公平，推动城乡一体化建设，推进社会主义新农村建设。《乡村教师支持计划（2015—2020 年）》提出全面提高乡村教师思想政治素质和师德水平、拓展乡村教师补充渠道、提高乡村教师生活待遇、统一城乡教职工编制标准、职称（职务）评聘向乡村学校倾斜、推动城镇优秀教师向乡村学校流动、全面提升乡村教师能力素质、建立乡村教师荣誉制度八项重要举措，以采取切实措施加强边远贫困地区乡村教师队伍建设，明显缩小城乡师资水平差距，让每个乡村孩子都能接受公平、有质量的教育。

这些加强教师队伍建设的政策文件的发布与实施，对于加强我国教师队伍建设具有重要意义。尤其是国务院印发的《关于加强教师队伍建设的意见》，作为中华人民共和国成立以来颁布的第一个全面部署各级各类教师队伍建设的纲领性文件，明确了加强教师队伍建设的指导思想、总体目标和重点任务。在此基础上，未来几年甚至更长一段时间，进一步完善教师队伍建设的政策体系把教师队伍建设摆在更加突出的优先发展战略地位，提升到国家战略高度，不断推出加强教师队伍建设的有力举措并有效实施，以实现培养和造就一支师德高尚、业务精湛、结构合理、充满活力的高素质、专业化、创新型教育人才队伍的总体目标，为实现教育现代化、推动国家教育改革发展、建设人力资源强国提供坚实的队伍保障。

（二）进一步深化教师教育改革，创新培养培训机制模式，提高教师教育质量

教师培养是教师队伍建设的基础与核心。纵观世界各国，近年来都不同程度地加强了对教师教育的政策引导。面对我国教育向促进公平、提高质量的重心转移的现状，为满足新时期人民群众日益增长的对优质教育的需求，《国家中长期教育改革和发展规划纲要（2010—2020年）》提出要深化教师培养培训模式改革，注重培养教师的实践能力，全面提升教师教育质量。近年来，我国由师范院校培养师资的单一封闭式模式向所有院校都可以培养师资的开放式模式转变，逐步调整了师范院校布局结构，初步形成了以师范院校为主、综合大学共同参与的教师培养格局；大力推进师范生培养模式改革，加强免费师范生教育，实施卓越教师培养计划，大力推动师范生课程改革和教师在职培训改革，不断加大对师范生和在职教师的教育实践能力的培养力度；探索建立高校、地方政府与中小学"三位一体"协同育人的新机制，推动师范院校深化教师培养机制改革，全面提高教师培养质量。2010年，教育部、财政部启动实施"国培计划"，已培训教师700多万人次，其中农村教师占95％以上。2013年，教育部印发《关于深化中小学教师培训模式改革 全面提升培训质量的指导意见》，提出增强培训的针对性、丰富培训内容、贴近一线教师教育教学实际、转变培训方式、提升教师参训时效、强化培训自主性、激发教师参训动力等系列改革要求，力图解决教师培训中存在的突出问题。2013年10月，教育部启动"全国中小学教师信息技术应用能力提升工程"，建立了信息技术应用能力标准体系，创造性地开展了教师信息技术应用能力测评。

一方面，我们可以看到，我国出台了多项改革措施与加强职前教师培养和职后教师培训的政策，以加强教师职前培养与职后提高的力度。另一方面，我们也必须认识到，我国教师培养仍然存在着诸如针对性不强、内容泛化、方式单一、质量监控薄弱等突出问题，我们仍然需要构建更加有效的教师培养培训和发展体系，持续提高教师专业化水平；推进师范生招生制度改革，将乐教适教的优秀人才吸引到教师队伍中来；推进教师教育课程改革，强化实践环节，注重对专业理念与师德的培养，强化教师教育过程中的职业理想塑造、职业道德教育和职业能力训练，努力培养具有较高的专业情意、创新精神和实践能力的新时期中小学教师。教师在职培训要更加贴近教师的教学实践，不断探究新的路径，确保教师可以获得更优质的培训，为教师提供高水平的专业发展途径，提高教师的专业水平、教学技能和计算机信息化素养。因此，构建适应各级各类教育发展需求、教师教育特色更加鲜明、规模和结构更加合理、质量显著提升的高水平、灵活开放的现代教师教育体系，依然是我国教师队伍建设的重要任务。

（三）建立吸引优秀人才从教的长效机制，提升教师职业吸引力，从根本上提升教师队伍整体素质

如世界上许多国家一样，吸引优秀人才从教是我国在制定相关政策时需要慎重思考的一项重要而艰巨的长期任务。要打破教师队伍整体素质提升的瓶颈，从根本上解决教师队伍整体素质不高的问题，就要建立吸引优秀人才从教的长效机制，提升教师职业吸引力，打造一支师德高尚、业务精湛、结构合理、充满活力的高素质专业化教师队伍，逐步进入"用最优秀的人去培养更优秀的人"的良性循环，真正实现通过提高教师队伍整体素质来提高教育质量的目标，为实现教育现代化提供优秀师资保障，从而为整个社会经济的发展奠定基石。《〈国家中长期教育改革和发展规划纲要（2010—2020 年）〉中期评估教师队伍建设专题评估报告》提出："与其他行业相比，我国教师工资不高、工资增长幅度低，未能反映出教师作为专业人员应具备的地位待遇。农村教师'下得去、留得住、教得好'局面尚未完全形成。吸引、鼓励、支持优秀人才长期从教、终身从教还需要政策引导。"[①]

瑞典教师工会的一份调查显示，教师反映学校资源较少，工作压力大。调查中 60% 的教师对工作环境不满。另外，瑞典教师的待遇及社会地位较低，越来越少的学生选择师范专业或从事教师行业，教师队伍中存在转行现象。这样的恶性循环导致教师质量、教学质量和学生成绩下降，学校教育质量遭到质疑。我国

---

① 中华人民共和国教育部.《国家中长期教育改革和发展规划纲要（2010—2020 年）》中期评估教师队伍建设专题评估报告[EB/OL].［2017－12－07］. http：//www. moe. gov. cn/jyb_xwfb/xw_fbh/moe_2069/xwfbh_2015n/xwfb_151207/151207_sfcl/201512/t20151207_2232f4. html.

多年来一直努力提高教师的待遇，教师的工资水平有了较大幅度的提高；但与许多其他行业相比，教师职业在劳动力市场上还缺乏足够的竞争力和吸引力。教师压力问题、教师职业倦怠问题、教师专业发展的危机阶段问题等，日益引起社会及教育研究者的关注。所以，改善教师工作条件，除了提高薪酬之外，还要减轻教师的工作压力，为教师提供适宜的行政上的支持，创造和谐减压的校园环境，提升学校领导力，确保教师身心健康，力求让教师感到更有地位、更有尊严，从而吸引越来越多的优秀人才进入教师队伍，确保他们长期从教、终身从教。

《〈国家中长期教育改革和发展规划纲要（2010—2020 年）〉中期评估教师队伍建设专题评估报告》提出："虽然我国各级各类教师队伍基本具备了合格学历，但面对新时期全面提高教育质量的挑战与人民群众日益增长的优质教育需求，教师的专业素养和能力有待提高。"[①]教育部 2014 年 8 月发布的《关于实施卓越教师培养计划的意见》指出，大力提高教师培养质量成为我国教师教育改革发展最核心、最紧迫的任务。在我国目前形势下，教师短缺的问题虽然在有些地区不同程度地存在，但已不是教师队伍建设中的主要矛盾，教师队伍整体素质的提高是我国面临的重要问题。同世界许多国家一样，教师职业由于收入较低，工作压力大，因此很难吸引优秀的学生将报考师范专业作为自己的首选。国家应加大对教师的资金投入，为教师提供有竞争力的报酬，吸引优秀人才从教；开发和实施全面、公平的教师管理政策，从录取、培训、分配、薪酬、职业发展到工作环境全覆盖，提高教师的地位；评价、分析和改善职前和在职教师培训质量，为所有教师提供优质的职前教育和持续的职业发展支持；采用政策和立法措施，改善工作环境，确保教师和其他教育人员的工资与其他同等或相似资质要求的职业有可比性，使得教师职业对当前和未来的教师有吸引力，最终实现重塑教师职业的目标。

（四）进一步健全并创新教师管理制度，激发教师队伍的生机与活力

教师管理制度是教师队伍建设的重要内容。健全良好的教师管理制度是提升教师职业竞争力，吸引优秀人才乐于从教、长期从教，提高教师整体素质，提高

---

① 中华人民共和国教育部.《国家中长期教育改革和发展规划纲要（2010—2020 年）》中期评估教师队伍建设专题评估报告[EB/OL]. [2017－12－07]. http：//www.moe.gov.cn/jyb_xwfb/xw_fbh/moe_2069/xwfbh_2015n/xwfb_151207/151207_sfcl/201512/t20151207_223264.html.

教育质量的重要制度保障。

一方面，与时俱进、科学健全的教师管理制度是提升教师职业幸福感与职业满意度，激发教师队伍的生机与活力，激励教师爱教乐教、为教育事业大胆改革的制度基础。目前，我国已经基本形成了包含教师资格准入、编制管理、教师聘任、职称晋升、工资福利等制度在内的完整的教师管理体系，实施了特岗计划、国培计划、特困地区乡村教师生活补助、城乡统一的中小学教职工编制标准、校长教师交流轮岗、卓越教师培养计划；不断增加中小学教师资格考试和定期注册改革试点，加大中小学教师职称制度改革力度，按照新的评价标准和评价办法将分设的中学、小学教师职称（职务）系列统一为初、中、高级；修订评价标准，注重教师职业道德、教学实绩和实践经历，改变过去强调论文、学历的倾向。这些制度建设方面的努力，对我国教师队伍整体素质的提高发挥了重要作用。2012年以来，教育部还颁布实施了中小幼教师专业标准体系、中小学教师信息技术应用能力标准、中小学校长信息化领导力标准以及教师教育课程标准，这些标准的颁布实施对提高教师专业素质、促进我国教师专业化发展起到了重要作用。

另一方面，我国教师管理制度还存在较大的改革完善的空间，教师管理制度的落实方面也有待加强，特别是在深化资格、评价、职称改革、破除体制机制障碍方面还有很多问题有待解决。例如，如何有效严把教师入口关，招聘优秀人才加入教师队伍；如何解决职称评聘改革的瓶颈问题；如何改变优秀教师从乡村向城市、从小城镇向大城市流动的惯性等问题。因此，推进中小学教师资格考试和定期注册改革的全面实施，严格把关教师职业准入，招聘优秀人才从教，探索建立教师退出机制；进一步落实推进中小学教师职称制度改革，探索使中小学教师职业发展更顺利、发展通道更宽广的方法，激发广大中小学教师立志长期从教、终身从教的积极性；健全教师工资保障长效机制，进一步探索改革绩效工资政策的有效路径，创新教师管理制度，是我国教师管理制度改革要重点解决的问题。

（五）加强教师专业标准的深度开发与实施，探索基于标准的教师专业发展路径，建设高素质、专业化的教师队伍

美国全国专业教学标准委员会对教师专业标准及其认证体系多年的研发与实施的实践表明，教师专业标准的制定与实施能够对教学实践产生极大的推动作用。

一方面，能够推动教师的教学实践，促进教师的专业发展，促进学生更深层次的学习，对学生成绩具有积极的影响。2012 年，我国首次颁布了幼儿园、小学、中学教师专业标准以及教师教育课程标准，这在我国教师队伍建设史上是具有里程碑意义的大事，是我国教师专业化发展的标志性实践，对于推动我国教师的专业化发展、提高教师队伍整体素质具有重大意义。此后，我国进一步加强教师标准体系的开发，又陆续颁布了中等职业学校教师标准，幼儿园园长、义务教育学校校长、普通高中学校校长、中等职业学校校长专业标准以及中小学教师信息技术应用能力标准、中小学校长信息化领导力标准等，使我国的教师队伍建设标准体系不断完善。

另一方面，综观当今世界各国，许多教师标准已经得到开发，但真正运用于教学实践并对教学实践产生较大影响的并不多。根据因格瓦森（Ingvarson，2008）的观点，教师专业标准重要的两大用途：一是为教师专业学习打造更有效的方法，二是建立更有效的体系来评估教师的表现。要实现这两大用途，就需要开发出不仅仅是作为规则而存在，而是真正能够促进教学实践的标准。什么样的标准是可以真正促进教学实践，而不仅仅是作为规则而存在的标准？要解决的核心问题在于：要在标准和教师的教学行为之间建立联系，否则标准只能处于理论层面而被束之高阁，不能真正被运用于实践。这种联系的建立需要恰当的工具。在美国优秀教师专业标准体系中，基于标准的优秀教师认证评估就是建立这种联系的基本工具，而且这种评估很好地实现了教师专业学习和教师表现评价这两大功能。

在我国，对专业标准体系的深度开发与实施路径的探索，仍然是我国教师队伍建设面临的艰巨任务。具体说来，目前迫切需要解决如下两大问题。

一是不同学段、不同教师专业发展阶段、不同学科教师专业标准体系的后续深度开发。例如，完整的教师专业标准体系应该由哪些标准构成；在我国中小幼教师专业标准颁布后，如何继续开发不同学段、不同教师专业发展阶段、不同学科教师专业标准，从而形成完整的教师专业标准体系。具体包括如下内容。

首先，不同学段、不同教师专业发展阶段、不同学科教师专业标准的开发主体的确立，包括不同学段、不同教师专业发展阶段、不同学科教师专业标准应该由谁来开发，标准开发的责任者是谁，标准的开发应该由哪些群体参与。其次，不同学段、不同教师专业发展阶段、不同学科教师专业标准体系开发的核心问题与核心价值观的确立，应该开发什么样的标准；什么样的标准是可以真正促进教学实践，而不仅仅是作为规则而存在的。最后，不同学段、不同教师专业发展阶段、不同学科教师专业标准的开发策略探究，包括如何在标准和教师行为之间建立密切联系，以开发出真正可以促进教学实践的标准；应该为具体领域的教师专业标准的开发制定怎样的开发策略与开发流程。

二是教师专业标准的实施路径探究。标准确立之后，如何实现从标准文本向实施策略转化，即如何将标准实施于教育实践，采用什么方式来评价教师是否达到标准。具体包括如下内容。

首先，基于标准的认证体系的开发研究，包括怎样实现从标准文本向实施策略转化；如何依据标准内容来设计认证评价任务，即如何将标准文本转化为基于标准的认证评价；认证评价如何反映标准的意图和范围。其次，基于标准的认证评价的实施研究，包括基于标准的认证的实施应该遵循怎样的原则，基于标准的认证评价应该如何实施，如何评估教师完成的评价任务是否达到标准，应该制定怎样的评分规则，应该赋予各项不同的任务以何等权重，如何培训评分人。最后，标准及认证的实施对教育实践的影响研究，包括教师专业标准及基于标准的认证的实施将会对学生、学校以及教师的发展产生怎样的影响。

第二节　教师专业标准研究的主要背景

教师专业标准的制定，一方面是教育学习环境及教师角色变化的要求，另一方面是对教师专业地位的确认。教师质量是教育质量的核心，是提高教育质量的关键，是影响国家教育发展的重要因素，也是教师专业标准研究的重要背景。

一、教育学习环境及教师角色的变化

自 20 世纪 90 年代以来，伴随着社会经济和科学技术的飞速进步，以及由人员、商品、思想、资本的跨国流动造成的经济全球化进程的加速推进，数亿学子的学习环境、成千上万教师的教学环境发生了广泛、深刻且前所未有的变化，与二百年来传统的学校环境形成了天壤之别。在现代信息社会和知识经济时代背景下，教育学习的环境发生了深刻的变化，教师的角色也随之发生了深刻的变化。新的教师角色要求教师具备新的专业素质。

（一）教育学习环境的变化

1. 新的教育学习目标

教育的工具性目标因为把教育仅仅看作获得某种具体技能或提高经济潜能和生产效率的手段而受到批判，从而转向更广义的人本主义目标，即强调使学习者在情感、伦理、认知、身体、审美、劳动技能诸方面都得到发展。教育成为每个个体充分展现潜能、增强创造力、发掘蕴藏于自身的财富的过程，从终结性的学校教育变为终身性的学习过程。教育的目标也由此变为培养学生学会学习的能力，使之成为终身学习者。

2. 新的教育学习内容

如同 1990 年《世界全民教育宣言》申明的那样，全民教育的目的是使每个人受益于教育，从而满足其基本学习需要，掌握包括读、写、算、口头表达、问题解决等在内的学习能力和包括基本知识、基本技能、价值观念、态度等在内的学习内容。这些学习能力和学习内容都是个人发展能力、提高生活质量所必需的。教育内容实现了以下转换：从供给驱动的课程内容转向需求驱动的课程内容，学校要教的东西是学生个人发展和社会发展所需要的内容，而非教师知道什么就教什么，或者教师认为应教什么就教什么；从传统的学科体系转向重新建构的课程体系，打破传统的百科全书式的事实性知识传授，倡导跨学科、综合学科教学；从教师中心的课程转向学生中心的课程，把课堂教学与课外活动有效结合起来；普通教育与职业教育之间达到了新的平衡，如欧洲国家注重"职业教育为人人"，从小学到大学都开设不同的职业技术教育的课程；普通教育与专业教育之间也达到了新的平衡；注重知识传播、技能培养和价值教育有机结合；从对已有课程科目的加减转向对教育内容的根本性改造，按学习领域、学习模块重组课程内容。

3. 新的学习过程与方法

从正规学校垄断教育转向正规、非正规教育有机结合，从在学校"一站式"获得知识与技能转向在信息"大卖场"中获得更多的学习机会，从死记硬背式的个体学习、人机互动转向更多的师生对话学习、合作学习，从线性的教育模式转向工读交替的教育模式。

4. 新的教育对象

新一代学生往往带着新的价值观念、思想方式、行为方式。在数字学习环境中成长起来的新一代学子，在运用信息交流技术方面比教师有更强的独立性、创造能力。

5. 新的学习评估方法

从终结型评估方法转变为形成型评估方法，从以筛选、排名为目的的考试转变为为得到反馈以改进教学的测试，从以考试定成绩的单一评估方法转变为多样化的教育评估方法。

6. 新的教育/学习空间

纵向是指时间上的延伸，学习贯穿一个人的终生；横向是指空间上的扩展，从学校到工作场所、社区等其他社会学习环境，从真实的、物质的学习环境到虚拟的、数字的学习环境。

(二)教师角色的变化

联合国教科文组织、联合国儿童基金会、国际劳工组织、联合国开发计划署等机构在"世界教师日"联合致辞中指出：优质教育来自优质教师（quality teachers）。正是由于教育学习环境发生了巨大变化，因此教师角色发生了深刻的变化。

——教师从知识的传授者变为学习的引发者。

——教师从主要的信息源变为信息海洋中的同行者。

——教师从难以被挑战的知识权威变为与学生一起追求真理的学习之友。

——教师从讲课的"独唱"变为学习的"伴唱"。

——教师从照本宣科的"教书匠"变为教学的科学家和艺术家。

——教师从"粉笔加黑板"的讲课者变为能熟练运用教育技术的学习组织者。

——教师从只教书变为教书育人、以身作则的表率。

——教师从带有惰性的安于现状者变为主动的教育变革力量和社会变革的积极参与者。

——教师从一成不变的"教者"变为不断更新知识、技能以适应环境变化的终身学习者。

许多教育研究的成果重新界定了教师角色，为重新界定教师的能力和内涵提供了理论参照。例如，2004年德国颁布的《教师教育标准：教育科学》中提出教师应该承担的五大任务：第一，教师是教与学的专业人员，其核心任务是有目的地依据科学的认识设计、组织与反思教学过程，并对此进行个性化评价与系统评估；第二，教师要把学校中的教育任务与教学、学校生活相结合，有意识、有目的地影响学生的个性发展，为学生提供多种可能的体验并做好榜样，引导学生树立正确的价值取向，同时与家长沟通，共同寻求有建设性的解决方案；第三，教师在教学中要培养学生的职业能力、理解能力与责任意识；第四，教师要不断提升自身能力，不断更新知识；第五，教师要参与学校发展规划设计，参与建设学习型学校文化及创设良好的学习环境。

二、联合国教科文组织关于教师专业地位的确认

1966 年，国际劳工组织和联合国教科文组织联合举办的跨政府专门会议向会员政府下发《关于教师地位的建议》（*Recommendation Concerning the Status of Teachers*）（以下简称《建议》）。《建议》适用于中等教育阶段结束之前，包括托儿所、幼儿园、小学、中间或中等学校（含技术教育、职业教育、艺术教育）等各级各类公立学校和私立学校的所有教师。《建议》在"指导原则"部分明确规定：

——从一入学开始，教育就应面向人格的全面发展，社区的精神、道德、社会、文化和经济进步，以及传授对人权和基本自由的尊重；在这些价值观的框架内，应高度重视教育对所有民族之间以及种族或宗教群体之间的和平以及理解、宽容和友好将起到的促进作用。

——应该认识到教育进步在很大程度上取决于广大教师的资格和能力，取决于每个教师的人文、教学和技术素质。

——教师的地位应该与根据教育宗旨和目标估计的教育需要相称；应该认识到教师的适当地位以及公众对教师职业应当给予的尊重对于这些宗旨和目标的全面实现至关重要。

——应该把教学工作看作一种职业：它是公共服务的一种形式，需要教师通过严格的和持续的学习获得和保持专业知识和专门技能；它还要求个人和集体对于教育以及他们所负责的学生的福利有一种责任感。

——教师在培训和就业的方方面面都不应受到基于种族、肤色、性别、宗教、政治观点、民族血统、社会出身或者经济条件的任何形式的歧视。

——教师的工作条件应尽可能促进有效的学习并使教师能够集中精力搞好本

职工作。

——教师组织应被看成是能够大力促进教育进步的一种力量，因此应与教育政策的制定相关。

这是联合国教科文组织作为联合国系统内唯一的教育专门机构和国际政府间组织，国际劳工组织第一次根据教育目标和教师作用在世界范围向各国政府确认教师的专业地位以及由此应享的社会经济地位。

尽管联合国教科文组织和国际劳工组织致各国政府的倡议不同于具有法律约束力的联合国公约，但它无疑是由联合国系统政府间国际组织发出的历史性文件，为确认教师的专业地位、提高教师的社会地位产生了深远影响。继这一倡议之后，联合国教科文组织又于 1997 年向 180 多个会员政府发出了《关于高等教育教学人员地位的建议》。《关于高等教育教学人员地位的建议》在"指导原则"部分明确规定高等教育中的教学是一种专业，它是需要高等教育人员经严谨的和终身的学习与研究才能具备的专门知识和专门技能的一种公共服务；它还需要对学生和整个社会的教育与福祉具有个人的和学校的责任感，需要对学术和研究的高水平水准具有个人的和学校的责任感。

联合国教科文组织的这两个历史性文件对于发达国家和部分发展中国家在 20 世纪 80 年代以后制定国家或地区层面的教师专业标准产生了广泛且深远的影响。但是，教学和教师作为一种专业的认定，是一个经典性的议题，实际上有久远的历史。

古代以来，最早的三个专业是神学、医学、法学。一种职业得以成为社会公认的专业，需要经历以下阶段：

——成为专门的、全日制工作的职业；

——成立了第一个培训学校；

——建立了第一个大学性质的学院；

——建立了第一个地方性团体（协会）；

——建立了第一个全国性团体（协会）；

——确立了专业伦理规范；

——确立了国家证书法规。

到 19 世纪，随着技术进步和职业的专业化发展，药学、兽医学、护理、教学、图书馆学等，都在 1900 年以前按上述发展阶段的要求发展为"专业"。其后又有建筑学、牙医学、土木工程学、财会学、哲学等确立"专业"地位。综合查找的文献，一种专业应该具备以下特点。

——具有广泛的理论知识和基于这些知识能在实践中加以应用的技能。

——有由成员组织的专业社团，用以提高其成员的地位和控制准入要求。

——有系统的教育。有较高地位的专业至少需要3~4年大学教育，进行博士水平的研究还需另加4~5年(建筑学会会员通常需要5年学习、2年工作经验和1年与工作有关的实践)。

——需要经过能力(专业素质)测试。成为专业社团成员之前，需要通过主要是测验理论基础知识的考试。

——专业训练和技能更新。除通过考试之外，要成为专业社团成员，还需经长时间的专业训练以获得某一方面的实践经验。随着现代科学技术的迅速发展，专业人员还需要通过专业发展不断更新专业技能。

——需有特许开业(行业)执照或注册证书。

——有工作自主性，即使受聘于商业性的或公共的团体，也能有自己的专业主张，同时还能掌控自己的专业理论知识。

——有专业行为规范，即职业道德(伦理)。同时，对违反专业规范的成员进行纪律处置。

——自我规范。专业团体应能自我规范(律己)，独立于政府，尊重资深成员的指导。

——公共服务与利他精神。因专业人员的服务是为公共利益的，因此可以正当收费。

——专业垄断与法律认可。学生及其社团一般拒绝不合格的成员参加。

——高地位，高报酬。顶尖的专业都有较高的社会地位、公共声誉，其成员能得到较高的回报。

——个人客户。许多专业都有付费的个人客户(如在财会业中，专业通常指有个人客户和公司客户的会计师，而非由一个机构聘用的会计)。

——合法性。专业对有关活动有明确的法律权威，同时又为其他相关活动增强合法性。

——获取专业知识对于有些专业来说难度较大，获得相关专业知识对于外界来说难度较大。例如，医生和法学一般不列入中小学科目，在大学也只设在相关的专业学院之中，甚至图书馆也是单独设立的。

——专业知识的不确定性。专业知识的部分内容是难以被掌握的，也难以通过规则去传授，而需要实际经验才能习得。

——流动性。专业人员的知识、技能和权威属于专业人员个人，而非其服务的组织（机构）。因此，他们在就业机会方面的流动性较大，可以把自己的能力"带走"，受雇于其他雇主。专业训练和程序的标准化加强了这种流动性。[①]

三、教师被确立为提高教育质量的关键因素

国际社会把"全面提高教育质量"列为全民教育六大目标之一，把教师作为实现这一目标的关键。联合国教科文组织与国际劳工组织根据《达卡全民教育框架》，发起了题为"教师与教育质量"的全民教育旗舰项目。联合国教科文组织亚太地区办事处负责人周南照先生于 2003—2004 年主持了东南亚八国"提高教师专业地位及专业素质"的地区项目，并取得了有效成果。联合国教科文组织发布的《2005 年全民教育全球监测报告》以"教育质量使命"为题，提出了"以学生为本"的政策框架，并综合分析了关于教育质量的重大研究成果，教师与学生关系被列为决定性因素之一。

我国教育界根据"学生主体、教师主导"的原则，在提高教学质量上进行了长期研究，而且有丰富的创新实践，充分揭示了教师在提高教育质量过程中的关键作用。我国在"十一五"规划期内全面推进素质教育，把教师教育创新与教师专业发展作为实施素质教育的核心内容和主要途径之一。联合国儿童基金会—中国2006—2010 周期《教育与儿童发展》合作计划中的"爱生学校"子项目，从学校层面探索了一站式、多角度的教育质量的框架和爱生教师专业标准。周南照先生作为联合国儿童基金会—中国教育合作项目国家专家组组长，努力把教师教育学科研究与国际或国家项目结合起来，从而推进教师教育在内容、方法上的国际化，丰富我国教师教育的理论与实践。

无数的教育理论和实践表明，教学是激发学生学习并保证学生习得有用知识、技能、价值观念的基本条件，教师是提高教育质量的决定因素。不同国家、不同教育制度对教育质量的含义和提高学习成绩的方法有不同的解释。学习是一

---

①   Terence Johnson. Professions and Power[M]. London：Heinemann，1972：32—33.

个极其复杂的过程，学习过程的核心是学生与教师的互动关系。这种互动关系既受学校资源、课程目标、教学实践的制约，又受学校外部社会、经济、文化环境的影响。①

在认识教育质量的许多变量的理论框架中，第一组变量是学生特点，包括学生的家庭背景、能力倾向、入学准备程度、先前知识基础、学习积极性、学习障碍等；第二组变量是教育投入，特别是教学与学习（其中包括学习时间、教学方法、评估反馈、班级大小等）、教学材料、教师与校长等人力资源、基础设施等物质条件以及学校管理；第三组变量是教育成效，包括学生的读、写、算的能力，生活技能，创造能力，情感技能，价值态度等。影响上述三组变量并与之相互作用的是一系列社会、经济、文化、教育的宏观环境变量，包括社会经济状况、劳动力市场、社会－文化因素、公共教育资源、教育支持系统、教师在劳动力市场的竞争能力、国家治理与管理体制、师生社会态度、家长支持力度、国家标准、公众期望、劳动力市场需求以及经济全球化等。②

在影响学习成绩的诸多变量中，教学是教育过程的核心要素；教师是教育事业的主导力量和教育质量的决定性因素；教学是学习得以发生，学生得以获得有用知识、技能和正确价值观的核心要素。教师是既能根据学生特点循循善诱促进学生有效学习，又能根据教学规律影响学生的主导力量；是利用各种教育投入，与学生、课程、技术、管理多方互动，有效组织教学过程的关键变量；是产生何种教育成效的决定因素；是连接学校和劳动世界的桥梁；是社会、经济、教育变革过程的积极参与者；是在经济全球化背景下和教育国际化过程中根据国家教育目标、国家质量标准和其他外部条件能动地促进教育质量提高和学生成才的重要贡献者。

教师质量是一个多维的概念，具有复杂的内涵。教师质量有四个方面的主要内容：一是内容知识，许多研究表明，教师有关所教学科的内容知识直接影响学生的学习成绩，两者正相关联系明显，特别是在数学教学中；二是教学经验，学习成绩与教师教学经验始终有正相关联系，特别是在任教 3～5 年后影响较明显；

---

① Terence Johnson. Professions and Power[M]. London：Heinemann，1972：77.

② Publishing U．EFA global monitoring report 2005：Education for all：the quality imperative[R]．2005.

三是专业证书；四是学术能力。

当然，由于测定教师质量的工作很复杂，因此反映上述内容的教师质量指标只能指明学生学习提高的部分原因。有些教师尽管不具备其中一种或多种质量资质，但也可以有很好的教学效果；都具备了这些资质的教师也不见得能进行有效教学。但总的说来，这些资质是构成有效教学的要素。

有些研究归纳了可以测量、具有政策意义的、反映教师质量的教师特点。

第一，教师经验。教师的教学经验是教师质量的重要指标。新教师对学生成绩的影响甚微，任教 3～5 年后其教学效果较明显。

第二，教师职前培养和学位。研究表明，教师接受师范教育的高校的地位对学生成绩有明显影响。这可能是教师的认知能力的一种反映。研究表明：教师如求得数学、理科高等学位，那么对高中学生的数学、理科成绩有积极的影响；教师学位与小学阶段学生的成绩没有高度的相关性。

第三，教师资格证书。获得教师资格证书的教师对高中数学成绩有积极影响。

第四，教师修习课程。教师所教学科的内容课程和教法课程都能对学生成绩和教育结果产生积极影响；学科教学方法对提高各年级教师的教学效率都有积极影响，特别是与所教学科的学科内容课程结合在一起时，效果更明显。

第五，教师自身考试成绩。评估教师文化水平或表达能力的测试都对提高学生成绩水平有积极影响。[①]

教师质量无疑是提高学生成绩水平的核心要素。国际教育界学者达成的比较一致的共识是，尽管学生家庭背景等仍然是影响学生成绩的重要因素，但教师质量是在与学校有关的变量中影响学生学业的最重要因素。学者哈若谢克（Hanushek，1998）的研究指出：学生成绩 7.5% 的差异与教师质量有关。学者戈德哈伯等人（Goldhaber，et al.，1999）的研究指出：十年级学生数学成绩 21% 的差异源于包括学校、教师、班级在内的"在校因素"。

正因为教师质量对学生成绩有重要影响，美国 2001 年出台的《不让一个儿童掉队》成为联邦政府直接干预教师质量标准的第一个重大的国家法案。它明确要

---

① Council，C. R. National partnership agreement on improving teacher quality：Performance report for 2011[R]. Sydney：COAG Reform Council，2013.

求学校主科的每位教师都要成为完全合格的教师；每位教师要达到各州教师资格证书的要求；新教师必须在所教学科获得主修学位并通过学科内容考试；每所学校每个班级到 2005—2006 年都必须至少有一位完全合格教师；每个州必须报告学校、学区、州级层面完全合格教师的比例，必须报告贫困程度不同的学校中教师质量的分布状况。该法案还规定了低收入学生占大部分的学校的学生家长的"知情权"，使家长了解其孩子的教师的资质。

四、教师质量被确认为教育质量的核心和国家发展的重要影响因素

教师质量既是教育质量的重要内涵，又是影响教育质量的先决条件。广义上的教师质量经常被看作影响学生能力（德、智、体、美诸方面个性发展）的"最重要的组织因素"①。

2002 年经济合作与发展组织（Organization for Economic Cooperation and Development，OECD）关于教师供求的一份报告指出：教师质量不但是决定学生学习（质量）的一个至关重要的因素，而且是提高劳动力素质和一国民族素质、促进经济发展和社会公平的重要保证。许多国家政治界、经济界的领导与教育界领导一样确信：投资于教师就是投资于一代学子的学习质量，就是投资于全体人民的生活质量、社会福祉和国家未来。在一个民族的未来有赖于教育水平的知识社会，教师质量的重要性更是不言而喻。

教师质量不只是教育质量的核心问题。教师是一个国家最大的专业队伍之一（在部分国家，教师被列入公务员行列），是决定国家前途命运的年青一代的培养者。所以教师质量直接攸关国家劳动力素质，从而影响经济能否快速增长、社会能否安定和谐、传统文化能否光大发扬。联合国教科文组织出台的《2005 年全民教育全球监测报告》引述了一系列研究成果来论证教育质量对国家发展目标、经济增长、人类行为变化和生活水准提高的重大影响。无数研究表明，经济增长决定社会总体生活水准的提高；平均受教育程度高的社会能产生更多更好的创新成果，能通过引入新的生产方式和新的技术全面提高生产力。经济学家提出的许多不同模式和统计方法，都解释了人力资本的重要性，显示了学生成绩与经济增长

---

① UNESCO. EFA Global Monitoring Report 2005：the Quality Imperative[R]．Paris：UNESCO Publishing，2005：108.

的密切关系。[①] 比如，汉诺谢克和金考（Hanushek & Kimko，2000）用一个量表综合分析了国际学生数学与科学知识的差别，论证了学校质量差异对国家经济增长的重大影响：学生数理成绩的一个标准方差导致人均国民生产总值1%的平均增长率。由学校教育培养出来的非智力技能和个性行为特点（如坚持性和领导素质）对劳动力市场的成功有重大的影响。[②] 教育质量的差异能导致有助于实现一系列人类目标的不同人类行为，一个重要的实例就是学校健康教育能减少性病对人类健康水平的影响。

正是基于教师质量的重要性，联合国教科文组织自2003年以来就组织成员开展关于教师专业标准的政策对话，促进成员交流制定教师专业标准的经验；近年来又支持我国与有关成员开展合作研究，探讨教师专业标准的国际框架。亚太经济合作组织（Asia-Pacific Economic Cooperation，APEC）正是基于教育和人力资本对提高劳动力素质从而促进经济可持续增长的重要意义，在近年来组织了会员经济体开展教师专业标准的合作研究。

教师专业标准反映了教师质量的实际内涵，是规范教师质量的逻辑要求，是提高教育质量的前提条件。教师质量有复杂的内容，涉及教师职业道德（伦理、操守），教师专业知识（包括所教学科内容知识、教学法知识、对学生的了解，乃至对整个教育目标、教育政策及影响学校教学的社会环境的了解等），教师专业技能（不但包括根据教学目标制订教学计划、准备教案，而且包括在课堂教学中把学科知识教给学生的教学方法技能、调动学生参与教学过程以做到教学相长的技能、根据学生的反馈随时调整教学策略的技能、班级教学管理技能、学生成绩测试技能、与同行合作的技能等）。因此，没有教师专业标准，既难以使教师真正成为与传统医师、律师、工程师享有同等地位的专业，又有可能使"提高教师质量，加强教师队伍建设"的战略任务出现政策目标不明确、培训内容不科学、投资效益难被评估的局面。

---

① UNESCO. EFA Global Monitoring Report 2005：the Quality Imperative［R］. Paris：UNESCO Publishing，2005：41—43.

② UNESCO. EFA Global Monitoring Report 2005：the Quality mperative［R］. Paris：UNESCO Publishing，2005：41—43.

第三节　教师专业标准研究的重要意义

教师专业标准的研究、制定和实施是一个历史的发展过程，是在新的社会环境和教育环境中教师需要承担新的专业责任的需要，是提高教师专业素质进而提高教育质量的需要，也是在终身学习社会中教师实现专业学习和专业成长的需要，既有多方面的重要性，又有刻不容缓的迫切性。

一、制定教师专业标准是教师真正成为专业的重要标志

联合国教科文组织与国际劳工组织颁发的《建议》，第一次以国际跨政府间组织的名义确认教师应被看作一种专业：它是需要教师专业知识和专门技能的一种公共服务，而这种专业知识和专门技能只有通过严格且持续的学习与研究才能获得和保持；它还需要教师对其负责的学生的教育和福祉有个人的和职业的责任感。《建议》指出：（社会）应该认识到，教育的进步很大程度上有赖于全体教学人员的资质和能力，有赖于教师个人的人格、教法和技能；教师的地位应该与按照教育目标进行评价的教育的需要相称。应该认识到，教师的恰当地位和公众对教师专业应有的尊重对教育目标的充分实现具有重大意义。由此可见，如同医师和律师，教师（教学）是一种需要经长期专门训练获得专门知识、专门技能和特殊责任感的专业，而非一般职业。只有在教师确立其专业特性以后，公众才会建立对教师应有的尊重；只有在教师得到应有的社会地位以后，服务社会的教育目标才能够实现。

在我国，教师正从传统社会的"教书匠"和"孩子王"变为"人类灵魂的工程师"。特别是国家改革开放以来，党和政府出台了一系列法规、政策，不断提高教师的社会地位，改善教师的经济待遇，旨在使教师成为"最受人尊敬的职业"。但是，教师作为专业工作者，其地位的确立不仅需要立法，而且需要教师本身专业素质的提高。建立教师专业标准，明确规范教师的专业道德、专业知识和专业技能就成为确立教师专业地位的重要前提，成为教师切实获得社会高度尊重的必要条件，成为教师队伍专业化的核心内容。

二、通过专业标准保证教师质量，从而实现社会对学校和教师的问责

教师是世界各国最大的专业队伍之一，在许多国家被列为最大的"政府公务

员"群体。根据世界上最大的教师团体"教育国际"（Education International，EI）的统计，世界上教师人数约 6000 万，2010—2020 年教师短缺达 1500 万～3500 万。

《中华人民共和国教师法》第十条规定：国家实行教师资格制度。教育部于 2000 年 9 月发布了面向社会认定教师资格的操作性规定《〈教师资格条例〉实施办法》，推动了教师资格制度的全面实施，使教师的任用开始走上科学化、规范化、法制化的轨道。但是，教师资格制度不同于教师专业标准，获得教师资格只是教师获得专业工作人员地位的开始，教师专业素质的提高和教师工作业绩的评估还有待科学的教师专业标准的确立。

与此同时，以教师学历合格率为主要标志的教师队伍素质的提高，也远不足以说明教师在多大程度上达到了专业工作者的水准。2011 年，教育部举行的我国教师队伍建设进展等情况发布会指出，就高学历教师比例来说，专科学历以上的幼儿教师、专科学历以上的小学教师、本科学历以上的初中教师、研究生学历的高中教师分别占 60.3％、78.3％、64.1％、3.6％。这表明：与世界发达国家和少数发展中国家幼儿教师、小学教师一般具有本科以上学历，高中教师大多具有研究生学历的状况相比，我国对教师的学历合格率要求仍然相对较低，尤其是高中教师中研究生学历的人数比例太低。

我国教育事业在改革开放 40 多年来已取得具有历史意义的巨大成就，九年义务教育已基本普及，中青年文盲已基本扫除，广大教师正是我国教育事业飞速发展、教育质量不断提高的关键力量。党和国家通过修订《中华人民共和国义务教育法》等法律，不断提高教师的社会地位，切实保证基础教育教师工资不低于公务员水平。

但是，在不断提高教师社会、经济地位的同时，必须根据专业的标准不断提高教师的专业素质，切实保证教师履行专业职责。可以说，这是政府和社会对教师作为公职和专业的重要问责形式。

三、教师专业标准通过明确规定教师的应知应会和应有道德责任来保证教师教学的有效性

教学是受许多因素影响的复杂过程。无数研究成果表明，在影响学生学业成绩和能否成才的因素中，教师和教学起着关键性的作用。《2005 年全民教育全球

监测报告》强调：教师是提高教育质量的一个决定性因素。经济合作与发展组织关于教师供求管理的调查报告的一个重要结论就是教师质量是决定学生学习质量的一个至关重要的因素。

关于教师和学生学习成效的相互关系的研究至少已经有半个世纪的历史。心理学家、教育学家加涅和杰克逊（Gage，1963；Jackson，1968）在 20 世纪 60 年代就深入地研究了影响教学过程的不同变量。后来安德森和彭斯（Anderson ＆ Burns，1989）在先前对教学研究的基础上，总结了教学的科学含义：教学是一种人与人之间的互动活动，通常用口头交流的形式致力于帮助一个或更多的学生学习的行为方式。

研究表明，影响学生学习的教学变量包括：教师的态度与信念、直接与显性的教学方法、课堂氛围、学业教学时间等。系统的观察作为研究教师行为与学生成绩关系的一种手段，能显示某些教学行为与学生成绩之间的密切联系。据统计，1970 年时就有成百种不同的课堂观察系统。教育家柏林纳和加涅（Berliner ＆ Gagne，1984）等人在 20 世纪 80 年代中期确定了影响学生成绩的有效教学实践中具体的、可观察的、与教师工作相关的核心教学行为。

教学与学习还受到建构主义的影响。建构主义认为知识不是绝对客观的，而是由学生建构或参与建构的；人们创造的新的知识是他们已有知识、信念、思想与新思想、问题或经验相互作用的结果。结构主义对教学与学习的哲学观区分了认知建构主义和社会建构主义，前者强调学习是新经验与个人对已有现实观点相冲突的结果，后者强调学习是个人与社会环境互动的结果。教学研究领域关注的重点正从学习者个人转向学习者所在的社区，因为学习者是通过社会参与进行知识建构的。由此，研究有效教学需要审视课堂情境中的教学互动、学生学习的本质、学科内容教学的本质以及新的课堂数据收集方法等。

许多教育学者，如达林-哈蒙德和圣地亚哥（Darling-Hammond ＆ Santiago，2000）等的研究成果表明：教师质量是影响学生成绩的学校因素中最为重要的因素。教师质量与学生学习结果之间的密切联系要求教育界建立有效的教师责任制。在研究美国学生成绩时，达林-哈蒙德、拉福斯和斯尼德（Darling-Hammond，LaFors ＆ Snyder，2001）等学者的结论为：教师资质是造成学生成绩差异的最重要原因，它的影响超过了其他任何一个单一因素，包括贫困、种族和父母教育程度。在他们的研究中，教师资质包括知识、技艺、教育和经验。澳大利亚相似的研究也证明：教学与学习的质量是造成在校学生成绩差异的一个重要因素。因此，教育界需要通过建立教师专业标准，更准确地界定什么是优质教学的要素，规定优质教师的应知、应会、应有价值观，将此作为保证优质教师的教育和专业发展的一种战略方法。① 教师质量对学生学习结果的决定性影响要求以专业标准的形式明确规定教师的应知、应会和应有道德责任，从而保证教师教学的有效性。

四、教师专业标准有助于更全面、科学地描述教师作为专业人员应具备的知识、技能和价值态度

教师专业标准在内容、方法及应用范围等方面超越了 20 世纪八九十年代基于一般能力或素质的教师工作评价，有助于更全面、科学地描述教师作为专业人员应具备的知识、技能和价值态度，从而为教师的入职、认证、升职、奖惩等提供专业依据。

早期的教师评估参照了产业人员完成特定工作任务的评价方法。对于能力或素质，首先在职业培训中用行为主义的方法，按照某一职业中一系列可以观察到的工作任务逐项加以评定。早期的教师评价借鉴了制造业和其他企业员工的能力评价法，心理学中的行为主义通过客观研究（被评价者的）实际反映的评价方法也为能力为本的教学工作业绩评估提供了一种手段。但是，这种方法毕竟使之简单化，低估了教学作为知识、技能、价值观念传授和师生互动过程的复杂性。在有效教学模式中，教师能力（素质）只是教师工作表现（业绩）的一个因素，尽管是一个重要的因素。

在格里芬（Griffin，2002）等专家看来，能力（素质）注重结果和工作表现（业绩），表现基于技能、知识和理解。素质作为思想的能力，也需要学生参与构建概念和发展认识力。对素质的这种行为主义应用方式，其缺点是忽视了工作场所人员工作表现（业绩）的复杂性，只是注重很窄范围内的具体任务和活动，而没有包括高级素质及其内在特性。总之，对能力（素质）的行为主义评价方法没有把能力（素质）看成是一种发展性过程。它的优点是简便，尤其适用于对重复性劳动和

---

① Darling-Hammond，L.，LaFors，J.，& Snyder，J. Educating Teachers for California's Future[J]. Teacher Education Quarterly，2001，28(1)：9-55.

低端能力(素质)的评价。黑格和吉利思(Haig & Gillis，1995)的研究总结了行为主义的、通用的、整合的三种方法。通用能力指个人在工作环境中能应用的最一般的能力(素质)，不能直接地被观察到，而且人们不能离开一定的工作情境对其进行评价。整合法则综合了通用的一般特质及其应用的外在环境，综合了按工作场所要求的标准完成某种工作所需要的知识、技能和态度，因此，这种考虑环境因素的整合方法较适用于能力(素质)评价。

但是，所有这些能力为本的教师评价方法如同此前的基于工作表现的教师评价方法一样，因过于简单、局限性大、人为性强受到了批评。批评者的主要论据如下。一是教学活动的复杂性远远超出了能力(素质)评价方法的内容，用能力来定义、评估教师工作贬低了教师的技能。二是强化了关于教学实践只是重复性劳动的偏见，否定了教学重新建构知识和改变人类习性的作用。[①] 三是这种评价方法有可能"肢解"教师工作，使它"技艺化"，脱离一定的教育环境。[②]四是仅以能力来评价教师有可能导致"工具主义"，并对教师教育产生消极影响。"工具主义"偏重教学的行为而忽视对教学的认识，强调通过教师教育培养技术性的、可演示的、着眼于教学场所的技能。[③] 五是如何按能力来评价教师专业水平的问题。部分学者质疑能力(责任)能否既作为教育工具又作为评价手段，这表明监测教师业绩(专业水平)的规范效应有可能使有关教师专业特性及其评价的讨论止于专业实践，而非在更高层次、更多维度上促进教师专业化的广泛讨论。

因此，在20世纪90年代末，国际上关于教师能力(素质)的讨论重点转向教师标准。用标准代替能力作为教师评价的依据有几点好处。一是标准能使教师认证或实践的基础更透明。二是标准的含义比能力更宽，不仅包括显性的技能和易测的知识，而且包括隐性的但十分重要的价值与态度。三是能力注重结果，而标准同时关注教学的过程、目的、敬业精神和付出的努力。专业标准描述(说明)了有效教学必需的价值观点、知识和技能，能外化有效教学的特性，即能使一位好

---

① Ginsburg M. Contradictions in Teacher Education and Society：A Critical Analysis[M]. Philadelphia，PA：Falmer Press，1988：155—158.

② Hattam R，Smyth J. Ascertaining the Nature of Competent Teaching：A Discursive Practice[J]. Critical Pedagogy Networker，1995，8(3&4)：1—12.

③ Eltis K，Turney C. Defining Generic Competencies for Beginning Teachers[J]. Unicorn，1993，19(3)：24—36.

教师需要具备的专业素质可示可测，从而使教师作为专业工作者更好地分享和认识这些必备素质，使教学知识与能力成为整个教师队伍和教学共同体的共同资源和财富。①

    需要指出的是，标准不等于"标准化"。教师专业标准不同于标准化的或基于标准的证书考试。专业标准只是为确定、奖赏以及褒扬有效教学提供了科学的手段。因此，开发和建立教师专业标准的关键就是找到并确认教师应知、应会、应具价值观的方法。

---

    ①   Reynolds M C. Knowledge Base for the Beginning Teacher[M]. New York：Pergmon，1989：207.

第二章　教师专业标准体系划分及内容框架建构

从国际上已有的教师专业标准来看，我们要开发的不只是某一个教师专业标准，而是要建立一个相对完整的教师专业标准体系。有的教师专业标准是所有学段与学科通用的，但会区分不同专业发展阶段，如英国与澳大利亚的教师专业标准；有的教师专业标准不分学科与专业发展阶段，但会区分学段，如我国的教师专业标准。完整的教师专业标准体系，应该对不同学段、不同专业发展阶段、不同任教学科的教师建立不同的标准。但学科与学段是交叉的、错综复杂的。例如，幼儿园不分学科；小学有通用专业标准，也有分学科专业标准；中学通常是分学科的。理想、成熟的教师专业标准体系应该是怎样的呢？本章将对教师专业标准体系划分及内容框架进行探究。

第一节　教师专业标准体系划分

从教师发展阶段维度来看，应该为不同发展阶段的教师开发不同的专业标准：教师教育毕业生标准、新教师专业标准、成熟教师专业标准、优秀教师专业标准、学科带头人专业标准、校长专业标准等。从基础教育的不同学段来看，有幼儿园教师专业标准、小学教师专业标准、初中教师专业标准以及高中教师专业标准。从标准适用范围来看，有通用标准和具体学科标准，还有国家标准、地方标准以及学校标准等。

一、不同发展阶段教师专业标准

我国学者蔡培村 1996 年的研究指出，可以将有关教师专业发展的理论分为三种研究取向：周期论（phase theory）、阶段论（stage theory）、循环论（cycle theory）。教师专业发展周期论以教师教龄作为划分依据；教师专业发展阶段论认为教师专业发展虽然按照年龄顺序，但不同教师的专业发展速度存在个别差异，应该按照发展阶段来划分教师的专业发展；教师专业发展循环论认为影响教师专业发展的因素不仅仅是教师本身，社会环境在教师专业发展中也起着不可忽视的作用，教师专业发展是一个动态、复杂、循环的过程。

按照这一划分方式，我们发现，许多研究者的教师专业发展理论属于阶段论。例如，富勒（Fuller）的教师专业发展四阶段论：职前关注阶段、早期生存关注阶段、教学情境关注阶段和关注学生阶段。费斯勒（Fessler）的教师专业发展八阶段论：职前培养阶段、入职适应阶段、专业能力建立阶段、热心和成长阶段、专业受挫阶段、稳定和停滞阶段、职业低落阶段和职业退出阶段。德蒙林（Demoulin）和盖伊特（Guyett）的教师专业发展四阶段论：预备阶段、发展阶段、转换阶段、衰退阶段。

蔡培村建议将从实习教师开始的专业发展划分为五个阶段（见表 2-1）。

表 2-1　蔡培村教师专业发展五阶段论

阶段	实习教师	初任教师	中坚教师	专业教师	资深教师
建议教龄	1～2 年	3～6 年	7～12 年	13～18 年	19 年以上
专业职责	教学实习	教学辅导	教学辅导研究	教育研究 教学观摩示范 教材设计 专业辅导	指导实习教师 教学与辅导咨询 建立学校与社区关系

根据教师专业发展各个阶段的一般进程和发展水平，为每个层次和水平的教师制定相应的专业标准，并注重通过设立专业标准来促进教师专业发展，是各国教师专业标准开发的重要特点。下面以英国、新西兰、美国为例来探究不同专业发展阶段的教师专业标准。

（一）英国

英国自 20 世纪 80 年代开始，逐步为不同层级、不同专业发展阶段的教师开发并不断修订相应的既彼此独立又前后衔接的教师专业标准：从职前的合格教师资格标准，到新教师入职标准，再到促进教师入职后不断提升的资深教师标准以及高级技能教师标准。

英国合格教师资格标准是对进入教师职业必备条件的规定，是进行合格教师资格认证的依据。受训教师要获得教师资格，必须要达到合格教师的标准。英国合格教师资格标准不仅是教师职前培养的主要依据，也是英国教师资格考试设计的基础。

1999年，英国教育与技能部为提高新教师的专业标准，正式提出在英格兰和威尔士地区实行新教师入职培训，规定凡在1999年5月7日以后获得教师资格证书且首次参加工作的新教师必须完成3个学期（相当于1学年）的入职培训，经过评估达到入职标准后才能在培训结束后继续在公立或私立中小学任教。对新教师是否圆满完成入职培训的判定，主要依据于他是否持续达到合格教师资格标准和入职标准。

新教师入职标准与1998年5月英国教育与就业部在《职前教师教育课程要求》中制定的教师资格标准密切相关。教师资格标准包括3个专业领域近70条标准。入职标准同样涉及这3个领域，即计划、教学、班级管理领域，监督、评估、记录、汇报、责任领域及其他专业发展领域。入职标准与教师资格标准在专业要求领域中相同，但它更主要的是关注教师入职培训阶段的专业特点。英国教育与就业部于2002年对教师资格标准进行了简化和修订，修订后的入职标准同样是根据教师资格标准涉及的3个领域对新教师入职期间的专业发展提供导向和评估依据的，这3个领域为专业品质和实践、知识和理解、教学。

2007年9月正式颁布实施的《英格兰教师专业标准》将教师发展各个阶段的教师专业标准整合为融教师职前培养、入职培训及职后提高为一体的教师专业标准，更好地使英国教师专业标准实现了从分离走向整合、从分立走向一体化的跨越。更重要的是，《英格兰教师专业标准》层级鲜明地规定了在专业发展的某一特定阶段教师应该具有的专业特征，为教师专业发展提供了一个框架，为教师的专业进步指明了方向：立志成为教师者首先要接受职前教师培养和评价，达到跨入教师行列的最初级层级的标准——合格教师标准后，再经职前教师培训机构推荐取得合格教师身份，然后新合格教师需要经过3个学期（约为期一年）的入职培训，且在入职培训结束时达到下一个层级的专业标准——新教师入职标准后，便可以正式跨入教师行列。此后，教师的成长进入在职专业发展时期。英国教师的在职专业发展阶段按照教师专业标准又分为资深教师发展阶段、优秀教师发展阶段和高级技能教师发展阶段，与此对应的是资深教师专业标准、优秀教师专业标准、高级技能教师专业标准。每一层级的标准都是建立在前一层级基础之上的。教师专业标准的这种层次性和连续性，有利于教师增强责任感和积极性，发现自身当前的专业发展状态与下一阶段的专业发展要求之间的差距，以便为自己未来的专业发展制定长远规划。

(二)新西兰

新西兰教师专业标准描述了 3 个层面的标准：新教师专业标准、注册教师专业标准和有经验的教师专业标准。新教师指未通过完全注册的教师，正在学校的指导和建议下工作，已获得注册教师所需要的知识、技能；注册教师至少已经教学两年，通过完全注册，具有高水平的履行日常教学工作的能力；有经验的教师是具有高度熟练技能的实践者和课堂管理者，对教和学有深刻理解，能创造非常有效的课堂环境，能为同事提供支持和帮助。具体见表 2-2。①

表 2-2　新西兰不同专业发展阶段教师专业标准

维度	新教师	注册教师	有经验的教师
专业知识	在建议和指导下拓展以下知识：实际应用课程论、学习理论和评价理论；当前教育，包括毛利人教育中的问题和行动	胜任相关课程的教学；熟谙当今学习和评价的理论；熟谙当前教育，包括毛利人教育中的问题和行动	具有以下相关理论和实际应用理论的知识：与他们教学专业相关的课程学习和评价的理论及发展；当前教育，包括毛利人教育中的问题和行动
专业发展	在专业教师的支持和鼓励下，参与现有的符合个体需要和学校优先考虑的专业发展机会	投入自己的学习中，参与个体和集体的专业发展活动	积极拓展自己的知识和技能，积极鼓励和帮助同事的专业发展
教学技巧	在专业教师的指导下发展相关有效策略，包括：设计教育计划和设计评价，开发和适当利用教学资源，利用现有教育技术，评价和反思教学技巧和策略	规划和采用适当的教学计划、策略、学习活动和评价，灵活使用一系列有效的教学技巧；利用适当的技术和资源；有效地传授学科知识，反思和评价教学技巧和策略	展示以下方面的专门技术和熟练策略：开发和实施教学计划、学习活动和评价制度；掌握高效教学技巧；评价、评估和反思自己及他人教学实践，且富有成效

---

① New Zealand Teachers Council，"Graduating Teacher Standards：Aotearoa New Zealand，" http：//traintheteacher/graduating-teacher-standards-e-portfolio/new-zealand-graduating-teacher-standardsl，2019－02－07.

续表

维度	新教师	注册教师	有经验的教师
学生管理	在现有资源条件下，深刻理解并发展以下策略：管理学生行为，认识个性化学习需要，创造安全的身心环境，认识学生的多样性	有效地管理学生行为，与学生建立建设性关系，能响应学生个性化需要；形成和维持安全的身心环境，创造鼓励、尊重与理解的氛围，维持有意义的工作环境	通过认识并迎合学生多样化的学习需要，建立和维持促进学习的环境；有效管理学生行为
学生激励	在专业指导下逐步提高确定积极教学期待的能力，逐步掌握激励学生的有效技能	使学生积极投入学习，建立重视和促进学习的期待	高效地鼓励学校范围的学习，学习和成就文化
毛利人教育	在指导和建议下拓展、发展以下知识和技能：基本毛利语词汇的准确发音，日常问候；基本毛利族礼仪	继续加深对毛利语用法和准确发音的理解，需要的时候能表现出对毛利人交往基本礼仪的理解	促进毛利语的适当与准确使用，在适当的场合使用毛利族礼仪
有效沟通	在资深教师的支持下逐步提高与学生和家长等有效沟通的能力；汇报学生的状况，与同事共享信息等	能用一种或两种新西兰官方语言清楚、有效地交流，适当对学生反馈，与学生家庭、学生照顾者有效沟通，与同事分享信息	具有与学生有效沟通的能力，向学生、学生家庭或学生照顾者汇报学生学习情况的能力，与学校员工间有效沟通的能力
支持同事并与其合作	在专业指导和鼓励下与同事建立专业关系，适当为专业活动做贡献	与同事维持有效的工作关系，支持和帮助同事改进教学	积极鼓励和促进与他人及他人之间有效工作关系的形成，为同事提供适当支持和帮助
对学校活动的贡献	愿意参与有助于学校生活发展的活动	积极为学校及其社区做贡献	为整个学校的有效运作做贡献，包括学校与家长及更广泛的社区的关系

（三）美国

美国的教师专业标准按照教师专业发展的教师资格认证阶段、教师入职培训阶段和教师职后提高阶段，分别由不同的机构开发了相应的职前标准、新入职标准和在职标准。这些标准构成了当前美国教师教育职前、新入职和在职三位一体的质量认证体系，贯穿着每一位教师的职业生涯。美国制定这些标准的机构、标准对象和标准性质见表2-3。

表 2-3 美国四大国家层面的标准制定机构与各教师发展阶段标准对照表

机构名称	标准对象	标准性质
美国全国教师教育认证委员会（NCATE）	候选教师（candidate teacher）	职前标准
美国州际新教师评估与支持联合会（IN-TASC）	新教师（beginning teacher）	新入职标准
美国全国专业教学标准委员会（NBPTS）	优秀教师（accomplished teacher）	在职标准
美国优质教师证书委员会（ABCTE）	杰出教师（distinguished teacher）	在职标准

1. 美国全国教师教育认证委员会制定的总标准和学科标准

接受过美国全国教师教育认证委员会机构培训的教师应该达到以下6个标准：熟悉学科内容，明白有效的教学策略，反思自己的教学实践并调整自己的教学，能从不同的文化背景角度给学生提供教学，接受教学导师的监督，能把教育技术应用于教学中。

美国全国教师教育认证委员会根据上述6个总标准，针对学生的发展阶段和教师任教学科，构建了学科教师专业标准体系，包括幼儿阶段教育（初级）、幼儿阶段教育（高级）、教育通信与技术、计算机与教育技术（初高级）、教育领导、小学教育、英语作为第二语言的教育、英语语言教育、外语教育、环境教育、健康教育、数学教育、中级水平教育、体育教育（初级）、体育教育（高级）、阅读教育、校图书馆/媒体教育、学校心理学教育、科学教育、社会科教育、特殊教育、技术教育、天才教育等领域的教师专业标准。

2. 美国州际新教师评估与支持联合会制定的核心标准与学科标准

美国州际新教师评估与支持联合会提出了10个核心标准，每个标准包含知识、倾向和表现3部分。这10个核心标准如下。

第一，学科知识：教师要掌握本学科的核心概念、探寻工具和知识结构，并为学生创造学习空间，使学生感到上述各方面的学习有意义。

第二，学生学习：教师要了解不同年龄段学生的学习方法以及发展特点，并能提供有利于学生智力、社会和个人发展的学习机会。

第三，学生的多样性：教师要了解学生学习方法的差异性，并能创造相应的教学机会，以适应不同文化背景和个体差异的学生。

第四，教学策略：教师要熟悉并使用各种教学策略来激励学生批判性思维能力、解决问题能力和表现能力的发展。

第五，学习环境：教师要了解并利用学生的个体和群体动机以及学生的个体和群体行为，以便营造有利于鼓励学生与社会保持互动、主动参与学习和加强内在动力的学习环境。

第六，交流手段：教师要善于利用有效的言语、非言语以及媒体通信手段，营造积极探寻、相互合作和互相支持的课堂氛围。

第七，教学计划：教师要根据学生、班级、学科知识和课程目标来规划和管理教学。

第八，评价策略：教师要掌握并使用正式和非正式的评价策略对学生进行评价，以便确保学生的智力、体力和社会能力的持续发展。

第九，教师的反思与专业发展：教师在实践的过程中要不断地反思自己——评价自己的教学内容选择与教学行为对别人（学生、家长及其他人）的影响，同时还要主动寻找有利于专业发展的机会。

第十，合作关系：为了支持学生的学习和发展，教师要保持与学生家长或监护人、同事以及社区的联系与往来。

此外，美国州际新教师评估与支持联合会根据上述 10 个核心标准制定了以下 8 个学科教师专业标准，包括艺术教育、小学教育、英语教育、外语教育、数学教育、科学、社会科学和特殊教学教师专业标准。

3. 美国全国专业教学标准委员会制定的优秀教师专业标准

美国全国专业教学标准委员会负责全美在职教师的专业发展，制定了全国性的教师专业标准，提出了以下 5 条核心建议。

第一，教师应该致力于学生的发展和学生的学习。

第二，教师应该知道所授学科领域的知识以及该学科的教学方法。

第三，教师应该负责对学生学习的管理和监督。

第四，教师应该系统性地反思自己的行为，学习经验。

第五，教师应该是学习共同体的成员。

4. 美国优质教师证书委员会制定的杰出教师资格证书标准

获得美国杰出教师资格证书的过程是严格的，一般只有 40% 的申请者可以顺利获得教师通行证，达到杰出教师证的比例就更低了。达到杰出教师资格证书标准的一级指标如下。

第一，扎实的学科知识：展现出高水平的本学科知识，这主要通过考试来检测。

第二，出色的专业化概念和领导水平：必须有校长的推荐信。

第三，优秀的教学实践：根据标准进行一系列的课堂观察，然后做出评价，评价结果必须是优秀。

第四，巨大的正面影响力：必须对学生学习具有重要的正面影响力。

此外，美国优质教师证书委员会提供考试和评价的学科有生物、化学、小学教育、英语、一般科学、数学、物理、特殊教育、美国史、世界史、阅读证、专业教学知识。

可以看出，各国的教师专业标准开发多遵从教师专业发展理论中的教师专业发展阶段论取向，根据教师职前培养、入职教育与职后提高各个阶段的发展水平和不同特点，制定相应的合格/实习教师专业标准、新教师/初任教师专业标准、熟练/成熟/有经验/资深教师专业标准、杰出/高级技能教师/领导教师专业标准，通过各个阶段标准的连续性和递进性来促进教师向更高水平发展。

二、不同任教学段教师专业标准

不同任教学段的教师应该具有不同的专业标准。纵观世界各国的教师专业标准体系，大多数国家为不同任教学段的教师制定了不同的教师专业标准，如美国、越南、澳大利亚；有少数国家的教师专业标准是不分学段的，如英国；有的国家的教师专业标准体系是根据儿童的发展阶段来划分的，如美国全国专业教学标准委员会制定的标准，将学生分为儿童早期、儿童中期、青少年早期、青少年和青年晚期四个发展阶段，分别为教师制定教学专业标准。下面对美国不同学段的优秀教师专业标准进行详细介绍。

以五条核心建议为依据，美国全国专业教学标准委员会开发了 25 个领域的标准。这 25 个领域的标准是根据学生发展水平和学科两个维度划分的。学生发展水平这一维度被分为部分重叠的 4 个层次：一是儿童早期，年龄为 3～8 岁；

二是儿童中期，年龄为 7～12 岁；三是青少年早期，年龄为 11～15 岁；四是青
少年和青年早期，年龄为 14～18 岁。

　　另一个纬度是根据学科来划分的，包括单一学科和综合学科。单一学科标准
是为在教学实践中主要教一个学科的教师设立的，如青少年初期/英语语言艺术
标准、青少年及青年初期/数学标准；综合学科标准是为培养学生跨学科知识和
技能的教师设计的，如儿童早期/综合学科、儿童中期/综合学科。值得注意的
是，某些学科的标准可以跨越不同学生发展阶段，如儿童早期和儿童中期/艺术、
儿童早期到青少年初期/图书馆媒体。这样，就形成了 7 个儿童发展阶段、16 个
学科、25 个领域的标准(见表 2-4)。

表 2-4　美国不同学段教师专业标准

	儿童早期 3～8 岁	儿童中期 7～12 岁	儿童早期及中期 3～12 岁	儿童早期到青年初期 3～18 岁	青少年初期 11～15 岁	青少年及青年初期 14～18 岁	青少年初期到青年早期 11～18 岁
艺术			×				×
职业技术教育							×
英语作为一门新语言			×				×
英语语言文学					×	×	
特殊教育				×			
综合学科	×	×					
健康教育							×
图书馆媒体				×			
读写：阅读语言艺术			×		×		
数学						×	
音乐			×				×
体育			×				×

续表

	儿童早期 3~8 岁	儿童中期 7~12 岁	儿童早期及中期 3~12 岁	儿童早期到青年初期 3~18 岁	青少年初期 11~15 岁	青少年及青年初期 14~18 岁	青少年初期到青年早期 11~18 岁
学校心理咨询/学生辅导教育				×			
科学					×	×	
社会学科—历史					×	×	
英语以外的世界语言							×

资料来源：在 NBPTS 总部调研时取得的资料。

另外，每个领域的教师专业标准包括两部分：标准陈述和标准阐释。标准陈述是对某一领域优秀教学实践的重要特征的扼要陈述，每个标准描述的都是可被观测到的教师行为及其对学生学习的影响；标准阐释为每个标准提供了背景分析，对优秀教师要达到这个标准应该知道和应该能做到什么做出了详细解释，包括教师对待学生的态度、他们的角色与责任、面对一系列道德和智育方面的问题时的立场观点等。

下面通过介绍两个认证领域的标准——儿童中期综合学科教师专业标准以及儿童中期到青少年及青年初期数学教师专业标准，来对教师专业标准内容做进一步研究。

(一)儿童中期综合学科教师专业标准①

儿童中期综合学科教师标准共有 11 个。

第一，关于学生的知识。

优秀教师能够利用他们掌握的关于学生发展的知识和他们与学生的关系来了解学生的能力、兴趣、志向以及价值观。

---

① National Board for Professional Teaching Standards. Middle Childhood Generalist Standards [EB/OL]. [2016 - 10 - 07]. https：//www. nbpts. org/wp - content/uploads/MC-GEN. pdf.

第二，学科内容与课程知识。

优秀教师能够利用他们所掌握的学科内容及课程知识，正确决定处于儿童中期的学生应该学习哪些本学科课程内容。

第三，学习环境。

优秀教师应该能够创设一个具有关爱、包容、激励以及安全特征的学习共同体，使学生敢于在学习中开拓冒险，既学会独立地学习，又善于与人合作。

第四，尊重多样性。

优秀教师能够帮助学生学会尊敬并欣赏不同个体及不同团体的差异。

第五，教学资源。

优秀教师能够创造、评价、选择和利用丰富多样的教学材料，并善于利用其他教学资源，如学校员工、社区成员以及学生来支持教学。

第六，对知识的有意义的利用。

优秀教师能够帮助学生学习本学科和跨学科的知识，并能够帮助学生理解如何运用学到的学科知识解决自己生活中和外面世界的问题。

第七，有意义地获得知识的途径。

优秀教师能够为学生提供学习每个学科的核心概念、探究重要的与学科相关的主题以及建构综合知识所需要的多种途径。

第八，评价。

优秀教师应该了解各种评价方法的优缺点，能够根据自己的教学对学生进行评价，并鼓励学生监管自己的学习。

第九，家长参与。

优秀教师应该能够与学生家长建立积极、互动的关系，让家长参与到学生的教育中。

第十，反思。

优秀教师经常分析、评价、反思他们的教学，增强他们教学实践的效果，提高教学质量。

第十一，对专业的贡献。

优秀教师能够与同事一起改进学校教学并推进本教学领域的实践。

这一领域认证的标准文献还提供了另外更加详尽的内容，包括对每项标准的意图的详尽阐述。对于每个认证领域来说，所有标准内容的结构都是一致的：一部分是标准陈述，描述认证领域优秀教学实践的主要特征，即"教师的可观察到的会对学生产生影响的行为"①；另一部分是对优秀教师应该知道什么以及能够表现出怎样的教学实践才可以达到标准的详细阐述。

对儿童早期综合学科教师专业标准的第一项"关于学生的知识"的解释，认为达到这一标准的教师能够"理解并欣赏每个学生都是不同的，同时也要了解这个年龄段学生的共同特点"，应该热衷于观察学生。这些详细解释还为优秀教师的这些品质列举了实例。例如，了解儿童中期阶段儿童的发展状况的教师应该知道利用学生形象思维的重要性，提供具体实物，如地图、时刻表、可以操作的东西及工具等来组织和解释资料。优秀教师能够意识到通过评价、分析对材料进行有意义学习的重要性，能够直接教给学生学习、储存和利用知识的技巧。

儿童中期综合学科教师应该能够教几个学科，所以对第二个标准——学科内容与课程知识的详细解释，描述了教师应该知道的6门学科知识（英语/语言艺术、数学、科学、社会科、艺术、健康教育）及应该如何利用这些知识。例如，对这一标准对英语/语言艺术的要求的阐述表明，优秀教师应该将广泛的回应活动，如日志、戏剧创作以及故事写作等作为平时作业的重要形式；应该使学生语言学习的策略和技巧与课程的其他方面结合起来。

（二）青少年及青年初期数学教师专业标准②

青少年及青年初期数学教师专业标准与儿童中期综合学科教师专业标准采用同样的结构和模式。青少年及青年初期数学教师专业标准内容如下。

第一，创设有效的学习环境。

优秀的数学教师了解并重视每个学生的个性与价值，相信所有学生都有学习能力，都应该学到全部数学课程；能够通过平等地向所有学生提供系统完整的数学课程来将他们的这一信念体现在教学实践中。

第二，关于学生、数学学科以及教学实践的知识。

---

① National Board for Professional Teaching Standards. Middle Childhood Generalist Standards［EB/OL］. ［2016－10－07］. https：//www. nbpts. org/wp-content/uploads/MC-GEN. pdf.

② National Board for Professional Teaching Standards. Middle childhood through Early acolescence/ mathematics standards［EB/OL］.［2016－10－12］. https：//www. nbpts. org/wp－ccntent/uploads/EAYA-MATH. pdf.

关于学生的知识：优秀数学教师应该意识到学生的学习是受教育、社会、文化背景以及经验等一系列因素影响的。他们应该能够利用学生如何学习与成长的知识来了解学生，指导课程设计与教学实践。

关于数学学科的知识：优秀数学教师应该能够利用广博的数学知识来建构他们的教学目标和教学实践，了解数学概念间的联系，不仅能够将这些概念应用到数学中，还知道如何应用于其他学科以及学校以外的世界。

关于教学实践的知识：优秀数学教师应该能够凭借自己广博的教育学知识进行课程设计，选择恰当的教学策略，制订教学计划，设计评价策略。

第三，促进学生学习。

教学艺术：优秀数学教师应该能够创设有效的途径来应对教学中的挑战。他们的教学实践应该体现高度发展的教师个体的综合素质：关爱学生，对数学教学怀有激情，较好地掌握数学知识，能够运用数学知识，拥有丰富的教学知识和教学创新能力。

学习环境：优秀数学教师能够创设丰富、关爱及包容的环境，能够创建使学生投入学习的共同体。在共同体中，学生视学习为责任，敢于为知识冒险，培养自信与自尊，能够独立地学习，又善于合作学习。

对数学的应用：优秀数学教师帮助学生发展积极的数学态度，并能够培养所有学生运用数学理解周围世界的能力。他们将教学重点放于通过为学生提供理解和应用数学概念的机会来发展学生的数学能力，通过探究去发现知识结构和其中的逻辑关系；在解决问题方面能够表现出灵活性和坚持不懈的精神；能够创造和应用数学模式；能够自己去发现新问题；能够自己得出结论，判断结论的正确性，并能够与他人交流自己的结论。

技术与教学资源：优秀数学教师具有关于当代技术的丰富知识，并能运用教育技术以及其他资源促进学生的数学学习；能够选择、利用和创造教学资料，并能调动学校和社区的人力资源来提高学生对于数学的理解和应用能力。

评价：优秀数学教师能够整合教学与评价以促进所有学生学习，设计、选择和利用一系列正式与非正式的评价工具来达到教学目标，帮助学生发展自我评价技能，鼓励学生对自己的表现进行反思。

第四，专业发展与合作。

反思与成长：优秀数学教师经常对教学进行反思。他们了解数学以及数学教学的变革，不断增长自己的知识，提高教学实践能力。

家庭与社区：优秀数学教师努力使整个家庭参与到他们自己孩子的教育中，帮助社区理解数学以及数学教学在当今世界所起到的重要作用，并尽最大努力使社区参与数学教学。

专业共同体：优秀数学教师能够与同事和其他教育专业人员合作来加强学校教学，促进不同年级教学质量的提高，丰富数学教学领域的知识，并改进数学教学实践。

因为所有的教师专业标准都衍生自五条核心建议，所以对教师专业标准的陈述有许多类似之处。例如，儿童中期和青少年早期的数学教师专业标准类似，但又不同于儿童中期综合学科的教师专业标准。数学教师专业标准中论述了"不同学生以不同的信息处理方式来理解数学"的问题，并进一步解释为，优秀教师应该能够了解学生对问题的错误理解，分析其中的原因，澄清学生的思考。教师应该能够了解 7～15 岁学生的发展变化，并能够将学生在不同年龄阶段发展变化的知识融入课程设计。这样教师才能意识到学生到了高年龄段时，才能够解决复杂的、多步骤的问题，但低年龄段的学生在这方面就很困难。

三、不同学科教师专业标准

从教师专业标准适用的范围来看，有的国家开发的教师专业标准是面向所有学科教师的。例如，英国的教师专业标准主要针对不同专业发展阶段的教师，是对所有学科教师的要求。有的国家开发的教师专业标准，既有针对所有教师的通用标准，也有面向各学科教师的具体标准，如美国、澳大利亚、菲律宾等国家制定的教师专业标准。下面分别介绍美国州际新教师评估与支持联合会开发的外语教师入职标准以及澳大利亚维多利亚州科学教师专业标准。

（一）美国州际新教师评估与支持联合会开发的外语教师入职标准

美国州际新教师评估与支持联合会于 1992 年制定了 10 个核心标准，将其作为从幼儿园到 12 年级各个年级以及各个学科的所有新教师获得教师资格及促进专业发展的依据。后来，美国州际新教师评价与支持联合会根据这 10 个核心标准又陆续为新入职教师制定了以下标准：艺术教师标准、小学教师标准、英语教师标准、外语教师标准、数学教师标准、科学教师标准、社会科教师标准和特殊教育教师标准。其中，2002 年美国州际新教师评估与支持联合会开发的外语教师入职标准是在核心标准基础上根据外语学科的特点对核心标准在外语学科方面的具体化。它包括 10 个具体标准，概述了新外语教师从事外语教学应该掌握哪些知识，应该怎样做才能够有效地指导学生学习一门外语并了解所学语言国家的文化。

美国州际新教师评估与联合会制定的 10 个核心标准的具体内容如下。

第一，教师要掌握所教学科的核心概念，了解本学科的探究方式，把握所教学科的知识结构，能够为学生学习学科知识创造有意义的学习环境。

第二，教师要了解学生学习与发展的规律，能够提供学习机会以促进学生智力、社会经验和个体发展。

第三，教师要了解学生学习方法的差异性，并能在教学中使用不同的教学方法，以适应不同的学生。

第四，教师要能够了解并使用各种教学策略来发展学生的批判性思维能力、问题解决能力和行为技能。

第五，教师要了解学生个体和群体的学习动机，为学生创造积极的团体互动氛围和自我激励的学习环境。

第六，教师要能够利用有效的言语和非言语以及媒体交流技巧，营造积极探索、相互协作和乐于帮助的课堂教学氛围。

第七，教师要根据不同的学科知识、学生、社区和课程目标的具体情况来设计教学计划。

第八，教师要能够了解、运用正式和非正式的评价策略对学生进行评价，并确保学生在智力、交往能力和身体等方面持续发展。

第九，教师应该是一个积极的反思性实践者，在教学过程中不断反思自己的教学实践对他人(学生、家长以及学习团队中的其他专业人员)的影响，并能够积极寻找机会促进自己的专业发展。

第十，教师要在更大范围内与同事、学生家长和其他有关机构建立良好关系，以支持学生的学习和发展。

美国州际新教师评估与支持联合会认识到，一方面，新教师核心标准规定了作为一名教师的基本的教学原则，对新教师的入职和发展发挥了重要作用；另一方面，核心标准中的基本教学原则只有在运用于具体的教学情境时，才能真正焕发生命活力。因此，美国州际新教师评价与支持联合会为每个学科开发了教师专业标准。外语(包括法语、德语、意大利语、西班牙语、拉丁语、希腊语、汉语、日语、阿拉伯语、希伯来语和俄语等)教师专业标准是由来自全国范围的外语教师、外语教师教育工作者以及州和地方的教育管理者组成的委员会开发的。该委员会在开发外语教师专业标准时详细阐明了如何将核心标准的原则应用于外语教学。外语教师专业标准是完全建立在核心标准基础之上的,而且其框架结构也和核心标准是相同的,是与核心标准对应的 10 个具体标准,是核心标准在外语学科的具体运用。它概述了从幼儿园到 12 年级新外语教师(教龄三年之内)从事外语教学应该掌握哪些知识,应该怎样去做才能够有效地指导学生学习一门外语并了解所学语言国家的文化。外语教师专业标准是作为各州、各专业组织及教师教育机构在新教师培养、教师资格认证和教师专业发展方面制定政策的指导性文件。这 10 个外语教师标准内容框架如下。①

第一,学科内容知识。外语教师要熟练掌握所教外语,了解系统的语言知识,知道学生应该如何学习一门语言,了解语言和文化是如何密切相关的;对所教语言要具有丰富的该民族文化方面的知识,能利用这些文化方面的知识帮助学生高效地掌握这门语言,提高对文化的理解能力。

第二,学生发展。外语教师要了解学生是如何学习和发展的,并能将所学知识与学生语言能力发展和文化理解联系起来,为学生提供合适的支持学生发展的学习环境。

第三,学生差异。外语教师要了解学生的知识、经历、能力、需求以及语言学习方法存在怎样的差异,能创造适合学生水平并反映学生多样性的教学机会和教学环境。

第四,教学策略。外语教师要了解并能够使用各种教学策略来帮助学生提高语言水平,提高文化理解能力,培养批判性思维能力。

第五,学习环境。外语教师要营造一个互动的、充满吸引力的、具有支持性的学习环境,从而激发学生的内在学习动机,促进学生的语言学习能力和文化理解能力的发展。

---

① Interstate New Teacher Assessment & Support Consortium. Model Standards for Beginning Teacher Licensing, Assessment and Development: A Resource for State Dialogue. [EB/OL]. [2017-1-17]. https://goed. american. edu/docs/INTASC _ standards(7). pdf.

第六，交流能力。外语教师要善于利用有效的言语、非言语以及多媒体资源来培养学生的语言发展能力和文化理解能力。

第七，教学设计。外语教师要根据所教语言及其文化知识、学生情况、基于标准的课程和学习环境来进行教学设计。

第八，评价策略。外语教师要掌握并使用各种评价策略来监控学生的学习，了解语言和文化教学情况，并报告学生的进步情况。

第九，反思性实践与专业发展。外语教师应该是能够不断地评价自己的教学行为与教学效果、积极主动寻找专业发展机会的反思性实践者。

第十，团队合作。外语教师应该与同事、家长以及相关机构建立良好合作关系，与他们共同支持学生学习与身心健康发展。

在这 10 个标准内容框架下，每个标准都有详细的解释，下面以"学生差异"为例来对标准的详细内容进行阐述。①

外语教师应该认识到学生的语言学习受许多不同因素影响，包括不同的学习风格和多元智能，不同的学习需要，不同的文化以及社会经济背景，不同的民族传统，不同的先前学习体验，不同的个人兴趣、需要及目标。外语教师在设计和实施教学时应该充分将这些因素考虑在内，认识到他们的态度和偏见可能会影响他们公平对待每个学生，应该创造公平的学习环境以促进所有学生学习。无论在外语课堂教学中还是在更大范围的学校环境中，教师都应该重视并尊重学生的多样性。

外语教师应该了解，学生会将不同的语言文化背景及不同的学习经验带入外语学习课堂，并对其目标语言及文化的学习产生影响。例如，在一堂外语课上，可能有的学生没有任何接触目标语言的经历，而有的学生在家中就讲目标语言；有的学生可能学习过目标语言，或者有去目标语言国家旅行或居住的经历。教师的教学设计应该考虑所有这些情况。

例如，一位西班牙语教师注意到班里的一名学生西班牙语口语讲得非常流利，但在日志中写的关于一篇新闻的评论中出现了拼写错误和用词不当的现象。教师的书面评语对日志的内容做了肯定，同时纠正了拼写错误和不当用词，以引

---

① Interstate New Teacher Assessment & Support Consortium. Model Standards for Beginning Teacher Licensing，Assessment and Development：A Resource for State Dialogue[EB/OL]. [2017-1-17]. https：//goed. american. edu/docs/INTASC _ standards(7). pdf.

起学生注意；然后教师指导学生阅读报纸和网络中关于这个话题的西班牙语的报道。学生进一步学习关于此话题的正确单词拼写和恰当措辞。

再如，一位德语教师的班上有一名来自巴西的学生，一名来自乌兹别克斯坦的学生，一名来自泰国的学生，还有一名来自墨西哥的学生。德语教师在上话题为"德国的学校"的课时，可以请这几名学生向班里提供关于他们自己国家的教育制度的信息。学生在讨论时，可以根据这些信息比较美国学校和其他国家学校的相同点和不同点。

外语教师应该了解，不同的学生在进行语言学习时有不同的学习方法。例如，有的学生通过大量听的实践可以达到最佳语言学习效果，有的学生偏向于通过大量的视觉材料来学习，还有的学生喜欢通过动笔书写未熟练掌握的语言的方式学习。教授这些学习风格各异的学生，教师要能够设计和使用不同的教学策略，最大限度地为不同风格的学生提供适合他们的学习机会。

例如，法语教师在教一首《海地》的诗歌时，可以使用美术（空间智能）、舞蹈（运动智能）、音乐（音乐智能）等方式使不同学习风格的学生理解诗歌的含义、格律及韵律；可以让学生以小组或者个人为单位，通过跳舞、唱歌、短剧表演或者讲故事的形式表达自己对诗歌的理解。

外语教师应该了解，有些学生在学习中可能会遇到特殊的困难。教师要了解关于这些学生的学习情况以外的信息，当然也要对这些信息保密，在设计和实施教学时要参考这些信息。因为外语教师经常会在语言学习过程中设计让学生交流分享有关个人生活经历的教学环节。例如，在学习一个关于家庭生活和家庭关系的单元时，外语教师使用了传统家庭和非传统家庭的例子，应该意识到有些学生可能不愿意谈及自己的家庭，那么可以让学生选择谈论某文学作品中的家庭生活和家庭关系。

外语教师应该认识到，有特殊需要的学生在学习外语时会面临独特的挑战，如身体方面、情感或行为方面有特殊需要的学生，学习困难学生或者超常学生。外语教师应该同特殊教育教师或者其他相关教师磋商，共同设计适合这些有特殊需要的学生的教学方式。适应有特殊需要的学生的教学方式可能包括将板书写大些，提供大字印刷的教材，使用幻灯片或者其他视觉材料来辅助教学，重新排列座次，为他们安排更多时间来完成学习任务和测试，根据不同需要让他们将书面作业改为口头作业或者让他们将口头作业改为书面作业。适应超常学生的教学方式可以包括为这些学生另外设计适合他们能力的教学方案，和普通同学花费同样多的精力与努力程度可以完成的学习任务。外语教师还应该了解关于教学要适应学生差异方面的法律要求以及地方政策，以便需要时可以查阅。例如，在阅读关于患孤独症的学生的个性化教育计划并同特殊教育教师磋商后，外语教师了解到需要将课堂学习任务按照顺序很有条理地为这方面的学生列出，并以书面形式将任务提供给他们，以帮助他们参与课堂学习。教师可以在每节课前打印出学生要做的课堂指导说明，标好顺序号码给患孤独症的学生，如"到地毯上去听故事""起立跟着老师做动作"等，这样可以帮助这些学生更好地参与课堂学习。

（二）澳大利亚维多利亚州科学教师专业标准

澳大利亚维多利亚州教学专业标准委员会1999年发布的科学教师专业标准是专为科学教师研制的标准文件，是从科学新手教师和科学经验教师两个层面进行描述的。科学新手教师是指那些对教学总体情况比较了解，但对科学教学实践不熟悉的教师。科学经验教师是指那些在科学教学中表现得很出色的教师，其经验正是新手教师所追求的。科学教师专业标准指出了中学和小学科学教师的不同。科学教师应该按照本地学校情况对科学教师专业标准进行解读。所有科学教师都需要对科学有足够的了解，以方便其在所处的学校层级中进行教学。科学教师专业标准设计的目的是帮助科学教师较好地把科学知识传递给学生。科学教师专业标准的基本理念是所有的学生都可以且都应该学习科学，说明了教师应该知道什么以及能做什么才能够在各个层级的学校开展有效教学。

科学教师专业标准认为，学习科学学科需要具备设计和操作的能力、收集信息的能力、执行准确措施的能力、找出控制或测试的重要变量的能力以及重复实验的能力。科学家通过实验、观察、逻辑推理等方法提出观点，做出假设，可能会得到支持，也可能会遭到反对。从这些观点和假设中，科学家发现规律、建立模型、创造理论来解释研究中的现象。

科学教师专业标准指出，开阔的思想是一笔很大的财富。所有科学知识，不管多么好，都是可以接受挑战和再评估的。科学家不相信有绝对的科学真理存在。但是，他们相信科学过程是一个不断理解自然世界运动的过程。科学是一种思想的源泉，一种学习怎样思考的方法，一种了解我们赖以生存的世界的方式。学生如果受到很好的科学教育的话，就可以牢固地掌握科学过程。

科学教师专业标准还指出，科学教师可以赠给学生的"礼物"包括：理解科学的概念和现象，掌握科学调查技能，参与科学过程的机会，把科学应用到日常生活中的兴趣和热情，理解对高深知识进行合作学习的意义，尊重不同的看法、态度和价值观，对实验新观点的好奇，掌握科学领域的专业语言。

科学教师专业标准最后指出，需要记住，科学不是凭空存在的，而是一个与社会有关的领域。在这个领域中，科学必须与更广阔领域的价值和各种知识相适应。科学教师可以通过阐释科学与其他主要学习领域之间的联系的方法帮助学生理解这一点。那些能够通过思考科学的社会维度来武装学生，并且掌握具体的科学知识技能的科学教师，对他们的学生乃至整个社会都有很大的帮助。

下面我们来看科学新手教师专业标准和科学经验教师专业标准的基本内容。

1. 科学新手教师专业标准的基本内容

维度一：专业责任。这一维度包括 5 个标准：向有经验的教师和其他相关人员征求"如何教"和"教什么"的建议；在安全规则的指导下进行教学，创造一个安全的工作环境；积极地参加科学领域的专业发展项目和活动；坚持致力于运用科学的方法开展教学；不断对自己的科学教学实践进行反思性评价。

维度二：教与学的内容。这一维度包括 7 个标准：正确地理解核心概念，包括科学、科学方法、道德伦理问题和科学语言；理解所要教授的课程内容，使用恰当的教学方法，以适应所教授的科学课程的水平；设计能够说明一种知识的教学过程，理解与教学水平相关的州级、校本科学课程标准；理解不同发展阶段的学生的基本特征，设计序列性的科学项目，运用一系列的科学教学策略，满足学生的学习风格和个体需求；学习如何识别和回应学生先前的科学观点；使自己熟悉当前的教育问题、优先领域及其在科学课堂上的应用，包括根据学习策略产生的教学策略；设计能够激发学生学习科学的兴趣的活动。

维度三：教学实践。这一维度包括 6 个标准：提供安全的、有助于学习的环境；在课堂组织和管理中发展相关技能，在科学的内容和过程上达到一种平衡；增强学生作为科学合作学习者的好奇心，培养开放的思维；鼓励学生寻求问题的答案，对他们的发现进行评价和挑战；运用各种科学教学策略、资源和情境，挑战学生不同的能力水平，满足他们不同的学习风格；为学生提供使用学习技术进行科学研究的机会。

维度四：评价与报告学生的学习。这一维度包括 5 个标准：选择一系列的评价项目，对学生的科学成绩做出正确的判断；用一系列的评价和记录方法，合理地监控学生的科学学习过程；以口头或书面的形式把学生在达到课程期望和科学知识领域方面取得的进步报告给家长或监护人，明确学生的优势和劣势；在学生的评价数据的基础上调整教学实践；鼓励学生发展他们在学习和理解科学时自我评价的能力。

维度五：与学校及校外社区的互动。这一维度包括 3 个标准：针对科学教学的课程计划和专业发展情境，与同事交换意见，观察他们的教学实践；与学生、教师、家长、监护人和其他人士有效地交流与科学教学有关的信息；在学校社区内外促进科学的发展。

2. 科学经验教师专业标准的基本内容

维度一：专业责任。这一维度包括 6 个标准：分享好的教学实践，尤其是与科学新手教师对科学教育问题的集体讨论和反思，促进专业水平的提升；展示一种健康且安全的实践过程的具体信息，提供一些建议，乐意帮助其他科学教师进行安全的实践；展示一种辨别和表达科学教育正在出现的事项与需求的能力；通过提供建议或参与教学活动，帮助提高科学教学工作选择过程的质量；与同事一起反思科学教学实践；为科学教与学创设可模拟的环境和优先领域。

维度二：教与学的内容。这一维度包括 5 个标准：展示、分享目前科学发展和职业道德思考中的最新信息；通过分享当前科学课程、问题、相关计划的综合知识，促进科学课程的发展；展示有关学习者特征和科学教学方法的知识；对能够反映正在出现的教育问题和优先领域的大范围的科学教学实践进行评价、运用、建模；运用丰富的设备和资源的知识，这些设备和资源包括校内可以实现的、与科学教学相关的设备和资源，也包括校外的设备和资源。

维度三：教学实践。这一维度包括 5 个标准：支持其他科学教师的工作；展示一系列广泛的、平衡的教学策略，促进有效的科学学习；帮助同事规划、评价可以提高学生科学学习效果的新思想和策略；帮助同事使用策略培养学生的科学素养；培养同事整合科学知识和其他领域知识的能力。

维度四：评价与报告学生的学习。这一维度包括 4 个标准：与同事合作选择或开发一系列适当的评价项目，改进科学教学实践；协助评述相关评价，在校内外报告科学学习，与同事交换意见，促进发展；根据运用州和国家的评价方法显示的结果以及与同事进行交流和解读，说明对学生绩效和学习效果的预期的综合信息；明确学生以前在科学学习中的经验和成就的信息是用来规划课程的。

维度五：与学校及校外社区的互动。这一维度包括 5 个标准：提供激励，展示科学在学校社区内外的积极态势；表现出一种对科学发展趋势和学校之外的问题以及工业问题的强烈关注，把这些与科学教学联系起来；提供机会，鼓励同事在校内外分享其有效的科学教学实践和专业发展经验；鼓励更多的学生参与到与科学相关的研究中来，并使他们考虑将科学作为职业；将科学教学与其他课程领域进行整合，增强科学教学与学校内外的联系。

第二节　教师专业标准内容框架建构

教师专业标准内容框架的建构主要基于关于教师素质的研究。关于教师素质的研究，主要从教师作为一名专业人员的角度对教师内在专业结构进行分析。自1896 年克拉茨(Kratz)首先采用调查问卷的方法研究优秀教师的素质以来，至今已经有相当多的研究成果。例如，饶见雄认为教师素质结构由教师通用知能、学科知能、教育专业知能、教育专业精神构成①，叶澜将教师素质结构分为专业理念、知识结构、能力结构②，唐松林、徐厚道将教师素质结构分为认知结构、专业精神、教育能力③，姚念章认为教师职业素质结构包括认知系统、情意系统、操作系统④。

教师素质结构的构成要素包括 3 个方面：专业品质、专业知识、专业技能。各国教师专业标准的内容框架反映了教育界对教师职业所应具备的专业素质结构的研究成果的共同认识。例如，英国颁布的《英国合格教师专业标准与教师职前培训要求》《新教师专业标准》《资深教师专业标准》以及《高级技能教师专业标准》，

---

① 饶见雄．教师专业发展：理论与实务．台北：五南图书出版公司，1996：173.
② 叶澜．新世纪教师专业素养初探[J]．教育研究与实验，1998(01)：41—46，72.
③ 唐松林，徐厚道．教师素质的实然分析与应然探讨[J]．高等师范教育研究，2000(06)：34—39.
④ 姚念章．教师职业素质结构与高师课程改革[J]．河北师范大学学报(教育科学版)，2000(03)：63—66.

分别将专业价值观和实践、专业知识和理解、教学作为其框架纬度。2007年9月颁布的新修订的《英格兰教师专业标准》将专业品质、专业知识与专业理解、专业技能作为标准框架的3个基本纬度。《澳大利亚全国教学专业标准框架》规定的所有学科教师都必须具备的专业要素包括：专业知识、专业实践能力、专业品质和专业关系协调能力。新西兰《教师教育毕业生标准》包括专业知识、专业实践、专业价值观与关系3个方面。越南教师专业标准包括3个方面：人格、意识形态及政治观点，知识，教学法技能（教学及教育技能）。

从以上各国教师专业标准框架可以看出，其标准的框架结构以教师专业素质结构为取向，主要包括专业品质、专业知识和专业技能3个部分。

一、专业品质

不同的研究者对专业品质有不同提法，如专业情意、专业理念或者专业精神等。受文化传统的影响，各国对教师所应具有的专业精神或品质的要求不同，对教师专业品质的要求也带有深深的时代精神的烙印。

在我国教育部师范教育司编写的《教师专业化的理论与实践》（修订版）一书中，教师专业情意被归纳为以下4个方面。一是专业理想：教师对成为一名成熟的教育教学专业工作者的向往与追求。二是专业情操：教师对教育教学工作带有理智性的价值评价的情感体验，是构成优秀教师个性的重要因素。三是专业性向：教师成功从事教学工作所应具备的人格特征，是适合教学工作的个性倾向。四是专业自我：教师倾向于以积极的方式看待自己，能够准确地、现实地领悟自己和所处的世界，对他人有深切的认同感，具有自我满足感、自我信赖感、自我价值感。

英国师资培训与发展署于2007年9月颁布的新修订的《英格兰教师专业标准》将专业品质作为教师专业标准结构的3个组成部分之一，对各个教师专业发展阶段的教师所应具备的专业品质从以下4个方面进行了详细规定：与学生的关系、专业职责、交流与合作和个人专业发展。《英格兰教师专业标准》对各专业发展阶段的教师专业品质的具体要求见表2-5。

表 2-5　各专业发展阶段的教师专业品质

	与学生的关系	专业职责	交流与合作	个人专业发展
合格教师专业品质	1. 对学生持有高期望，努力确保他们充分挖掘学习潜能，与他们建立平等、尊重、信任、支持的关系 2. 表现出积极的价值观、态度与行为	3. a. 了解教师工作的专业职责和相关的法律框架 b. 了解所在学校的政策与实践，并努力为它们的实施承担自己应尽的责任	4. 与学生、同事、家长或其他监护人进行有效沟通 5. 相信同事、家长或其他监护人能够对学生身心的健康发展及学业水平的提高做出贡献，并对他们的努力表示敬意 6. 积极承担合作共事的义务	7. a. 反思并改进自己的实践，承担起满足自身不断发展的专业需求的责任 b. 确定自己在新入职阶段需要优先发展的方面 8. 对于改革能够提出具有创造性、建设性的建议，乐于实践，使自己提高并受益 9. 能够根据建议和反馈改进教学，乐于接受指导和帮助
核心教师专业品质	1. 对学生持有高期望，努力确保他们充分挖掘教育潜能，与他们建立平等、尊重、信任、支持的关系 2. 持有积极的价值观和态度，在扮演专业角色过程中表现出高水准的行为	3. 了解教师专业职责和相关法律框架的最新规定，为所在学校的政策与实践的发展和评价做出贡献，包括那些旨在促进机会均等的政策和实践	4. a. 与学生、同事、家长进行有效交流 b. 与家长或其他监护人进行有效沟通，及时将与学生学业成绩、发展目标、成长与进步相关的信息传达给他们 c. 认识到交流是双向的过程，鼓励家长或其他监护人参与讨论学生的进步、发展及身心健康等事宜 5. 相信同事、家长监护人能够对学生身心的发展健康以及学业水平的提高做出的贡献，并对他们的努力表示敬意 6. 适当时积极承担合作共事的义务	7. 能够评价自己的行为，并能够通过适当的专业发展改进实践 8. 对于改革能够提出具有创造性、建设性的建议，乐于改进实践，使自己提高并受益 9. 能够根据建议和反馈改进教学，乐于接受指导和帮助

续表

	与学生的关系	专业职责	交流与合作	个人专业发展
资深教师专业品质	同合格教师	除达到合格教师的标准外，还要做到：为学校政策和实践的实施做出杰出的贡献	同合格教师	同合格教师
优秀教师专业品质	同合格教师	除达到合格教师和资深教师的标准外，还要做到：乐于在制定学校政策及促进其实施的过程中发挥主导作用	同合格教师	除达到合格教师标准外，还要做到：对各种创新性课程教学实践进行研究和评价，利用研究结果和其他外部证据资源为自己和同事的教学实践提供借鉴
高级技能教师专业品质	同合格教师	除达到合格教师、资深教师和优秀教师的标准外，还要做到：乐于在所在学校和其他学校政策制定与教学实践中起到决策性的领导作用	同合格教师	同优秀教师

注：表中内容选译自 Professional Standards for Teachers，"Why Sit Still in Your Career,"http：//www. tda. gov. uk/teachers/professionalstandards. aspx，2018－11－06。

　　澳大利亚全国教师专业标准对教师专业品质的要求包括：教师致力于自身的专业发展，能够合理地分析、评估并且提高专业实践能力；理解自己的工作情境是不断变化的，同时适应这些不断的变化；具有高尚的专业道德情操，能够尊重学生并重视其多样性，能与家长、同事密切联系。[①]

　　新西兰《教师教育毕业生标准》对教师专业价值观与专业关系的具体要求如下。第一，教师教育毕业生与学习者和学习社区的成员发展积极的关系，认识到

---

　　① Ministerial Council on Education，Employment Training and Youth Affairs. A National Framework for Professional Standards for Teaching［EB/OL］.［2017－11－05］. http：//www. curriculum. edu. au/verve/_ resources/national _ framework _ file. pdf.

不同的价值观和信念会对学习者及其学习带来影响；拥有与同事、家长(或其他照看人)、家庭和社区有效合作的知识；与学习者建立平等的关系；促进有利于不同学生有效参与的学习文化的形成。第二，教师教育毕业生忠诚于本职业，拥护新西兰教师协会的道德规范；知道并理解教师所肩负的民族、专业和法定职责；与其他共同承担学习者学习责任的人合作；能够阐明逐渐形成的个人教与学的专业哲学，并证明其合理性。

越南《小学教师专业标准》中的"人格、意识形态及政治观点"的要求包括：小学教师必须热爱祖国，热爱社会主义，遵守国家教育政策及法律法规，并满足国家对教师道德品质的要求；爱学生，尊重学生，对学生一视同仁；履行越南《教育法》及其他法律文件中所规定的教师职责和义务，诚实，朴素，保持健康的生活方式；能与学生家长建立良好关系，合作教学；积极参与学校和社会活动；致力于自主学习，提高专业素养。

二、专业知识

对教师知识的研究很早就开始了，但早期的研究尤其是 20 世纪六七十年代的研究大多只注重寻求与学生成绩提高相关的教师知识，而不关心教师知识的结构和维度。到了 20 世纪 70 年代中期，舒尔曼(Shulman)根据医师诊断病情时的思考过程，比照研究了教师教学的认知过程，提出了教师知识的七大领域：学科知识、一般教学法知识、课程知识、学科教学法知识、关于学生及其特性的知识、教育情境知识、教育目的与价值的知识。这一研究在教师知识研究领域具有很大的影响力。

作为一名专业化教师，仅仅掌握所教学科的知识是远远不够的。教师拥有合理、完善的知识结构是教师专业发展和自我发展的重要条件。学者们从各个角度来研究教师所具有的知识特征和结构。表 2-6 列举了几种有代表性的教师知识分类。从表 2-6 中我们可以看到教师知识类别和分类体系的多样化；也可以看到，可以把教师知识类别基本分为：普通文化知识、学科专业知识、一般教学法知识、学科教学法知识和个人实践知识等方面。

表 2-6　几种有代表性的教师知识分类

研究者	教师知识分类
舒尔曼	1. 学科知识；2. 一般教学法知识；3. 课程知识；4. 学科教学法知识；5. 关于学生及其特性的知识；6. 教育情境知识；7. 教育目的与价值的知识
伯利纳	1. 学科内容知识；2. 学科教学法知识；3. 一般教学法知识
斯滕伯格	1. 内容知识；2. 教学法知识(具体的，非具体的)3. 实践知识(外显的，缄默的)
格罗斯曼	1. 学科内容知识；2. 学习者和学习的知识；3. 一般教学法知识；4. 课程知识；5. 情境知识；6. 自我知识
博科和帕特南	1. 一般教学法知识；2. 教材内容知识；3. 学科教学法知识
考尔德黑德	1. 学科知识；2. 机智性知识；3. 个人实践知识；4. 个案知识；5. 理论性知识；6. 隐喻和映象

《英格兰教师专业标准》从教与学(一般教学法知识)、评价与监管(一般教学法知识)、学科与课程(学科专业知识、学科教学法知识)、读写算能力以及信息通信技术(普通文化知识)、学生成绩及差异(有关学生的知识)、学生身心健康(有关学生的知识)6 个方面为各发展阶段的教师制定了关于专业知识的标准要求。这些标准要求对各个发展阶段的教师应具备的专业知识做了较为细致的规定。表 2-7 以核心教师专业标准为例阐述《英格兰教师专业标准》对教师专业知识与理解的要求。

表 2-7　《英格兰教师专业标准》对教师专业知识与理解的要求

专业知识与理解	所属知识分类	具体标准要求
教与学	一般教学法知识	具备关于教学、学习和行为管理策略的知识，并知道如何将这些知识在实践中灵活运用，包括如何使学生进行个性化学习，并为所有的学生提供机会以发挥他们的潜能
评价与监管	一般教学法知识	1. 了解所教学科课程领域的评价要求与安排，包括那些与公共考试和资格证书有关的要求与安排 2. 了解各种评价方式，了解形成性评价的重要性 3. 懂得如何利用地区和全国的统计信息来评价自己教学的有效性，监管学生学习进展情况以提高学生的学业成绩 4. 了解如何运用报告和其他外部相关的评价信息，为学生个体提供有关个人优缺点、成就与进步以及有待发展的方面的精确的、具有建设性的反馈，并为学生的进一步发展制订计划

续表

专业知识与理解	所属知识分类	具体标准要求
学科与课程	学科专业知识、学科教学法知识	1. 拥有并深刻理解所教授学科或课程的知识，掌握本学科教学法知识，以确保能够对不同年龄、能力各异的学生进行教学 2. 了解并掌握相关的国家课程、非国家课程以及课程框架，包括那些国家策略为所教学科提供的课程框架，了解那些与自己将任教的学生年龄和能力相当的改革创新情况
读写算能力以及信息通信技术	普通文化知识	懂得如何利用读写算和信息通信技术能力为教学与更加广泛的专业活动服务
学生成绩及差异	有关学生的知识	1. 了解学生是如何发展的，懂得学生的健康成长与进步是受个体发育情况、社会、宗教、伦理、文化、语言等一系列因素影响的 2. 懂得如何为学生提供有效的帮助，包括那些母语不是英语的学生以及那些残疾学生和有特殊需求的学生；懂得如何充分考虑学生的多样性，如何在教学中促进平等与包容 3. 懂得并理解肩负特殊责任的同事，包括那些肩负对有特殊教育需要的学生、残疾学生以及有个体学习需要的学生进行教学的同事 4. 懂得如何利用同事的专业才能，如那些负责学生安全、负责对有特殊教育需求和残疾学生进行教学的同事；懂得如何利用外部机构的信息、建议及支持来促进自己的教学
学生身心健康	有关学生的知识	1. 了解当前保护和促进学生身心健康发展的相关法律要求、国家政策和指导意见 2. 了解关于学生安全防护的地方措施 3. 懂得如何识别潜在的对学生的虐待和忽视，并了解如何为学生安全采取预防措施 4. 懂得如何发现学生在健康成长过程中所遇到的困难和不良环境，能够指导他们在适当时刻寻求他人支持

注：表中内容选译自 Professional Standards for Teachers，"Why Sit Still in Your Career，" http：//www.tda.gov.uk，2018－11－06。

澳大利亚全国教师专业标准对教师专业知识的要求包括：教师应知道并且理解自己所教授学科的基本概念、原则以及学科结构；应知道本学科和其他学科教学为容的联系，知道如何有效地教授学科内容；能清楚地知道学生是如何学习的，知道怎样促进学生的学习，能了解不同学生的社会背景、文化背景以及特殊需要，并且知道自己该如何影响学生的学习。

新西兰《教师教育毕业生标准》对教师专业知识的要求如下。第一，教师教育毕业生知道教什么。拥有适合学习者的及教育计划中学习领域的学科知识和教育学知识，了解新西兰相关的课程文件，拥有支持英语为附加语言的学习者成功学习的学科知识和教育学知识。第二，教师教育毕业生了解学习者及其学习方式。拥有有关教育学理论、学习的知识，拥有有关评估与评价理论、原则和目的的知识，知道如何发展不同学习者的元认知策略，知道如何选择适合学习者和学习环境的课程内容。第三，教师教育毕业生了解情境因素影响教与学的方式。懂得个人、社会和文化因素会对教师和学习者产生的复杂影响；拥有有关土著居民的知识，能够在新西兰二元文化情境中有效工作；了解新西兰二元文化、多元文化。

越南的小学教师专业标准对教师专业知识的规定为：小学教师要掌握直接与课程相关的学科基础及科学知识；还需要进行定期自学，以提高自己的教学能力；不仅要帮助学生在课堂中练习所学内容，还要帮助学生将所学内容迁移到家庭、社会或其他各种情境中。同时，小学教师需要具备小学教学心理学方面的知识；学习小学教学方法知识和评估评价知识，并随着新信息的产生不断对这些知识进行更新；明确小学教育目标及计划；了解国家及地区的社会和经济发展、传统习惯、学校所在地语言和生活情况；知晓党、政府及国家教育政策方略，完成教育任务；掌握一定的行政管理知识。

三、专业技能

关于教学技能的研究盛行于 20 世纪六七十年代，美国的"能力本位师范教育""模拟教学"等都是强调在教师教育中发展教师教学技能和能力的产物。在教师专业技能研究方面，研究者使用了诸多的概念表述，如教学技能、教学能力、教学技巧、教师基本功等。美国托莱多大学学前教育教授吉比尼（Gibini）、教育研究与测量教授威尔玛（Wilma）以个人能力测验图来分析评定实习教师的能力。评定内容分为 5 个方面：计划教学材料/设备和评估；教学策略、技巧方法；和学习者的交流；使学习者专注于学习，对学习者施行强化训练；职业准则。[①]

---

① 沈剑平. 美国本科毕业的实习教师能力评定条目[J]. 比较教育研究，1987(05)：39—40.

澳大利亚的特尼（Teney）等研究者将教学技巧分为 7 大类：动力技巧、讲授及交流技巧、提问技巧、小组个人辅导技巧、培养学生思考技巧、评估技巧、课堂管理技巧。

1992 年，英国教育与科学部在《教师职前训练改革》文件中提出了 27 个教师基本技能及对各技能鉴定的办法，具有较强的可操作性。文件中提出的基本技能包括：组织课堂的技能、口语技能、科学课（化学、物理、生物等）实验技能、组织班会技能、组织兴趣活动技能等。

1993 年，经济合作与发展组织的教育研究与革新中心对旨在提高教师质量的政策进行了比较研究，10 个国家参加研究并提交了案例研究报告。该研究对高素质教师及其所在学校的特征进行了概括。在教师教学能力方面，该研究得出了两个结论：一是教师必须有使用学科教学法的能力，即教师在课堂教学中知道如何去教，能够将特定的概念、技能和信息传授给学生；二是教师有使用多种教与学的模式的能力，能够在适当的时间针对特定的学生并为提高教学效果选择适当的教学模式。

教师的专业技能是教师专业素质结构中非常重要的一部分。对于教师应该具备的能力，不同学者持有不同观点。但有些技能是许多学者都强调的，如教学设计能力、教学实施能力、教学评价能力，这些是贯穿整个教学流程的基本教学技能。再如，近年来教学反思被解释为现代优秀教师成长的一个共性特征。实践证明，只有建立在反思精神之上的教师专业发展才是真正有力量的、有生命的，才能促进教师成长。反思与实践的结合对教师专业技能提高具有重要作用，团队合作能力这一几乎被称得上是所有专业通用的技能在教育教学领域更是具有独到的魅力。

《英格兰教师专业标准》首先强调了与教学实践直接相关的技能，如计划和教学的技能，评价、监督和反馈的技能，营造一个好的学习环境的技能；其次将教学反思能力和团队合作能力独立列出并加以强调。表 2-8 以核心教师专业标准为例，分析《英格兰教师专业标准》中教师专业技能的构成。

表 2-8 教师专业技能的构成

专业技能	所属专业技能分类	具体标准要求
教学计划	教学设计能力	1. 为不同年龄、不同能力的学生的发展做好规划，依据所教学科课程知识，设计好课与课之间以及每一课的不同教学内容之间的最佳先后顺序，以确保学生能够高效地学习 2. 为处于不同发展阶段的学生设计教学情境，以发展他们的读写能力、计算能力、信息与通信技术以及思维与学习能力 3. 为学生设计、布置家庭作业、课外活动以及试题并及时评价，以巩固和扩展学生课内学到的知识，使他们不断进步
教学实施	教学实施能力	1. 对不同年龄、不同能力的学生按照教学规划实施教学，在教学中要做到： a. 运用一系列恰当的教学策略与包括远程学习在内的教学资源，充分考虑学生的差异性，满足不同学生的学习需要，在教学过程中切实促进教育平等，推动全纳教育 b. 教学要建立在先前所教知识以及学生所拥有的知识的基础之上，以有利于学生达到学习目标，不断取得进步 c. 拓展教学过程，为学生使用所学到的新知识、新技能提供情境 d. 能够适当调整自己的教学语言以适应学生的实际需要，对新概念、新知识的讲解条理清晰，能够有效地使用讲解、提问、小组讨论等方式 e. 有效管理课堂教学、小组学习以及个体学习，能够根据教学内容和学生需要适当调整教学 2. 组织参与式、激励式的课堂教学，对学生充满希望，有意识地提高学生的学业水平
教学评价、监控与反馈	教学评价能力	1. 将观察、评价、监控、记录等一系列策略作为为学生设定具有挑战性的教学目标、监控学生进步和学业成绩的手段 2. 及时、准确地向学生、同事、家长或其他监护人反馈学生的学习成绩、取得的进步，并为学生今后的发展方向提出建设性意见 3. 支持并指导学生对自己的学习进行反思，使学生认识到自己已经取得的进步，并设立新的前进目标，使学生成功地成长为自主学习者 4. 将评价作为教学的一部分，以诊断学生的需要，确立基于现实又富有挑战性的前进目标，并指导今后的教学规划
反思教与学	教学反思能力	1. 反思自己的教学效果以及教学对学生进步、学业成绩和身心健康的影响，并通过反思适当改进自己的教学 2. 反思教学反馈对学生产生的影响，指导学生提高成绩

续表

专业技能	所属专业技能分类	具体标准要求
创设学习环境	使用学科教学法的能力	1. 创设一个目标明确、安全且能够使学生健康成长的学习环境，使学生有安全感并充满自信，努力学习并为学校做出贡献 2. 能够利用地方在学生安全保护方面采取的措施 3. 发现并利用机会，促进个性化学习。努力通过利用校外学习资源拓展学习空间，使校内学习与校外学习相结合 4. 通过创设一套积极明确并与学校政策一致的纪律框架来建设性地管理学生 5. 运用一系列行为管理技术与策略，提高学生的自控力和自律性 6. 通过发展学生的交往、情感和行为技能，增强学生的自控力、独立性和合作能力
团队合作	团队合作能力	1. 加入团队合作，寻找与同事合作的机会，必要时能够接替他们的工作，并与他们共享有效集体实践的发展成果 2. 确保团队中的同事适当地参与支持学生的学习，并了解他们应当发挥怎样的角色作用

注：表中内容选译自 Professional Standards for Teachers，"Why Sit Still in Your Career，" http：//www. tda. gov. uk，2018－11－06。

澳大利亚全国教师专业标准对教师专业实践能力的要求包括：教师拥有必需的教学技术和教学策略，能够通过使用一系列工具和资源开展活动，使学生致力于学习；能制定清晰的学习目标，有效地和学生交流，以合逻辑和有组织的方式选择与组织教学内容，以达到学习目的；擅长组织管理学生行为和班级发生的一系列状况，建立起重视学习的、能培养学习能力的学习氛围；规划整个学习过程，注意自己所扮演的角色，同时使用一系列评估技术来评价学习；理解评价自身教学以及为学生提供正式或非正式回馈对学生学习的重要性。①

新西兰《教师教育毕业生标准》中的专业实践规定如下。第一，教师教育毕业生应用专业知识规划安全、高质量的教与学环境；运用学科知识和教与学知识规

---

① Ministerial Council on Education，Employment Training and Youth Affairs. A National Framework for Professional Standards for Teaching［EB/OL］．［2017－11－05］. http：// www. curriculum. edu. au/verve/ _ resources/national _ framework _ file. pdf.

划教学与评价；运用并合理安排学习经验的顺序以提高学生成就；对所有学生寄予高度期望，关注学习，认识到价值观的多样性；熟练运用（毛利语和/或）口语和书面语，具有专业任务所需要的相应的计算能力和教育技术能力；在教学实践中能适当使用土著人语言；积极促进和培养所有学生的安全感，拥有相应的策略。第二，教师教育毕业生利用实践促进学习；系统而批判性地利用实践反思和提升自己的教学实践能力；收集、分析和使用评价信息以改进学习，并将信息用于调整教学规划；知道如何适当地将评价信息向学生及其家长/照看人、学校员工传达。①

越南小学教师专业标准中的教学法技能（教学及教育技能）规定：教师一定要掌握教学法技能（包括教学、教育及课堂组织技能）。小学教师还要具备课堂分析、教科书分析及课程教学准备技能，能够辨别每门课的要求及基本内容（确定每门课所使用的教学方法及辅助设备，根据课程先后顺序分配时间）。在课堂中，教师必须从一开始就维持课堂纪律，且在整个教学过程中使用正确、一致的方法管理和监督课堂，在学生需要特别关照时提供指导；说明并以书面形式表达清楚哪些是适合学生认知水平的教学方法；懂得如何提问，如何在课堂中保持学生的兴趣，如何营造积极的学习气氛，如何给学生打分、评估学生成绩；熟悉如何建立教学档案及材料；知道如何建立学生档案，跟踪学生进步轨迹，做到与家长及时、全面、充分地沟通；具有课堂管理能力，组织学生参与校内外活动；善于与学生、家长及同事交流，有能力建立、保持、发展教师与学生间的互信关系。②

从以上各国教师专业标准可以看出，其标准的框架结构以教师专业素质结构为取向，主要包括专业品质、专业知识和专业技能（见表2-9）。

---

① New Zealand Teachers Council. New Zealand Graduating Teacher Standards[EB/OL]. [2018 − 03 − 05]. https：//traintheteacher. me/graduating-teacher-standards-e-portfolio/new-zealand-graduating-teacher-standards/.

② Griffin，P.，et al. Report to the project management unit of the World Bank Primary Education Project[R]. Hanoi，SR Vietnam；World Bank Office ，2001.

表 2-9　标准的框架结构

教师专业素质结构	专业品质	专业知识	专业技能
英格兰教师专业标准	专业品质	专业知识与理解	专业技能
澳大利亚教师专业标准	专业品质	专业知识	专业实践能力
新西兰《教师教育毕业生标准》	专业价值观与专业关系	专业知识	专业实践
越南教师专业标准	人格、意识形态及政治观点	专业知识	教学法技能（教学及教育技能）

第三章　教师专业标准及其认证体系的开发

　　谁应该为教师专业标准负责？教师专业标准应该由哪些人来开发？应该开发什么样的教师专业标准？如何开发教师专业标准？采用什么方式来评价教师是否达到教师专业标准？这是开发教师专业标准必须要回答并解决的问题。本章以美国全国专业教学标准委员会对美国优秀教师专业标准及其认证的开发为例，来探讨这些问题。

　　美国是较早进入教师专业标准研发和实施的国家。一方面，由美国全国专业教学标准委员会研发与实施的美国优秀教师专业标准及其认证体系，是世界上第一个优秀教师标准与认证体系，其影响日益扩大，并对教学实践产生了极大的推动作用：有效改进了教师的教学实践，促进了教师的专业发展，促进了学生更深层次的学习，对学生成绩具有积极影响。另一方面，其发展与取得的成就引起了世界各国的关注，成为世界各国教师专业标准认证研发的重要研究与借鉴对象。在为达到高专业标准的教师建立认证体系方面，美国全国专业教学标准委员会做出了尝试。正是基于美国教师专业标准及其认证体系的成熟性和良好的实施效果，我们深入探究美国全国专业教学标准委员会在以上标准及认证体系开发过程中的一系列问题的解决策略及经验，以期对我国教师专业标准的开发有所启示。

第一节　教师专业标准及其认证体系开发的主体

　　教师专业标准应该由谁来开发？对于这个问题，我们可以从两个方面来考虑：一是教师专业标准及其认证体系的开发应该属于谁的责任；二是应该由谁来承担具体教师专业标准的开发，或者说教师专业标准的开发应该由哪些群体参与。

一、教师专业标准及其认证体系开发的责任者

教师专业标准开发通常出于两个主要目的：一个是提高教育质量和维护学生利益，确保教师能够履行其教育责任；另一个是确保教师持续的专业发展。前一个目的要求教师受过良好的专业训练，并向公众证明能够担负起教育责任。为达到这一目的而制定的标准，主要是针对所有教师的一般通用标准，制定标准的责任通常落在政府身上，如教师入职之前的教师资格认证。为实现后一个目的，如同大多数专业一样，开发教师专业标准并促进教师作为专业人员向着专业标准方向发展的责任通常落在教师专业团体身上，专业认证和资格认证就属于这一类。

澳大利亚学者因格瓦森在对罗思（Roth）的框架进行改编的基础上，以美国为例，建立了一个标准开发与实施的责任框架（见表 3-1），用于阐明教育质量监控中公共部门和专业机构呈互补关系的责任，同时将公共部门和独立的专业团体的责任区分开来。

表 3-1　美国标准开发与实施的责任框架①

机构	教师教育项目认证	个体认证	专业层次	参与
公共部门	批准项目	教师执照/教师资格认证	基本	强制性的
专业团体	专业认证（如美国全国教师教育认证委员会）	专业认证（如美国全国专业教学标准委员会）	更高水平的专业实践	自愿的

如表 3-1 所示，在美国，教师资格认证是由州行使其权力来保障公共利益的。获得教师资格证是一个法律过程，由州政府的专门机构对教师资格申请者进行评价，以确保他们达到由州教师资格颁发机构制定的标准。批准项目是由州政府的机构对某一机构的教师教育项目予以承认的法律程序，以确保成功完成这一项目的学习者有条件申请教师资格认证。专业认证是由非政府机构或者专业协会

---

① Ingvarson，Lawrence. Development of a National Standards Framework for the Teaching Profession. ACER Policy Briefs. Issue 1. ACER Press（Australian Council for Educational Research），2002.

对达到该机构或该协会设立的教师专业标准的个体予以承认的过程，如美国全国专业教学标准委员会行使其专业认证功能，对展示出高级教学能力并达到标准的教师予以认证。教师教育机构认证在全国层级的实施通常由独立的专业团体来进行，如美国教师教育认证委员会是一个教育组织联盟，获得了美国教育部的承认，对教师教育机构进行评估和认证。

由此可见，教师专业标准开发可以根据标准的性质与用途的不同，由两个不同的主体来负责，即政府部门（如教育部）或者教师专业团体/协会。另外，教师专业标准的开发也可以由政府和相关专业团体合作来完成。

二、教师专业标准及其认证体系开发的参与者

虽然服务于不同目的的教师专业标准开发与实施的责任者各有不同侧重，但值得注意的是，所有教师专业标准开发和运用阶段，都应体现多方参与的原则，且依赖于专业人员的深度参与，并突出一线教师的广泛参与，使教师在教师专业标准开发过程中建立强烈的荣耀感和责任感。这一点在美国优秀教师专业教学标准及其认证体系的开发与实施中得到了明显体现。

一方面，美国全国专业教学标准委员会将教师作为教师专业标准开发与实施的主体。在美国全国专业教学标准委员会成立之初，根据其内部章程规定，其指导委员会的 63 位成员中有三分之二是教师；在其历任的 236 位指导委员会成员中，教师的比例依然占了三分之二。在后来的各个认证领域的标准开发委员会成员以及认证评估中的评分人中，教师都占了相当大的比例。另一方面，美国全国专业教学标准委员会在标准开发过程中非常依赖专业人员的深度参与。教师专业标准及其认证体系的开发以重要研究团队的研究为基础，其认证评价部分由重要的专业技术团队来承担。例如，舒尔曼带领的设在斯坦福大学的教师评价开发项目组的研究对优秀教师认证评价项目的开发做出了重要贡献。后来美国全国专业教学标准委员会成立了由荣格（Jung）带领的设立在北卡罗琳娜大学的由评估专家等专业人员组成的技术分析小组，利用该小组的心理测量专业知识来协助应对在评估设计中面临的挑战，如设计具有足够信度与效度的为评价打分的方法，实验评分和教师专业标准开发的程序，评估公平问题，进行效度研究等。技术分析小组的成员主要由测量领域的知名专家组成，并不断寻求其他领域的专业人员帮助解决特殊的问题。后来美国全国专业教学标准委员会与美国知名的教育测试服务

公司(ETS)签约，由教育测试服务公司负责评估项目的进一步操作和开发。此外，美国全国专业教学标准委员会还召集各类技术监督小组，就认证评估中的相关技术问题提出建议。

第二节　教师专业标准及其认证体系开发的核心问题与价值观的确立

纵观当今世界各国，许多教师专业标准已经得到开发，但真正实际运用于教学实践，并对教学实践产生较大影响的却并不是很多。根据因格瓦森的观点，教师专业标准最重要的两大用途：一是为专业学习打造更有效的方法，二是建立更有效的体系来评估教师的表现。要实现这两大用途，就要开发出不仅仅是作为规则而存在，而是真正能够促进教学实践的教师专业标准。

一、关于教师专业标准开发的核心问题

什么样的教师专业标准是可以真正促进教学实践，而不仅仅是作为规则而存在的？要解决的核心问题在于：要在教师专业标准和教师的教学行为之间建立联系，否则教师专业标准只能处于理论层面而被束之高阁，不能真正被运用于实践。这种联系的建立需要恰当的工具。在美国优秀教师教学专业标准体系中，基于教师专业标准的优秀教师认证评估就是建立这种联系的基本工具，而且这种评估很好地实现了教师专业学习和教师表现评价这两大功能。

如何在教师专业标准和教师学习之间建立密切联系，以开发出真正可以促进教学实践的教师专业标准体系呢？美国优秀教师教学专业标准及其认证体系是较完备、较成熟的教师专业标准及认证体系。这套标准体系首先基于以5项核心标准为代表的政策声明——《教师应该知道什么和应该能做到什么》，将其作为其各个领域教师专业标准及其认证体系开发的一套核心价值观和一个引导性教育愿景。美国优秀教师教学专业标准及其认证体系的构成可用图3-1来表示。

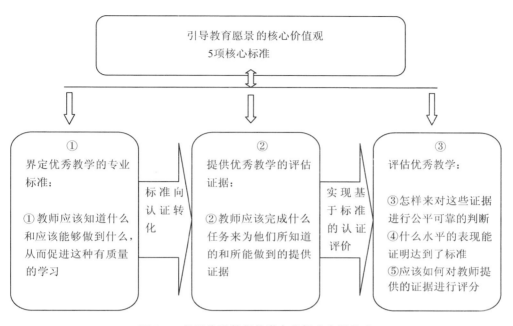

图 3-1 美国优秀教师教学专业标准主要构成

二、教师专业标准及其认证体系开发的核心价值观

教师专业标准及其认证体系开发的核心价值观是支撑教师专业标准的基础价值观，是对所有教师——无论其专业领域和所教年级——应知应会的核心要求。美国全国专业教学标准委员会在成立之初，就把确立教师专业标准及其认证体系的核心价值观作为其首要任务，经过长时间努力，确立了以 5 项核心标准为核心内容的政策声明——《教师应该知道什么和应该能做到什么》，将其作为具体领域教师专业标准确立及其认证体系开发的核心价值观。这 5 项核心标准如下。

核心标准 1：教师应该致力于学生的发展和学生的学习。致力于让所有的学生都能够获得知识，相信所有学生都有学习能力。平等对待每一名学生，认识到每一名学生的个体差异，并在教学实践中考虑到这种差异。了解学生的发展和学习。尊重学生的文化差异和不同家庭背景。关注学生的自我意识、动机以及同伴关系对学习的影响。关注学生性格以及公民责任感的发展。

核心标准 2：教师知道所教学科领域的知识以及该学科的教学方法。熟练掌握本学科的知识，深刻了解本学科的历史、结构，并知道如何将本学科知识应用于现实生活。具有教授本学科的技能和经验，非常熟悉学生与本学科的要求的差距以及事先形成的观念及偏见。能够运用各种不同的教学策略来教学。

核心标准 3：教师负责学生学习的管理和监测。能够进行有效教学，掌握一系列教学技巧，并知道如何恰当运用这些技巧激发学生的动机，保持学生的注意力，使学生积极投入学习。知道如何营造和保持教学环境，以便吸引和维持学生的学习兴趣。知道如何组织教学来达到教学目标。知道如何对个体学生和全班学生的进步进行评价。使用多种方法来评价学生的成长和对知识的理解，并且能向学生家长清楚地解释学生的表现情况。

核心标准 4：教师能够对自己的教学实践进行系统思考，并从经验中学习。应该是受过良好教育者的典范，喜欢学习，善于质疑，具有创造力，乐于尝试新事物。熟悉学习理论和教学策略，了解美国教育界的最新动向。能够对自己的教学实践进行批判性反思，以积累知识，拓展教学技能，并将新的发现用于教学实践。

核心标准 5：教师是学习共同体的成员，与他人一起促进学生学习。是带头人，知道如何寻求和建立与社区等的伙伴关系。与其他专业人员一起参与教育政策制定、课程开发、专业发展等工作。能够评价学校的进步和资源的分配，以达到州或者地方的教育目标。知道如何与家长合作，使他们有效参与到学校工作中。①

5 项核心标准不但确立了美国全国专业教学标准委员会认证的优秀教师的核心价值观，而且形成了以知识、技能、信念为重要纬度来界定美国全国专业教学标准委员会认证的优秀教师特点的标准框架，成为美国全国专业教学标准委员会后来制定所有领域标准和开发认证体系的基石。每个领域的教师专业标准又成为本领域优秀教师认证的基础和依据。在可以获得认证的 25 个领域中，每个领域都有非常详细的标准内容，这些标准内容以及各领域的认证评估都是以这 5 项核心标准为基础的。美国全国专业教学标准委员会招募某一特定领域的委员会制定具体标准时，要

---

① National Board for Professional Teaching Standards. Early Adolescence/Generalist Standards (Second Edition) [EB/OL]. [2018−04−23]. https：//www. nbpts. org/wp−conten:/uploads/EA _ Gen _ 2Ed. pdf.

求某一具体学科和任教阶段的教师专业标准开发要做到：①反映这 5 项核心标准；②阐明这一领域优秀教学实践所需要具备的特定的知识、技能和态度，同时要强调教学的整体性特征；③表明教师的专业判断如何通过可观察到的行为反映出来，描述教师专业标准如何在不同的情境中得到体现。①

第三节　具体领域的教师专业标准的开发

具体领域的教师专业标准是对某一特定领域的教师应知应会的描述。它不仅包括学科内容知识，而且是对教师工作的范围和内容的描述。它确立了教师责任的主要范围并详细阐明每项标准的意义。具体领域的教师专业标准的开发需要通过科学规范的研发流程来完成。

一、具体领域的教师专业标准的框架构成

在美国优秀教师教学专业标准中，具体领域的教师专业标准包括两个层级：标准说明——每一个标准都是对某一领域的优秀教师教学实践的某一重要方面的简要陈述，都表达了教师影响学生的可观察到的行为；标准阐释——这一部分为标准提供了背景，并具体解释了教师要达到教师专业标准需要知道的和能够做到的，包括教师对学生持有的态度、他们所担负的特殊的角色与责任以及面对一系列道德及学术问题时所应该采取的态度。

从核心标准到具体某一领域的标准构成了教师专业标准内容由一般到个别、由笼统到具体的 3 个层级：层级 1，教师专业标准是对所有教师的总的要求；层级 2，教师专业标准规定不同学科、不同任教阶段的教师应知应会的知识；层级 3 是对层级 2 的进一步具体阐述（详见表 3-2）。②

---

① National Board for Professional Teaching Standards. Early Adolescence/Generalist Standards (Second Edition) [EB/OL]. [2018－04－23]. https：//www. nbpts. org/wp－content/uploads/EA ＿ Gen ＿ 2Ed. pdf

② National Board for Professional Teaching Standards. Early Adolescence / English Language Arts Portfolio Instructions[EB/OL]. [2019－02－07]. http：//nbpts. org/wp-content/uploads/ELA ＿ EA ＿ Portfolio ＿ Instructions ＿ FINAL. pdf.

表 3-2　教师专业标准说明的层级

	标准陈述	美国优秀教师教学专业标准举例
层级 1	对愿景、核心原则或者建议的陈述。这一层级的陈述是高度概括的，其目的在于表述深层的教育价值观及教师追求的目标，是对所有教师应知应会的知识的笼统要求	标准 1：教师应该致力于学生的发展和学生的学习 标准 2：教师知道所教学科领域的知识以及该学科的教学方法……
层级 2	这一层级的标准界定了优秀教师工作以及知识基础的重要类目或者方面。对这些类目或者方面的陈述也是概括性的	青少年早期/综合学科标准 标准 1. 关于青少年学生的知识：优秀教师利用他们具有的关于青少年学生发展的知识以及他们与学生的关系，培养学生的技能、兴趣以及价值观等 标准 2. 学科内容知识：优秀教师利用他们的学科知识为学生设立目标，帮助学生学习本学科课程以及跨学科课程的知识 标准 3. 教学资源：优秀教师能够选择、改编、创造和使用丰富多样的资源
层级 3	这一层级的陈述是对层级 2 的阐释，详细描述了教师需要展示他们在某一特定教学领域能够做到的，有助于对教师的表现进行判断	例如，对于层级 2 中的标准 1 的阐释分为三个方面：①理解和欣赏青少年学生的多样性；②与学生形成建设性的关系；③内在地观察学生。对其中的每一个方面又进行了非常详细的阐释，如优秀教师对所有学生抱有较高的期望，同时，他们热切地意识到不是所有的学生都以同样的方式学习，有些更喜欢团队学习，有些更喜欢通过写作表达自己的思想而不愿意参与小组讨论……

二、具体领域的教师专业标准的开发流程

美国优秀教师专业教学标准的开发是从 5 项核心标准的建立开始的。各个领域教师专业标准的开发以及基于教师专业标准的认证体系的开发都建立在这一核心标准基础之上。对于具体领域教师专业标准的开发，美国全国专业教学标准委员会设立了规范、科学的流程。

如图 3-2 所示，美国优秀教师专业标准的开发先由美国全国教师教育认证委员会对教师专业标准的开发进行提议，经美国优秀教师专业教学指导委员会同意

后，教师专业标准开发工作正式启动，然后在全国范围内招募教师专业标准开发委员会成员，由美国全国教师教育认证委员会最后任命成立教师专业标准开发委员会。接下来由教师专业标准开发委员会举行多次会议，进行教师专业标准开发。教师专业标准开发完成后向公众发布，以广泛征求修改意见。接下来教师专业标准开发委员会根据公众的意见对教师专业标准进行修改，交由美国全国教师教育认证委员会审核后，推荐给美国优秀教师专业教学指导委员会并返回教师专业标准开发委员会重新审核，由美国优秀教师专业教学指导委员会对教师专业标准终稿进行审核，最后教师专业标准或者被采用，或者经过修改后返回到美国全国教师教育认证委员会，重新审核后发布。

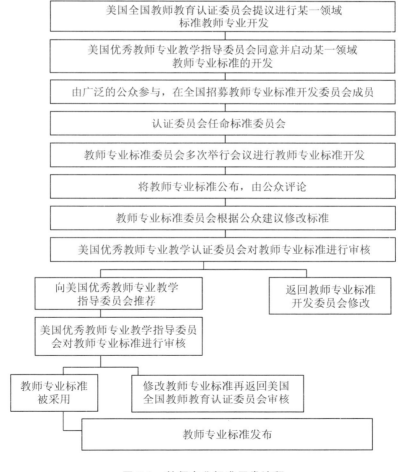

图 3-2　教师专业标准开发流程

　　在每个领域的教师专业标准的制定过程中，招募和组织均衡的、合格的标准委员会成员对于制定每个领域的高质量的教师专业标准是至关重要的。根据美国全国教师教育认证委员会手册中描述的，美国优秀教师专业教学指导委员会将对教师专业标准开发委员会提名的要求在网站公布，将要求在大小会议上宣传，并直接请求其他教育组织、课程专家、主要学校官员、教育界领导、认证教师等推荐提名人。教师专业标准开发委员会成员的挑选既要考虑提名人的资格，也要考虑他们在教学背景、种族、性别、地域等诸多因素间的平衡。教师专业标准开发委员会成员由教师、教师教育工作者和相关领域的专家组成，经常与其他协会互动交流。不同领域的教师专业标准开发委员会定期交流合作，与本领域的其他专家以及公众就教师专业标准内容的合理性以及认证过程的实施问题进行探讨。

第四章　基于教师专业标准的认证体系 开发与认证评价

　　教师专业标准得以确立后，采用什么样的方式来评估教师是否达到了这个标准？美国全国专业教学标准委员会是美国最有影响力的优秀教师认证评价机构之一，为达到专业标准的教师建立了一个评估认证体系。其研发与实施的美国优秀教师专业标准及其认证体系是世界上第一个优秀教师标准与认证体系。经过多年的探索与实践，其影响力日益扩大，对教师专业成长及教学实践产生了极大的推动作用。美国全国专业教学标准委员会对优秀教师的认证评价包含了一系列复杂的过程：从为不同任教学段、不同学科教师制定专业标准开始，然后开发出评价教师是否达到标准的评价工具，接下来利用评价工具对教师是否达到标准进行认证评价。值得一提的是，美国全国专业教学标准委员会实施评价与促进教师专业发展相结合的原则，通过为参加认证的教师提供培训与指导，以评价促发展，最后对获得认证的教师实施奖励，由此形成了完备有效的优秀教师认证制度。

第一节　基于教师专业标准的专业认证

　　在美国，教师对美国全国专业教学标准委员会认证的申请通常是自愿的，且所有符合条件的教师都可以参加(持有教师资格证书，有至少三年的教学经验)。美国全国专业教学标准委员会的认证是基于对表现的评价，而不是基于学术水平，也不是基于教师参加了多少专业发展课程。认证属于教师个人，可以随着教师流动，而不像一份工作或者一个职位，固定在某所学校。

　　越来越多的研究承认，教学质量与教育改革依赖于新的教师专业结构。然而，任何朝向这个方面的努力都需要依赖于教学标准和表现评价这些方面的工作。所以美国全国专业教学标准委员会的使命受这样一条简单规则的驱动：如果想要更加重视教学，那么必须研究如何以更加有效、更加可信和公平的方式来评价教师的表现。

作为一个高级认证体系，美国全国专业教学标准委员会的目标在于补足，而不是代替各州原有的新教师的入职标准。各州继续承担新教师入职资格认证的责任，正如美国全国专业教学标准委员会第一任副董事长、负责教师专业标准开发的曼德尔（Mandel）认为的：它们是有所区分的，制定入职标准是雇佣方的责任，制定高级认证标准是专业职责。[1]

美国全国专业教学标准委员会积极努力，确保获得认证的教师能够得到地方教育局的支持和认可。因为美国全国专业教学标准委员会认为，为获得认证的教师开辟一个市场是非常重要的。最早一批教师在 1994 年获得认证。此后，获得认证的教师每年都在逐步增长。到 2010 年，获得认证的教师达到了 91018 名。大多数州对参加认证的教师采取经济资助或者其他激励措施。虽然美国全国专业教学标准委员会在这方面还有很长的路要走，但其努力已经显示出了非凡的效果。正如因格瓦森所评价的：美国全国专业教学标准委员会在为达到高级专业标准的教师建立一个认证体系方面做出了最有抱负的尝试，这一点是任何国家比不上的。[2] 自从 1987 年成立以来，美国全国专业教学标准委员会及其专业认证在国际上引起了越来越多的关注。

一、专业认证的意义

经济合作与发展组织在 2005 年的报告《教师起重要作用》(*Teachers Matter*)中指出，在经济合作与发展组织的成员中，教师这一职业到底有多大吸引力这一问题引起了普遍关注。好的报酬和职业前景可以吸引更优秀的毕业生加入教师这一职业，低工资是许多好教师离开教师行业的重要原因。多数国家没有采取非常有效的措施对优秀教学予以承认和奖赏；政策制定者希望更加重视优秀教学，不

---

① National Board for Professional Teaching Standards. Toward high and rigorous standards for the teaching profession: Initial policies and perspectives of the National Board for Professional Teaching Standards[R]. The Board, 1991.

② Lawrence Ingvarson, Assessing Teachers for Professional Certification: The First Decade of the National Board for Professional Teaching Standards[J]. Advances in Program Evaluation, 2008(11): 1—21.

断寻求能够对教学进行有效、可靠和公平评价的策略。

经济合作与发展组织在其 2006 年的报告《教育概览》(*Education at a Glance*)中指出,教师最高级别的平均工资只比起点工资增长了 1.7 倍;而在韩国和日本,这个数字是 3 倍。也就是说,教师的工资等级没有充分反映教师质量和专业发展。所以,目前的工资结构不能对高质量的教学给予应有的报酬,不能为通向优秀教学的专业发展提供激励,也不能对达到高水平的教学加以奖赏。美国全国专业教学标准委员会模式受到这样一种愿望的驱动:创建一个具有可辩护性的体系(无论是从测量还是专业角度来说)来证明并尊重优秀教学。此模式的另一个特点是,它不是要取代现有的体系,而是可以与其并行。①

美国全国专业教学标准委员会为设立认证体系以评估教师质量提供了一个很好的例证,为寻求评价教师质量可靠指标的政府和雇佣方提供了很好的服务。对美国公众关于教师质量观点的调查也强烈支持能够极大提高教师工资水平的改革,前提是这种改革能够更好地保证教师的专业发展和优质教学的产生。② 然而,设立专业认证体系的最重要原因,可能在于其在促使教学成为一门专业方面的潜能。正如达令-哈蒙德(Darling-Hammond)所说,标准是通向更进一步专业化的自我指导的门户。③ 认证体系使教学作为一门专业,并对达到专业标准的教师予以承认。

建立认证体系的重要目的之一,是促进教师专业发展,通过吸引更多教师参与更有效的专业学习,为最终促进学生学习做出重要贡献。教师专业标准及其高级认证使教师在自己的专业学习方面更加积极负责。有效的教师专业标准阐明了教师要想在促进学校发展和提高教学质量方面发挥作用,必须使自己得到怎样更好的发展。美国全国专业教学标准委员会的实践证明,教学这一专业有能力建立

---

① National Board for Professional Teaching Standards. Toward high and rigorous standards for the teaching profession: Initial policies and perspectives of the National Board for Professional Teaching Standards[R]. The Board,1991.

② Hart P D, Teeter M, A national priority: Americans speak on teacher quality. Princeton, NJ: Educational Testing Service,2002.

③ National Board for Professional Teaching Standards. Toward high and rigorous standards for the teaching profession: Initial policies and perspectives of the National Board for Professional Teaching Standards[R]. The Board,1991.

一个以标准引导的专业学习体系，从而促进学校教学质量的提高。

二、美国全国专业教学标准委员会认证体系的结构

（一）优秀教师认证体系的开发环节构成

优秀教师认证体系的开发是一项需要投入很大工作量的任务。此认证体系开发工作的主要构成部分如下。

标准开发：由 12～15 名教师和其他教育工作者组成的委员会来开发。他们的任务是向委员会理事会提出确立优秀教学实践标准的建议。

评价策略开发：早期由测试组织、研究机构、大学以及地方实验室共同组建一个评价开发实验室来完成。他们的任务是为最初的认证领域开发评价策略。

评价实施：最初于 1993—1994 学年在两个认证领域由心理公司（The Psychological Corporation）来执行。最困难的部分是如何评价参加认证的教师的表现。教育测试服务公司在开发认证评价体系中起着主要作用。委员会理事会认为，教师准备参加认证的教学实践材料的过程本身应该成为专业学习的过程。

评价体系开发的技术分析：由一组教育测量专家——技术分析小组（Technical Analysis Group）来实施开发。他们的主要作用是保证认证体系的专业信度和合法的辩护性。

（二）美国全国专业教学标准委员会认证领域的结构

早在美国全国专业教学标准委员会成立之初，理事们（其中占大多数的是教师）就认为，美国全国专业教学标准委员会制定的标准和认证体系应该反映出不同教学领域的不同专业知识、不同阶段的不同专业知识，一套总的标准是不能充分支持不同学科、不同阶段的教学的。所以，美国全国专业教学标准委员会开发了 20 多个领域的标准及其认证体系。这些领域是按照不同学科领域以及学生的不同发展阶段来划分的。美国全国专业教学标准委员会在认证领域的结构方面坚持以下政策立场：

第一，有些核心的专业知识是所有能够获得认证的教师都必须掌握的；

第二，有些知识、技能和方法是教授特定发展阶段学生的教师应该掌握的；

第三，有些知识、技能和方法是教授某一学科的教师应该掌握的，包括每个学科的教师应该掌握的核心知识；

第四，每一领域的认证应该对教师拥有知识的深度和广度进行评价。[1]

在这一政策立场的指导下，美国全国专业教学标准委员会开发了以下认证领域，覆盖多个学科和多个学生发展阶段。[2]

艺术：儿童早期及中期，青少年初期到青年早期。

职业技术教育：青少年初期到青年早期。

英语作为一门新语言：儿童早期及中期，青少年初期到青年早期。

英语语言文学，青少年初期，青少年及青年初期。

特殊教育：儿童早期到青年初期。

综合学科：儿童早期，儿童中期。

健康教育：青少年初期到青年早期。

图书馆媒体：儿童早期到青年初期。

读写：阅读语言艺术，儿童早期及中期，青少年初期。

数学：青少年及青年初期。

音乐：儿童早期及中期，青少年初期到青年早期。

体育：儿童早期及中期，青少年早期到青年早期。

学校心理咨询/学生辅导教育：儿童早期到青年初期。

科学：青少年初期，青少年及青年初期。

社会科学—历史：青少年初期，青少年及青年初期。

英语以外的世界语言：青少年初期到青年早期。

三、美国全国专业教学标准委员会认证体系的独特之处

因格瓦森对教师专业标准认证体系改革进行了国际比较研究。这些改革通常包括创建新的职业发展路径，为优秀教师提供更高的职位，将优秀教师留在让他们可以分享自己的专业知识和领导其他教师的位置。该研究发现，美国全国专业

---

[1]　National Board for Professional Teaching Standards. Toward high and rigorous standards for the teaching profession：Initial policies and perspectives of the National Board for Professional Teaching Standards[R]. The Board，1991.

[2]　National Board for Professional Teaching Standards. Toward high and rigorous standards for the teaching profession：Initial policies and perspectives of the National Board for Professional Teaching Standards[R]. The Board，1991.

教学标准委员会的认证体系在对优质教学予以承认和给予奖赏方面，与其他改革有明显不同。[①]

（一）美国全国专业教学标准委员会的独立性

美国全国专业教学标准委员会是提供专业认证服务的独立专业团体。在英国和澳大利亚，类似的机构都由政府或者政府机构发起，并对政府或者政府机构负责。美国全国专业教学标准委员会提供专业标准和专业认证，其目的在于为所有教育当局、雇佣方、公众提供一种可信且有价值的服务。

（二）专业参与水平

教师在美国全国专业教学标准委员会认证体系的每个环节起到了重要的、决定性的作用，包括教师专业标准与评估方法的开发、评价人员的培训、评分体系的运行。

其他行业人员经常会对政府和教育部门赋予教育行业在开发自己的质量监督体系和专业认证方面极其有限的自主权感到吃惊。多数的绩效工资改革以及表现性评价等都是由政府或者教育部门开发的。例如，英格兰的新教师标准是由一家私人咨询公司开发的，而不是由全国性的教师专业协会开发的。所以，这样的改革很少得到教师和教师组织的支持。

美国全国专业教学标准委员会提供认证，又依靠政府和教育部门对认证予以认可。它不仅告诉政府如何利用认证，还投入大量工作和努力去说服政府为获得认证的教师建立市场。美国全国专业教学标准委员会这种基于标准的评价体系模式，将认证体系和地方层面认可与奖赏优秀教师的机制分离开来了。

（三）对教师专业学习的影响

大量研究表明，教师在为参加美国全国专业教学标准委员会认证做准备的过程中所进行的专业学习，能够促进教学的实施。评价和认证过程本身也被认为是非常有效的专业学习过程。2001 年，由美国全国专业教学标准委员会发起的对10000 名获得认证的教师的调查发现，教师们认为认证过程能够使他们成为更加

---

① Ingvarson LC，Kleinhenz E. Standards for advanced teaching：A review of national and international developments[R]. Canberra：Teaching Australia — Australian Institute for Teaching and School Leadership. 2006.

优秀的教师(92％)，是非常有效的专业发展经历(96％)，使他们能够创建更好的课程(89％)，提高了他们对学生学习进行评价的能力(89％)，促进了他们与学生(82％)、家长(82％)以及同事(80％)之间的互动。建立认证体系的目标之一，是促使所有教师参与到有效的专业学习模式中。教师专业标准为教师的专业发展提供了明晰的目标，使他们认识到自己的专业希望自己应该在哪些实践中获得提高。而且，认证体系如果使教师获得了实际上的认可，那么会对达到高标准的教师起到激励作用。

获得认证的教师广受欢迎，经常成为学校的指导教师或带头人(Leaders)。这在很大程度上是因为人们对美国全国专业教学标准委员会认证的信赖，相信美国全国专业教学标准委员会的不懈努力可以为保证教师质量提供公正、有效、可信的评价。所以获得认证的教师通过专业地位的提高、获得更好的就业机会及经济奖励等得到应有的承认和报酬。许多地区将美国全国专业教学标准委员会认证和工资结构联系起来。

(四)改革教师工资制度的良好基础

越来越多的证据表明，美国全国专业教学标准委员会认证体系在对优质教学予以承认和奖赏方面有比其他的绩效工资方案更合理的基础。任何绩效工资方案的最关键部分都是教师知识与技能的评价体系。这一评价体系必须是合理的，必须基于多种评价证据资料，全面评价教师应该知道什么及能够做到什么。评价体系如果仅仅看学生成绩，那么不能为对个体教师的评价提供有效合理的基础。美国全国专业教学标准委员会的标准与认证重点关注的是在教师建立的学习环境中，学生在做什么、学习到了什么以及体验到了什么。

(五)基于标准的教师表现评价方法

美国全国专业教学标准委员会阐明了一种基于标准的教师表现评价方法。改革教师工资制度需要考虑的一个重要问题是如何界定关于教师知道什么和能够做到什么，即教师为学生的学习所创设的环境的质量以及学生如何在教师指导下学习。这类方案被称为基于知识与技能的工资体制。教师专业标准为这类方案中界定教师应该知道什么和应该能够做到什么提供了工具。基于知识与技能的工资体制的目的在于，在工资增长和标准要求的教学能力之间建立更紧密的联系。

关于教师评价，专家们已经达成的共识是，一个关于教师评价的有效且可靠的方案，必须依靠多种类型的证据材料来得出评价结论。教师专业标准正在越来越广泛地被用来界定教师应该知道什么和应该能够做到什么。一套教师专业标准通常包括非常广泛的方面，如创设的学习环境、学科内容知识、对学校及专业共同体的贡献等。根据这些标准对教师表现进行评价时，也需要采取多种不同的评价方式。因此，对教师表现的有效、可靠的评价方案，需要使用各种不同类型的证据资料。任何依靠单一证据的评价，如根据学生成绩对教师进行评价，都不足以为提高个体教师的工资水平提供可信的基础。

第二节　优秀教师认证评价的开发

认证评价是对教师专业标准文本的实践解读，是使教学标准从文本状态转化为实践状态的手段和桥梁。舒尔曼团队的研究以档案袋评价取代传统评价方式，为认证评价的开发确立了基调，使认证评价能够评价极度复杂的、真实的教学实践。促进教师的专业发展，是美国全国专业教学标准委员会评价开发的重点。管理上的可行性、专业领域的可接受性、公众方面的可信任性、法律方面的可辩护性、经济方面的可负担性是对评价开发者的理念和成果进行评估的标准。

在当今世界各国，许多教师专业标准已经得到开发，但实际运用于教学实践并对教学实践产生较大影响的却并不多见。美国全国专业教学标准委员会成立以后，就着手考虑认证评价的开发问题。经过多年的实践，美国全国专业教学标准委员会的认证评价从开始的实验阶段逐步走向成熟。

一、认证评价开发的理论准备：舒尔曼团队的研究

1986年卡内基教学任务小组的报告《准备好了的国家》赋予美国全国专业教学标准委员会这一使命：为教学专业中高水平的教师建立标准，评价哪些人有资格申请美国全国专业教学标准委员会认证，并为达到标准的颁发证书。从1987年成立之初，美国全国专业教学标准委员会就着手重新思考作为一门专业的教学之文化与动力所在。美国全国专业教学标准委员会认为，这一设想最有力的支持之一

是将教学专业地位的获得与严格的专业评价联系起来。这种评价应该是全国性的、教师自愿参加的。以往的教学评价方式并不能够承担对作为一门专业的教学的评价。美国全国专业教学标准委员会评价设计的理论基础之父舒尔曼在其 1987 年的文章中指出："在过去，教育政策制定者以及教师教育工作者一直在坚持这样一种模式，即教学需要基本技能、学科内容知识以及普通教育学知识。在多数州，教师评价由基本技能测试、学科内容测试以及对教师的课堂教学观察组成，看某些常见的教学行为是否得到体现。我认为，以这种方式评价教学，是对教学的轻视，是把教学看作平凡简单的工作，而忽视了教学的复杂性，降低了对教学的要求。教师们自己则难以清楚地表达关于教学他们知道些什么以及他们是如何知道的。"[①]

换句话说，缺乏复杂精细的教学评价方式导致人们对教学这一职业产生误解，认为教学是一种简单的、不需要严格的培训和丰富的专业知识就可以胜任的工作。所以舒尔曼认为，能够与教学的复杂性相匹配的评价方式，应该是建立在满足以下要求的教学标准基础之上的："标准必须密切结合相关课程（如英语、物理、历史等）所属学科的最新学术成就，密切结合从事教育所需要的基础学科（如心理学、社会学、哲学等）的最新研究成果；标准还必须具有对其感兴趣的专业团体能够凭借直觉即可以直接获知的可信性；标准还应该符合关于教学和教师教育的合乎规范的理念。"[②]

美国全国专业教学标准委员会最早的重要成就之一就是发表了重要文献《教师应该知道什么和应该能做到什么》，这份文献是对优秀教学实践愿景的陈述和对评价领域的详细说明。然而美国全国专业教学标准委员会的理想绝非仅仅如此，它拒绝采用教育评价和许多其他行业使用的传统评价方法。在这些传统评价方法中，其评价领域大多或多或少采用工作分析技术，以揭示实践者在工作中实际上是如何做的以及使他们的工作获得成功的重要因素是什么。美国全国专业教学标准委员会在界定每个认证评价领域的特征时，为不同认证评价领域挑选优秀专业人员（教师以及教师教育者，其中教师占大多数），将其分成小组，让他们以

---

① Shulman L S. Knowledge and teaching：Foundations of the new reform[J]. Harvard Educational Review，1987(57)：1—22.

② Shulman L S. Knowledge and teaching：Foundations of the new reform[J]. Harvard Educational Review，1987(57)：1—22.

《教师应该知道什么和应该能做到什么》为基础，为每个认证评价领域的教师应该知道什么和应该能做到什么明确提出愿景。

美国全国专业教学标准委员会及其早期的顾问从一开始就持有这样的信念：不管需要付出多大努力，认证评价的开发必须达到美国全国专业教学标准委员会设立的高目标；必须如同当初美国全国专业教学标准委员会的成立一样，具有前瞻性和开创性。对于许多曾经备受专业测试开发者和心理测量专家推崇的传统评价理论，美国全国专业教学标准委员会同样对其持审慎的态度。① 对于复杂的表现性评价方式，人们一直认为是没有可信性的，因而在用于评价高利害关系的任务时，其在理论上被认为是站不住脚的。而且，其评价复杂任务所需的巨额花费以及伴随人为判断而不可避免地产生的评价的不稳定性及偏差，都使美国全国专业教学标准委员会最初的决策者在决定跳出传统评价的框架时面临极大挑战。在这些跳出传统评价框架者中，最重要的人物是舒尔曼。当时舒尔曼在卡内基教学任务小组负责的斯坦福教师评价项目（Stanford Teacher Assessment Project）的 3 个研究问题为：教师需要知道些什么和知道如何做些什么；如何评价教师是否掌握了这些知识、具备了这些技能；如何设计一个既能够充分评价教学的复杂性，又能保证所有申请的教师获得公平评价的评价项目。②

舒尔曼负责的这个研究项目的目的在于为美国全国专业教学标准委员会的评价开发者提供"工作模式"，这一项创造"原型"的工作是美国全国专业教学标准委员会认证项目的一部分。理想的教学评价不可能采取单一的测试模式，让参加评价的教师在指定的某段时间内完成评价，如同美国全国教师考试和州一级测试一样。将教师评价想象为至少包括以下程序的一段持续过程是更为明智的：书面评价、评价中心测试、实际教学实践表现文件证据以及训练有素的观察者对教师实践的直接观察。这些程序可以被整合为连贯一致的证据统一体，放到一个档案袋中或者保存到某个可以累计的记录中，以记录每位参加评价的教师的教学能力。

---

① Shulman L S，Assessment for teaching：An initiative for the profession[J]. PhiDelta Kappan，1987(69)：38—44.

② Shulman L S，Assessment for teaching：An initiative for the profession[J]. PhiDelta Kappan，1987(69)：38—44.

这个档案袋在规定的时间内提交给美国全国专业教学标准委员会的代表评阅。[①]

斯坦福教师评价项目的工作主要是建构认证评价的评价中心测试部分。这项由舒尔曼和他的学生进行的教学研究的假设完全不同于从前对这个领域的研究。教师之间就他们的工作、他们的想法、他们对自己实践的分析、他们感觉哪些方法可行和哪些不可行等交换意见。这些早期对教师声音的关注曾经是也一直是美国全国专业教学标准委员会标准及认证开发工作的重要特征。

二、认证评价基调的确立：以档案袋评价取代传统评价方式

美国全国专业教学标准委员会最初的评价设计开发合同是在 1990 年与两个不同的基于大学的开发小组签订的：一个是佐治亚大学的表现性评价实验室，由他们开发儿童早期/综合学科（EA/G）的认证评价设计；另一个是匹兹堡大学与康涅狄格州教育部门，由他们共同开发青少年初期/英语语言文学（EA/ELA）的认证评价设计。当这些开发者最初开始评价设计开发时，许多评价设计的基础工作还没有完成，如因为这两个认证领域的标准开发还处于初级阶段，所以评价范围不能确定。另外，早期的评价设计者和美国全国专业教学标准委员会之间没有进行沟通交流，这是为了不使美国全国专业教学标准委员会感觉受到评价设计实践的限制，从而将本领域的重要内容清晰地表达出来。而且，美国全国专业教学标准委员会在对评价开发的要求中，主张评价开发者考虑使用多种模式的评价策略。舒尔曼带领的斯坦福教师评价项目团队的模拟实验还在进行当中。斯坦福教师评价项目研究者设计的档案袋任务的目的在于通过档案袋任务去发现教师如何思考，如何利用经验解决当前的问题、应对面临的挑战，如何利用自己想出的新方法处理每天遇到的无数问题，如何将学科知识、关于学生的知识和教学方法结合起来等。这些档案袋任务意在探究教师在课堂教学情境中和面对教学实践问题时的反应。因为研究者相信，通过这种途径可以揭示教师的创造力、独创性与其知识和技能是如何完美结合的，这种结合是优秀教学赖以存在的基础。

斯坦福教师评价项目研究者通过这些最初的尝试研究，认为从档案袋评价的

[①] Frederiksen J R，Wolfe E W. A report from the video portfolio project：Standards of the NBPTS that are amenable to video portfolio assessment[R]. Princeton，NJ：Educational Testing Service，1992.

本质特征来看，它适合用来测量像教学这样复杂的领域。美国全国专业教学标准委员会就这一假设达成了共识，认为档案袋评价可以作为评价策略。研究者认为，美国全国专业教学标准委员会的评价应该关注最好的实践，而不是关注典型的实践；也就是说，不应该通过评价资料去推测和归纳教师的日常实践是什么样子的，而是让认证评价基于从评价资料中捕捉到的即时信息来判断教师展现出来的教学能力是否达到优秀教学标准。所以，从一开始，美国全国专业教学标准委员会就立志打破传统的标准化评价模式，加入真实性评价的行列，让教师在自然的教学情境中展现自己的教学实践能力，展现自己将所掌握的教学知识和技能迁移到不同的教学情境中以解决问题的能力。

认证评价的第二部分，即"评价中心"的评价，最初的设计目的是让教师聚在一起进行专业对话，并对一些基于教师实践的题目做出回答。这部分评价尤其注重评估教师的学科内容知识和舒尔曼所说的"学科教学知识"。除了档案袋评价和评价中心的评价两种方式外，美国全国专业教学标准委员会在早期还计划开发课堂教学观察的评价方式，这一计划因为不切实际而不得不被放弃。因为考虑很难找到并培训足够数量的评价者，让其到每一个参加认证评价的教师的课堂进行课堂观察。但同时，美国全国专业教学标准委员会资助了将课堂教学录像作为媒介来展示教师的教学实践这一具有开创性的研究。弗雷德里克森（Frederiksen，1998）等人的研究表明，教学录像不但可以作为提供教师教学实践的信息的媒介，而且可以帮助教师学习如何进行教学讨论，打破教师之间的孤立状况；并且因为有了教学录像，教师可以通过回放来关注和讨论某些有争议的教学片段，这比仅仅靠记忆来讨论效果好得多。[①]

三、评价设计的丰富性和复杂性探索：如何评价真实复杂的教学实践

早期的美国全国专业教学标准委员会评价设计旨在努力实践真实性评价的承诺。事实上，美国全国专业教学标准委员会对于评价项目所秉持的重要理念，也是认证评价的作用不应该仅仅限于判定教师是否通过认证，而是通过认证，不仅

---

① John R Frederiksen, Mike Sipusic, Miriam Sherin. Video Portfolio Assessment: Creating a Framework for Viewing the Functions of Teaching, Educational Assessment[J]. 1998(4): 225—297.

使获得认证的教师起到一种示范作用，而且使认证成为改革的动因和媒介。这种通过评价改革推动教育改革的途径，与克雷森和科林斯（Cresson & Collins）所说的"系统性有效评价"一致：通过评价改革促进教育系统课程与教学的改革，从而培养评价所要测量的教师的认知技能。[①]例如，1993—1994年版本的青少年初期英语语言文学领域评价的档案袋任务，与斯坦福教师评价项目的档案袋任务非常类似。档案袋由非常复杂的三个任务组成：一个任务是关于写作教学，一个任务是关于文学教学，一个任务是用来评价教师的教学规划能力和使整个教学单元的英语语言文学的各个部分融会贯通的能力。每个任务都较难。例如，制订教学规划的任务要求为一个为期三周的教学单元制订计划，教师需要提交下列材料：一个45分钟的教学录像带；一份详细的为期三周的课程计划，详细列出每天教师怎么教、学生如何学以及时间规划；与录像带相关的教学材料以及对录像带中课堂教学的分析评论，评论长度建议至少10页，没有上限。评价中心的评价也竭力采用鼓励自由的、创造性的评价方式。美国全国专业教学标准委员会最初实行的评价中心的评价持续至少两天，每天教师至少需要花费8小时来完成评价任务。评价项目的设计非常复杂详细，包括对参加认证的教师的结构式访谈、系列广泛的书面回答的题目等。许多评价项目的设计模仿了斯坦福教师评价项目的设计模型，评价项目的目的之一是鼓励和促进参加评价的教师之间的专业对话。其中英语语言文学认证领域的评价中心部分的评价设计受斯坦福研究者设计的评价任务影响最大。舒尔曼关于实践智慧的研究及其评价原型成为此领域评价设计开发的蓝本。

美国全国专业教学标准委员会这些评价任务的设计是非常具有创新意义的，不同于以往任何的教师评价。美国全国专业教学标准委员会把重点几乎全部放在如何设计一种能够用来评价极度复杂的、真实的教学实践的评价方法：什么样的评价任务和要求既能够适合用来进行高利害的、总结性的评价（认证评价关系到获得认证的教师得到高度认可并获得经济奖励），又能够使教师学习和探究他们教学实践中重要但又没有得到足够重视的方面；好的评价与好的教师发展怎样可以结合起来。

---

① 这些标准是在1994年由当时的美国全国专业教学标准委员会负责评价设计的副总裁琼·斯诺登最先提出的，美国全国专业教学标准委员会调研内部资料。

四、对早期评价设计的反思与改进：对评价设计追求的创新性、复杂性的重新思考以及 APPLE 准则的运用

对创新性的巨大热情以及舒尔曼团队研究的档案袋任务评价的复杂性对评价设计产生了巨大的影响。然而从一个全国性的评价项目应该是标准化的，也就是说，评价必须能够为所有有资格参加认证评价的教师提供同样的表现机会这一角度来看，这些影响使人们忽略了作为研究项目的教师评价，其目的和结构与实践中合理的评价所需要的目的和结构是不同的。如前面提到的，舒尔曼的研究非常重视评价过程能够为参加评价的教师提供丰富的专业发展机会，而在评价实践中，对这一评价目的的强调可能会影响终结性评价的需要；而且，在改革、创新、脱离传统评价的影响等这些理念的推动下，评价开发者忽略了对已有的评价实践中的智慧的思考和借鉴。认证评价的开发者们逐渐意识到，认证评价的开发设计应该将测量的建构目的放在首位，同时不能忽略评价任务设计的重要性。设计者需要解决测量的深度与测量领域的覆盖广度的矛盾，还需要慎重考虑测量设计中的自由度与评价目的的限制这对矛盾。

通过美国全国专业教学标准委员会早期的评价设计实践，评价开发者逐渐总结出了三条重要经验：一是最初的任务设计必须包括详细、清晰的评分标准；二是复杂的标准领域不一定要通过操作繁杂的评估方式来得到最好的测量；三是并非标准中所有的内容在认证评价的测量中都要体现出来。在认识到这三条经验的同时，美国全国专业教学标准委员会还制定了对评价开发者的理念和成果进行评估的标准：管理方面的可行性（Administratively Feasible）、专业方面的可接受性（Professionally Acceptable）、公众方面的可信任性（Publicly Credible）、法律方面的可辩护性（Legally Defensible）、经济方面的可负担性（Economically Affordable）。这些被称为 APPLE 标准，这些标准至今依然是对评价开发者的工作进行评价的较高、较严格的标准。在美国全国专业教学标准委员会评价任务设计早期实践过程中，专业方面的可接受性和公众方面的可信任性受到了很好的重视，但评价开发者对管理方面的可行性和经济方面的可负担性两个方面重视不足。例如，儿童早期综合学科领域的档案袋评价中，有一项任务需要评价者花费 4~5 小时来为一个参加测试者评分；在青少年初期英语语言文学领域最初的现场测试中，每一项档案袋任务，单是培训评分者就要花费两周的时间，其中的一本评价

者培训工具手册长达 900 页左右。这种评分过程所需要的费用也是高得惊人，远远超过美国昂贵的认证评价所收取的费用。

评价开发者意识到必须利用新的规则来指导开发过程。他们开始在进行每一步时都要问自己这样一个问题：我们为什么需要有这条评价证据？他们也开始认识到为每项评价任务建立规则的重要性。他们遵循一个循环过程：在阐明每项评价任务的规则注重评价什么时，评价开发者能够提炼出任务说明来告诉参加评价者如何做；当评价开发者进一步理解了评价任务的范围时，他们反过来又能够对规则进行更加清晰的阐述。这一任务开发的循环演进过程继续下去，由开发团队中的教师在他们的课堂教学中以及更大范围的全国性测试中进行反复试验。通过循环改进，他们意识到另一点：应该让参加评价的教师了解评价任务测试的重点所在，而不是将其保密。因此，在后来开发的认证评价中，参加认证的教师被清楚地告知每项评价任务需要他们展示什么。

美国全国专业教学标准委员会的成员逐渐认识到，他们应该开发一项评价设计，要求教师展示自己所知道的、所想到的、所向往的，并帮助教师使他们的展示对于评分者来说尽量清晰、有说服力。评价开发者认识到要尊重教师的声音，允许参加评价的教师表达他们的教学情境、他们的教学决策以及他们对自己教学的分析，重视教师对评价的回应。

值得一提的是，评价开发者逐渐关注到了教学的表面特征和美国全国专业教学标准委员会界定的教师应该掌握的专业知识以及实践的基本要素的实质性结构之间的关系。因此界定表面和实质的区别，并帮助参加认证的教师通过分析性、反思性的写作关注实质，成为评价开发者重要的任务。评价开发者设计了一个简单的结构图解，用来分析对参加认证的教师所做的任务说明，并用来分析参加认证的教师对评价任务的回应。

图 4-1 意在表明，优秀的教学实践者无论其教学实践形式具有什么特征，总有一个相同的思维框架在支撑其教学，而且支持优秀教学的分析框架的顺序也是不变的。当然这一框架在真正的教学实践中是微妙的，有时是稍纵即逝的，所以也是难以被捕捉的。如图 4-1 所示，一位优秀教师的教学总是始于对自己所教学生的了解：他们是什么样的学生，他们已经掌握了哪些知识和技能，他希望将学生的学习引向何处。教师基于这种对处于特定学习情境中的学生的了解，为每节课、每个学生制订教学计划 。根据教学目标对学生实施教学之后，总是伴随着

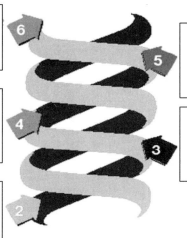

优秀教学的框架结构解读：
隐藏在表面下的实质是什么？

第六，在此基础上，为学生的学习进一步设立新的高而有价值的目标。

第五，反思学生的学习，教学设计的效果，特别关注的要点和问题。

第四，根据教学目标和教学实施情况评估学生学习。

第三，根据教学设计实施教学，以达到这些目标。

第二，根据这些学生的情况及教学环境，为他们设立高而有价值的目标。

第一，你的学生是什么样的学生？他们已有的知识基础怎样？他们需要什么知识？其先后顺序是什么？教学应该从何处入手？

图 4-1　优秀教学架构

对学生是否达到了学习目标的评估。接下来，教师会对学生的学习情况、教学设计的效果以及其他特别关注的问题进行反思，这种反思同时也是优秀教师在教学设计和教学实施之间建立联系的途径。通过反思，教师获得了对学生学习情况的反馈，并为下一步的教学设计奠定了基础。图 4-1 有意使用了两个螺旋形表明这一过程的复杂性，因为优秀教师是在多元层面实施这一教学过程的：要综合考虑到班级层面、学生个体层面，考虑到某一节课、某个单元、某一学年。优秀的教学实践是关于如何对学生和教学进行思考，慎重地、精心地选择促进学生学习的策略的过程。评价设计者开始区分在任何特定的课堂教学中，哪些是表面现象，哪些是优秀教学共有的本质特征。这些在参加认证的教师中是千差万别的。

美国全国专业教学标准委员会评价体系的开发历程，是一段不同寻常的、值得关注的、从实践中获取经验证据的评价设计历程。美国全国专业教学标准委员会对优秀教师及其认证评价方式的描述，已经对评价实践、关于教师专业发展的讨论以及美国的教育政策产生了巨大的影响。教育政策的改革、技术的进步以及关于这些评价的心理测量数据的累积，必将使美国全国专业教学标准委员会的评价设计走向更深层次的改革阶段。

第三节　优秀教师认证评价的实施及激励机制的建立

标准确立之后，采用什么方式来评价教师是否达到标准？也就是说，怎样在标准和教师的教学行为之间建立联系，从而实现从标准文本向实施策略的转化？美国全国专业教学标准委员会的途径是，将标准文本转化为基于标准的认证评价。认证评价方法的选择同样是对教学工作所坚持的价值观的反映，需要反映标准的意图和范围；也就是说，认证评价方法要能代表标准内容。

一、从标准文本向基于标准的认证评价的转化

将标准文本转化为基于标准的认证评价，即依据标准内容来设计认证评价任务，使认证评价任务很好地体现标准要求，然后通过对认证评价任务的评估来评价教师是否达到标准。美国优秀教师的认证评价是非常严格和成功的典范，是在大量研究的基础上开发的教育评价，由档案袋任务评价和评价中心题目评价两部分组成。申请认证的教师需要完成 10 项各自独立的评价任务（4 项档案袋评价任务和 6 项评价中心任务），这些任务旨在反映标准所规定的优秀教师应具有的知识和技能。每项任务的设计都反映了几项标准的要求；也就是说，每项任务都为几项标准提供独立的表现性证据，每项标准都以几种不同的方式得到了评估。教师提交的所完成的任务，作为判断教师是否达到标准的证据。对于美国优秀教师的认证来说，"选择什么样的方法来判断教师是否达到了标准"这一问题就转换为：我们期望一位优秀的某一阶段（如青少年初期）或某一学科（如英语语言文学）的教师要完成什么评价任务，以提供证据表明他们已经达到了标准。下面以青少年初期英语语言文学领域认证评价为例。

评价任务 1：学生阅读与写作能力发展分析。这一评价项目的评价目标在于测量参加认证的教师是否达到了青少年初期英语语言文学领域标准中的以下几项：关于学生的知识，关于本学科领域的知识，教学资源，教学决策，阅读，写作，评价，自我反思。评价任务 2：教学分析——全班讨论。在这个评价项目中，教师提交一份 15 分钟的教学录像，展示教师组织全班讨论所使用的教学策略。这一评价任务的评价目标在于测量参加认证的教师是否达到了以下标准：关于学生的知识，关于本学科领域的知识，培养注意力，学习环境，平等、公正与多样性，教学资源，教学决策，说、听与观察，整体教学，自我反思。评价任务 3：教学分析——小组讨论。评价目标在于测量参加认证的教师是否达到了以下标准：关于学生的知识，关于本学科领域的知识，培养注意力，学习环境，平等、公正与多样性，教学资源，教学决策，说、听与观察，整体教学，自我反思。评价任务 4：自我反思。评价目标在于测量参加认证的教师是否达到了以下标准：自我反思，专业共同体，与学生家庭的联系。

一方面，每项评价任务反映了多项标准，即提供了多项标准的评价证据；另一方面，每项标准以几种不同的方式得到了评价，如关于学生的知识和关于本学科领域的知识在评价任务 1、2、3 中都得到了评价，自我反思在 4 项评价任务中都得到了评价。值得注意的是，这些任务的设计几乎涵盖了教师主要的教学工作：教学设计、教学实施、教学评价、通过全班讨论来理解和运用知识、组织小组通过讨论进行富有成效的学习等。每项任务都是对教师课堂教学的真实能力的评价。在不同的认证领域，任务设计的关注点不同，如儿童早期综合学科领域不同于青少年初期英语语言文学领域，但是任务的深层结构是相同的。重要的是，这些任务提供证据表明学生在教师创设的学习环境中是怎样学习的，而不仅仅是教师如何说、如何做。此外，这些任务规定了教师要展示什么，但没有规定如何展示。任务设计和规定要恰当，对哪些需要规定和要求、哪些不能规定得过细过多要把握好。任务设计如果不到位，那么会使教师无所适从，不知道如何去完成任务；任务设计如果规定得过细过多，那么不能给教师充分发挥的余地，就有使教师的教学实践"标准化"的危险，这种倾向无论对于教学实践还是教师的专业发展来说都是非常不利的。

优秀教师的认证评估的 10 个题目分成 2 部分：一部分是档案袋评价项目，曰 4 个部分组成；另一部分是评价中心的评价题目，用来评估教师的学科内容知识。档案袋评价项目包括 4 项：1 项关于学生的作业样本，2 项关于课堂教学录像，1 项关注教师与家长、社区及同事间的交流合作以及如何通过这些合作促进学生学习。

项目 1：学生阅读与写作能力发展分析。在这个项目中，教师选择 2 名学生的 4 个作业样本，其中 2 个样本是学生分别对印刷文本和非印刷文本的回答，另外 2 个样本是学生对写作提示的回答。教师对学生回答的分析应该表明教师如何帮助学生在阅读、口头表达和写作方面实现成长和发展。除了学生作业样本和教师的书面评论，教师还需要提供作业要求和用来评价学生作业的评分标准。

项目 2：教学分析——全班讨论。在这个项目中，教师提交一份 15 分钟的教学录像，展示教师组织全班讨论所使用的教学策略，包括师生之间、学生之间就与英语语言文学相关的某一话题、概念或者文本所进行的有意义的讨论。通过这种讨论，教师需要展现和提供证据，表明自己整合英语语言文学各方面观点的能力以及对自己的教学进行描述、分析和反思的能力。教师还需要提供书面评论，对教学录像以及教学材料进行分析。

项目 3：教学分析——小组讨论。在这个项目中，教师提交一份 15 分钟的教学录像，展示教师组织小组讨论所使用的教学策略，包括师生之间、学生之间就与英语语言文学相关的某一话题、概念或者文本所进行的有意义的讨论。通过这种讨论，教师需要展现和提供证据，表明自己整合英语语言文学各方面观点的能力以及对自己的教学进行描述、分析和反思的能力。教师还需要提供书面评论，对教学录像以及教学材料进行分析。

项目 4：备有证明文件的优秀教学展示。在这个项目中，教师需要通过自己叙述和提供相关的证明文件，展示自己与学生家长、社区以及其他专业人员的合作。教师所描述的这些活动必须与促进学生学习有关。

评价中心的题目旨在检测标准所规定的教师应该掌握的学科内容知识，包括文学分析、寻求主题的普遍意义、阅读教学、语言学习、写作分析、写作教学 6 个部分的题目。

关于档案袋评价项目部分，评价开发者制作了详细的项目指南（如上面的评价项目 2：教学分析——全班讨论），以指导参加认证评价的教师准备所要提交的档案袋材料。教师还需要提供书面评论，对教学录像以及教学材料进行分析。具体如下。

评价项目 2 要测量的标准。

这一评价项目的评价目标在于测量参加认证的教师是否达到了以下标准：第一，关于学生的知识；第二，关于本学科领域的知识；第三，培养注意力；第四，学习环境；第五，平等、公正与多样性；第六，教学资源；第七，教学决策；第八，说、听与观察；第九，整体教学；第十，自我反思。

我需要做些什么？

这个项目评价教师如何培养学生在全班讨论中关注教师以及其他学生在英语语言文学方面的能力以及教师整合英语语言教学的能力。因此，教学录像应该展示教师和学生对一个话题、概念或者文本所进行的讨论。在这个项目中，教师需要展示在英语语言文学教学中组织全班讨论的教学策略，提供证据证明对自己的教学具有反思能力。教师需要提交一份不超过 15 分钟的关于英语语言文学教学全班讨论的教学录像；与教学录像有关的教学材料；一份不超过 11 页的书面评论，关于教学录像的背景，并描述、分析以及评价全班讨论状况。

进行教学录像。

在这个项目中，教师需要对全班就某一重要的英语语言文学话题进行讨论的教学进行录像。

选择班级：应该选择将全班讨论作为常见的、重要的教学策略的班级进行录像。

选择一节课：选择一节能够提供机会让学生进行全班讨论的英语语言文学课。这节课应该能够展示教师如何将阅读、写作、听、说以及观察等机会进行整合。所选择的班级水平并不一定要高，但是选择的这节课对于学生学习来说应该是重要的，而且是有可能让学生进行建构性的、有意义的讨论的。

教学录像应该能够展示教师如何教会学生分享自己的思想，并认真互相倾听。另外，讨论可以是跨学科的，由英语语言文学到历史、哲学、音乐、艺术、科学等，使英语语言文学学习得到滋养与丰富。

选择录像片段：提交一个 15 分钟的、连续的、未经过编辑的录像片段。录像需要展示教师是如何通过有目的、有意义的全班讨论帮助学生学习的。这个 15 分钟的片段可以节选自全班讨论课的任何一段，建议选择能够为所要评价的标准提供最好证据的片段。

选择教学材料。

选择能够帮助评分者理解教学录像内容的教学材料。这些材料可以是教师和学生在教学活动之前、之中或者之后使用的材料。

书面评论写作。

建议按照以下结构组织书面评论：教学背景、教学计划与教学录像分析、教学反思。

教学背景包括对所选班级以下问题的阐述。

本项目中所说的班级学生人数、年级、学生年龄以及教师任教学科是什么（如 21 名学生，八年级和九年级，13～15 岁，美国文学）。

这个班级在种族、文化、语言多样性、学生的能力差异和个性特点等方面的哪些相关特点对本次课的教学策略产生了影响？这些特定的学生为教师带来了哪些教学上的挑战？

教学计划受到有特殊需要学生的哪些相关特点影响（如学生的能力差异、认知差异、身体差异等）？提供一些其他信息以帮助评分者更好地了解所教的班级。

教学环境还有哪些相关特点对教学以及对问题的回答产生了影响（如技术等方面的教学资源的获得，课程的日程安排，教室所在位置等）？

教学计划与教学录像分析涉及下列问题。

长期教学目标是什么？本部分教学和长期教学目标有着怎样的主题联系？为什么这些目标和主题适合这些学生？

本节课的教学目标是什么？它与长期目标有怎样的联系？选择用全班讨论的方式实现本课的这一教学目标的理由是什么？

关于这节课的这些信息是如何影响所看到的录像中的教学的？

本节课使用了哪些特定的教学环节和教学策略？使用了什么教学策略来培养学生参与全班互动？选择这些策略的理由是什么？引用教学录像中的具体例子来说明对学生参与讨论的培养。

如何确保实现班级教学的公正、公平及关注到全班学生？利用录像中的一个例子来说明？

本节课使用了什么教学材料？选择这些教学材料的理由是什么？

在这个教学片段之前和之后分别有哪些教学活动？选择本段教学录像的理由是什么？

本节课是如何反映英语语言文学教学中听、说、读、写、看的整合的？

教学反思涉及以下问题，建议使用录像中的证据回答这些问题。

在多大程度上达到了本节课的教学目标？从录像中找出证据支持答案。

录像中哪部分是本节课的亮点？为什么？

如果重新上这节课，会有哪些改变？为什么？如果不想做任何改变，也解释为什么。

本节课对本班以后的教学会产生什么样的影响？

二、对参加认证的教师完成的评价任务的评估

对教师完成的评价任务是否达到标准的评估是相当复杂的。好到什么程度可以算是优秀，应该制定怎样的评分规则，应该赋予各项不同的任务以何等权重，如何判定基准表现，如何培训评分者，这些问题曾经困扰着成立初期的美国全国专业教学标准委员会。经过 20 多年的实践与改进，其经验已经相当成熟。美国全国专业教学标准委员会对教师的教学进行可靠、有效的评价的基本原则为：多元、独立的证据来源（评价任务）以及多样化的、经过专门培训的评分者。

美国全国专业教学标准委员会对评分者的培训通常包括五个步骤：让评分者了解美国全国专业教学标准委员会的历史发展和原则，让评分者熟悉评分体系的机制和内容，检验评分者的偏见和偏好，向评分者展示基准样卷（每个得分点的回答样本），让评分者进行独立评分的练习。其中检验评分的偏见和喜好的目的在于确保评分者根据规则而不是根据自己关于优秀教学实践的个人观点和价值观评分的。培训过程结束后，评分者就某些样卷打分。在正式评分开始前，评分者必须能够正确地对 5～6 份样卷进行评分，培训者会对评分进行抽样复查。对于评分不够准确的评分者，培训者会给予一对一的单独再培训和密切监督，以帮助其提高。评分者如果继续不能正确评分，就会被取消评分资格。在评价的赋分方面，每道题目按照 4 分等级来打分。评价由 10 部分构成，总分的得出使用互补的模式，即将这 10 个部分的得分相加。美国全国专业教学标准委员会对每道题目的赋分权重做多次调查研究，并成立专家组对不同题目的重要性做出判断。

所以，一套标准如果不要求教师通过一系列独立的评价任务来展示证据，以表明他们怎样达到了标准，那么无论其陈述和要求如何恰当，也很难有效。因为

如果缺乏恰当的对教师是否达到标准的评价，就难以使标准贯彻到教师的教学实践中去。这就是许多标准虽然得以开发，但却被教师忽视，也不能对教学实践产生影响的原因。所以，如何将标准转化为基于标准的认证评价，采用什么方式来评价教师是否达到标准，是一个完整的标准开发过程中非常重要的环节，是将优秀教学的愿景与教师的教学实践联结起来的纽带，是将标准的陈述转化为教学实践任务的重要途径。

三、对通过认证的教师的激励机制的建立

美国全国专业教学标准委员会的优秀教师认证的核心在于实施评价与促进教师专业发展的结合，即通过获得优秀教师认证的评价过程促进教师的专业发展。要获得美国全国专业教学标准委员会认证，教师需要在 1～3 年的时间展示他们所知道的和能够做到的，完成约 400 小时工作量的严格评估。像经过专业认证的医生、会计师、建筑师一样，完成美国全国专业教学标准委员会的教师需要经过深入学习、自我评估、同行评价等。美国全国专业教学标准委员会向公众保证，获得认证的教师都是他们所在领域的优秀实践者。美国全国专业教学标准委员会标准及其认证有利于提高教师专业发展的质量以及教师教育的质量。在拥有许多获得美国全国专业教学标准委员会认证的教师的学校，教学文化得到极大改变。

美国全国专业教学标准委员会的认证是基于对表现的评价，而不是基于学术水平，也不是基于教师参加了多少专业发展课程。美国全国专业教学标准委员会的专业认证体系虽然本身不能付给教师基于表现的报酬，但意在为本专业、公众和雇佣方提供一种服务，为他们激励教师的专业发展以及对达到高标准的教师予以承认提供可以信赖的基础。因为专业认证表明，获得认证的教师表现出本专业较高的教学水平。

一方面，美国全国专业教学标准委员会采取措施积极鼓励教师参加认证。美国全国专业教学标准委员会工作人员包括 10 个分散在各个地区的理事/董事。他们负责开发策略，扩大美国全国专业教学标准委员会在自己所负责的地区的影响，鼓励政策制定者为参加美国全国专业教学标准委员会认证的教师提供认证费用和经济激励措施。美国全国专业教学标准委员会最初的措施是对美国全国专业教学标准委员会认证的教师进行媒体报道以及对美国全国专业教学标准委员会在提高教师质量方面所做的努力进行宣传。美国全国专业教学标准委员会将关于通

过认证的教师的故事发表在有关教育方面的报刊以及各种教育组织的(如美国教师联合会、美国教育协会、教育测试服务等)出版物中，还利用美国全国专业教学标准委员会认证教师全国性会议来扩大美国全国专业教学标准委员会的影响。会议在华盛顿召开时，有一天为国会山日，参会代表前往国会山同美国国会议员们见面。美国全国专业教学标准委员会新推出了"尝试一次"项目，允许教师通过提交档案袋的一个评价项目的方式来尝试参加认证。如果通过了，得分可以"储存"起来；如果该教师以后想申请美国全国专业教学标准委员会认证，尝试参加的项目就可以直接把分数加上去，而不需要重复此评价项目。

另一方面，美国全国专业教学标准委员会为确保获得认证的教师能够得到地方教育局的支持和认可做出了很大努力。因为美国全国专业教学标准委员会认为，为获得认证的教师开辟一个市场是非常重要的，因此积极推动各州对参加和获得认证的教师制定激励措施。各州对获得认证的教师的激励措施中，最常用的即经济激励。例如，教师参与认证比例较高的南卡罗琳娜州和北卡罗琳娜州，都提供了相对可观的经济激励。南卡罗琳娜州以借款的形式为教师支付认证费用。如果教师通过了认证，那么费用全部由州政府支付；如果教师参加了认证，那么无论是否通过，州政府支付一半费用。获得认证的教师在认证的有效期内(每次认证有效期为 10 年，然后需要再认证)每年可以收到 7500 美元的额外奖励。在北卡罗琳娜州，认证费用由州政府全部一次性支付，获得认证的教师在认证有效期内每年工资增加 12%；在准备档案袋提交材料期间，还可以有 3 天的假期。各州以及许多学区提供认证费用并对获得认证的教师给予奖励。从全国来看，获得认证的教师获得的奖励从某些学区的每年 1000 美元，到加利福尼亚州为到绩效差的学校工作的教师一次性给予 20000 美元的奖金，福罗里达州为获得认证的教师提供相当于工资的 10% 的奖金。虽然美国全国专业教学标准委员会在这方面还有很长的路要走，但其努力已经显示了非凡的效果。美国全国专业教学标准委员会及其专业认证已经吸引了国际上越来越多的关注。

四、优秀教师认证制度的实践效果

坎特雷尔等人(Cantrell, et al, 2007)对洛杉矶某一学区的教师进行了研究。研究者将参加认证的教师按照通过认证者、未通过认证者和中途放弃者，将其所教学生的成绩分别和没有申请参加美国全国专业教学标准委员会认证的教师所教学生的成绩进行比较。研究发现，通过美国全国专业教学标准委员会认证的教师比没有通过认证的教师的教学更有效，且差别很明显；通过美国全国专业教学标准委员会认证的教师和没有参加认证的教师相比，教学也更有效，只是差别小一些。卡瓦卢佐（Cavalluzzo，2004）研究得出了类似的结论：获得认证的教师比没有参加认证的教师的教学更有效，没有参加认证的教师比参加但没有通过认证的教师的教学更有效。两项研究发现的不同之处在于：坎特雷尔等人的研究发现通过认证的教师与没有参加认证的教师的教学有效性没有显著差异，而卡瓦卢佐的研究发现二者有显著差异。这些研究还发现，获得认证的教师在参加认证过程中，使学生的成绩有了较大提高。有些研究者通过测量学生对复杂学习内容的理解的方式，探究了获得认证的教师对学生学习深度的影响。这些研究表明，获得认证的教师所教的学生对课题教学中呈现的概念展示出更深层次的理解并具有更好的写作技能。而且，其中一项研究表明：获得认证的教师的课堂教学设计更强调深层次的学习。

美国全国专业教学标准委员会认证要求教师提交课堂教学录像、学生作业样本以及教师对学生作业的评价。根据美国全国专业教学标准委员会统计，40％的参加认证的教师在 1 年内完成认证，60％的教师在 3 年内完成。许多研究发现，这一过程能够提高参与教师的教学技能。获得认证的教师比其他教师具有更高的教学效能感。达根哈特（Dagenhart，2002）、佩蒂（Petty，2002）、拉尔夫（Ralph，2003）等几个人的研究列举出了获得认证的教师所具有的专业优越性：参与开发课堂教学材料，能够从事本学科领域的研究，有更多的专业发展机会、更多的教学自主权以及更多的从事领导工作的机会。综合认为，获得认证的教师能够获得更广泛的教学资源。卢斯季克和赛克斯（Lustick ＆ Sykes，2000）的研究表明，获得认证的教师对自己的教学实践和学生的学习抱有更高的期望，需要更多资源来实现他们的目标；而且，获得认证的教师比起没有获得认证的教师在教学专业特长方面表现更佳。研究显示，获得认证的教师选择更具有挑战性的课程，并用更加复杂的方式呈现课程，为学生提供更多的反馈信息。

促进教师专业发展是美国全国专业教学标准委员会的重要使命之一。研究表明，美国全国专业教学标准委员会认证是一种促进教师专业发展的有效方式，从而较好地实现了其这一使命。研究证据显示，参与美国全国专业教学标准委员会认证不但使通过认证的教师，而且使未通过认证的教师的实践能得到了加强。卢斯季克和赛克斯(Lustick & Sykes，2006)对这一问题进行了研究：教师从美国全国专业教学标准委员会认证中学到了什么。他们认为，美国全国专业教学标准委员会制定的标准是教师非常有价值的学习资源，认证过程使教师成为更具有反思性的实践者。他们还表明，认证过程丰富了教师在促进学生学习方面的知识和技能。研究者在对其访谈资料的质性分析中，发现40%的参与者展示出强有力的执行力，即参加认证的教师将认证过程中获得的经验立刻运用于他们的课堂教学实践。对于这些参加认证的教师来说，认证过程是具有改革作用的，即改变了他们的教学信念和实践。他们认为40%的比例是非常成功的。他们发现教师们意识到认证过程可以积累知识，虽然不清楚他们是否将所学到的知识运用到教学实践中。

第五章 美国职业技术教育
优秀教师专业标准解读

为适应美国职业技术教育(Career and Technical Education，CTE)的迅速发展，2015 年 3 月，美国全国专业教学标准委员会发布了新修订的职业技术教育优秀教师专业标准(以下简称"新标准")。该标准是为对 11～18 岁的中学生进行职业技术教育的教师开发制定的，目的是帮助学生接受中学后教育以及为从事未来职业做准备。新标准反映了职业技术教育领域在实践与研究方面的最新进展，并努力致力于实现为每一名中学毕业生未来成功做好准备这一越来越备受关注的教育目标。基于新标准的职业技术教育优秀教师认证将围绕 8 个专业领域进行：商务、市场营销和金融服务，社区服务，装饰艺术与设计，工程、设计和制造，信息系统与技术、通信及艺术，休闲与娱乐服务，自然资源，交通运输系统和服务。标准的认证也提高了对知识内容的要求，并在对教师能够调整其课程和教学以适应学生的多样化需求、水平和能力等方面提出了更高期望。新标准的出台恰逢一系列被称为正在塑造美国职业培训领域未来的新政策和报告发布之时，包括一系列由美国教育部门、首席州立学校官员委员会、杰出教师及领导者研究中心等发布的政策和报告。这些政策和报告无一例外地强调职业技术教师质量对职业技术教育质量起着至关重要的作用。

第一节 美国职业技术教育优秀教师专业标准
及认证的背景和意义

美国职业技术教育优秀教师专业标准是由美国全国专业教学标准委员会为对 11～18 岁的中学生进行职业技术教育的教师制定的优秀教师专业认证标准。美国全国专业教学标准委员会成立于 1987 年，是一个独立的、非营利性的非政府组织，主要责任是管理并运行教师专业标准及基于教师专业标准的教师认证评估项目，其肩负的使命为：①为优秀教师建立标准，规定他们应该知道的和应该能做到的；②为达到标准的教师提供认证；③推动有关教育政策的实施及改革。

美国全国专业教学标准委员会以其最早确立的 5 个核心标准作为制定所有领域标准和开发认证评价体系的基石。[①]

核心标准 1：教师应该致力于学生的发展和学习；

核心标准 2：教师知道所教学科领域的知识以及该学科的教学方法；

核心标准 3：教师负责学生学习的管理和监测；

核心标准 4：教师能够对自己的教学实践进行系统思考，并从经验中学习；

核心标准 5：教师是学习共同体的成员。

这 5 个核心标准确立了美国全国专业教学标准委员会关于优秀教学的愿景，形成了以知识、技能、性向、信念为重要维度来界定美国全国专业教学标准委员会认证的优秀教师特点的标准框架，成为美国全国专业教学标准委员会后来制定所有领域标准的核心原则，每个领域的标准又成为本领域优秀教师认证的基础和依据。

以 5 个核心标准为依据，根据多年的认证经验和多个版本的更新，美国全国专业教学标准委员会可以提供覆盖 4 个学生发展水平层级和 16 个学科的 25 个认证领域。这 25 个认证领域是根据学生的发展水平和学科两个维度划分的。学生发展水平这一维度被分为部分重叠的 4 个层次：儿童早期——3～8 岁；儿童中期——7～12 岁；青少年初期——11～15 岁；青少年及青年初期——14～18 岁。学科维度包括单一学科和综合学科。单一学科的标准是为在教学实践中主要教一个学科的教师制定的，如青少年初期的英语语言文学标准；综合学科标准是为培养学生跨学科知识技能的教师制定的，如儿童早期的综合学科、儿童中期的综合学科。值得注意的是，某些学科的标准可以跨越不同学生发展阶段，儿童早期到青年初期的图书馆媒体。职业技术教育优秀教师专业标准涵盖了两个阶段，即青少年初期到青年早期。

---

① National Board for Professional Teaching Standards. What teachers should know and be able to do[EB/OL]. [2019－03－17]. http：//accomplishedteacher. org/wp-content/uploads/2016/12/NBPTS-What-Teachers-Should-Know-and-Be-Able-to-Do-. pdf.

职业技术教育优秀教师专业标准开发后，如何评估教师是否达到了这个标准？美国全国专业教学标准委员会采取的方式为：将职业技术教育优秀教师专业标准转化为基于这一标准的认证评价，即根据职业技术教育优秀教师专业标准设计认证评价任务，让教师参加认证，然后对教师的认证评价作业进行评估，来评价教师是否达到标准。① 对参加优秀教师认证的资格，美国全国专业教学标准委员会做出如下要求：第一，具有学士学位；第二，具有至少 3 年从事儿童早期、小学、初中或高中的教学经验；第三，如果州政府要求教师必须有教师资格，则必须持有州教师资格证书的教师才可以参加认证。

职业技术教育优秀教师专业标准（第一版）于 1997 年发布。同世界各国一样，美国需要受过良好教育的、有技能的劳动力。在美国对劳动力的要求中，创造力的力量早已被重视，具备创造性地解决问题的能力是对劳动力素质的核心要求，具备批判性思考能力及高效协作能力等也是对现代劳动力的要求。因此，职业技术教育的教学方式直接关系到 21 世纪企业和行业的现代需要。美国的职业技术教育从初中开始贯穿到高中毕业。首先，职业技术教育为学生提供职业技术学习机会，帮助学生获得技能、掌握概念。同时，在进行职业技术教育过程中，优秀职业技术教育教师通过有意义的方式丰富学生的学习环境，帮助学生发现自己独特的优势和才能，以取得成功。其次，优秀职业技术教育为学生提供关于现实世界的经验，帮助学生了解定位尖端的职业所需的技能，启发学生思考和回答日常学术课程学习中普遍存在的"我何时能用到这种知识"的疑问，向学生展示如何使用英语语言艺术、历史、社会研究、数学和科学等方面的知识，共同解决当前现实世界的问题，并设计未来世界的方案。② 从这种意义来讲，职业技术教育课程将普通学术课程和专业的情境化的学习环境相结合，强调了教育的目的和意义，同时激发了学生思考规划明确的大学和职业目标。最后，随着学生水平的不断提高，教师不断推进有挑战性的项目，带领学生从课堂走到实验室及更远的职场，鼓励学生进行职业探索；通过在基于工作的学习环境中实施教学，让学生有机会

---

① 陈德云，周南照. 教师专业标准及其认证体系的开发——以美国优秀教师专业标准及认证为例[J]. 教育研究，2013，34(07)：128－135.

② National Board for Professional Teaching Standards. Career and Technical Education Standards (Second Edition) [EB/OL]. [2019－03－25]. http://www.nbpts.org/wp-content/uploads/EAYA-CTE.pdf.

通过项目来整合他们学到的理论知识和实践知识，为以后接受高等教育以及将来从事职业做好准备。在职业技术教育过程中，通过与行业合作伙伴和其他利益相关者合作，学生参与到充满活力和挑战性的项目中，逐步成长为成熟的专业人士。通过接受职业技术教育的培养，美国每年都有学生通过行业认证、服兵役、工作实习或其他形式的职业培训获得技术资格和就业能力。他们在一系列的专业领域修完课程，成为促进美国经济社会发展的重要劳动力。

第二节 新职业技术教育优秀教师专业标准涉及的专业技术领域

职业技术教育优秀教师专业标准(第一版)涉及的专业领域包括：农业与环境科学，艺术、交流与通讯，商业、市场、信息管理与创业，家庭与消费者科学，健康服务，人力服务，制造与工程技术，技术教育。美国全国专业教学标准委员会在两项原则的指导下，对这些专业领域进行了修改，重新提出了新标准的专业领域。原则之一是，新标准的专业领域应该能够反映 21 世纪工业的需要和期望。① 为遵循这一原则，美国全国专业教学标准委员会认真研究了各种职业技术教育的利益相关者团体开发的框架，包括美国劳工部、职业技术教育协会、南部地区教育董事会以及职业技术教育协会董事全国委员会等。美国全国专业教学标准委员会利用这一框架来辨别主要经济领域，研究工业界走向，力求使新标准的专业领域与劳动力市场相一致。根据对这些框架的研究，美国全国专业教学标准委员会成员确立了既能促进各利益相关者团体之间的平衡，又能包含广泛的职业技术教育教学领域与专业实践的专业领域。这些专业领域同时力求避免与其他教育活动，如科学、技术、工程和数学(STEM)以及家庭和消费科学(FCS)这些与技术领域相关的学科相孤立。原则之二是，美国全国专业教学标准委员会坚信新的专业领域需要与不同的职业技术教育项目的组织结构相适应，并能够支持职业

---

① National Board for Professional Teaching Standards. Career and Technical Education Standards (Second Edition) [EB/OL]. [2019-04-11]. http：//www. nbpts. org/wp-content/uploads/EAYA-CTE. pdf

技术教育教师极其多样化的教学及专业背景。① 针对全国范围内认证要求的差异，每个职业技术教育专业领域都为教师建立了宽泛的参变量。无论在何种情况下，职业技术教育教师应该根据他们的专业重点来决定参加美国全国专业教学标准委员会认证的哪个专业领域。

根据新标准即职业技术教育优秀教师专业标准(第二版)设立的专业技术领域，参加职业技术教育优秀教师认证的教师可以从以下 8 个专业技术领域中任选其一参加认证。②

专业领域 1：商务、市场营销和金融服务。这个职业群的学术和职业教育内容涉及商务、管理、融资、市场营销、销售和服务等。

专业领域 2：社区服务。涉及政府服务、医疗服务、公共服务、法律和公共安全等。

专业领域 3：装饰艺术与设计。涉及服装设计与服装工程、陶瓷和陶艺、插花、室内装潢设计、珠宝制作与纺织品设计等。

专业领域 4：工程、设计和制造。涉及建筑与施工、设计、开发、工程、制造、机器人和自动化等。

专业领域 5：信息系统与技术、通信及艺术。涉及通信和新闻、美术和表演艺术、信息系统和技术及媒体艺术等。

专业领域 6：休闲与娱乐服务。涉及烹饪艺术、娱乐管理、活动营销、餐饮服务、酒店与旅游、体育管理等。

专业领域 7：自然资源。涉及农垦系统、动物系统、能源系统、食品生产和处理系统、自然资源系统、植物系统、动力系统、结构和技术系统等。

专业领域 8：交通运输系统和服务。涉及汽车保养和维修、汽车技术、航空维修和飞行、汽车维修、柴油技术、健康和安全管理、重型设备操作、物流、风险管理、交通运营和基础设施管理、交通法规、仓储和分布等。

---

①　National Board for Professional Teaching Standards. Career and Technical Education Standards (Second Edition) [EB/OL]. [2019－03－22]. http：//www. nbpts. org/wp-content/uploads/EAYA-CTE. pdf.

②　National Board for Professional Teaching Standards. Career and Technical Education Standards (Second Edition) [EB/OL]. [2019－03－22]. http：//www. nbpts. org/wp-content/uploads/EAYA-CTE. pdf.

根据美国全国专业教学标准委员会的决定，新标准允许和鼓励没有学士学位的教师参加职业技术教育认证，除非州政府在颁发教师执照时有特别规定，因为美国全国专业教学标准委员会承认并尊重这样一个事实：职业技术教育不是一个同质性领域，而是由许多特色鲜明的不同专业构成的领域。对于优秀教师应该知道什么和应该能做到什么以促进学生的学习，不同专业具有不同的要求。职业技术教育委员会认证的新标准及资格标准有助于各州招聘不同的具有非传统教育及工作背景的职业技术教育教师。

第三节 新职业技术教育优秀教师专业标准的维度框架及内容

新标准（第二版）对第一版的框架结构及内容进行了修改。维度框架方面，对第一版的 13 项标准重新修改调整后，变为新标准的 10 项标准；第一版中有些多项标准在新标准中被合并为一项标准，如新标准中的标准 6"为中学后做准备"就是整合并扩展了第一版中多项标准的内容——标准 7"工作准备"、标准 8"管理与平衡多种生活角色"以及标准 9"社会化发展"；新标准新增加了一项标准——标准 8"项目设计与管理"。另外，每项标准的内容也做了很大修改，如在标准 1"关于学生的知识"中，新标准丰富了这项标准的内容，增加了学生对自己和对自己的职业选择的理解方面的内容；在标准 2"应对多样性"中，标准内容从第一版的"接受"多样性变为新标准中讨论如何"拥抱"多样性，讨论教师应如何克服个人偏见以增强教学的全纳性，构建促进尊重个性、情感安全以及培养全球性公民的职业技术教育学习环境；在标准 5"评价"中，新标准的内容同样反映了近年来教育领域的变化：在过去的 20 年中，随着教育问责制方面立法的增加，职业技术教育课程一直被推动着向州立标准、工业界标准及全国标准看齐。在许多情况下，伴随这些标准而来的是标准化评价。在过去几年中，职业技术教师在帮助学生达到学业标准方面，承受了很大压力。学生在职业技术教育系列课程结束时，接受工业界业内的评估也成为发展趋势。新标准阐明了优秀职业技术教师应该能够最大限度地利用课程资源，根据各个标准调整课程，以促进学生既能达到学业标准，又能经得起业内公认标准的评估。

新标准的内容框架包括 10 个维度标准，这些标准构成了美国全国专业教学标准委员会职业技术教育优秀教师认证的基础。其主要内容概述如下。

标准1：关于学生的知识。新标准规定，优秀职业技术教师能够对他们的学生具有丰富、全面的了解，他们尊重学生的各种学习风格和不同发展阶段的差异，并通过调整自己的教学创设不同的学习环境，以满足所有学生的多样化需求。[①] 为确保学生获得大量的关于职业技术方面的知识，为学生面对中学及以后阶段的挑战做好准备，培养学生在职业技术方面的好奇心和兴趣，新标准要求职业技术教师必须了解自己的学生，深刻理解影响学生学习和行为的因素，以便更加有效地支持学生的学习。优秀职业技术教师必须意识到，有目的的、恰当的教学必须是个性化的，教学策略必须建立在对学生全面了解的基础上，以此加强对学生学习活动的关注与肯定，帮助学生获得实现自己未来的职业目标所需要的自我激励能力和自我效能感。基于对学生作为学习者个体的全面清晰的了解，教师可以对学生的学习进度、所需要的帮助等做出明智的决策，引导学生根据各自的情况学习具体的技能和技术，以帮助他们走向成功。

标准2：应对多样性。新标准规定，优秀职业技术教师能够创设以公平、公正以及尊重多样性为特点的学习环境，进行全纳性的教育实践，主张确保所有学生接受高质量的职业技术教育。[②] 学生基于各种因素，如学习风格、性别、性取向、种族、民族、社会经济地位、文化和宗教等方面的差异而具有多样性。优秀职业技术教师能够清楚认识到这种多样性。他们不但能够深刻意识到学生的不同能力水平和背景知识带给课堂教学的张力，还能够使不同的学生群体共同努力以实现共同目标；他们不仅接受和支持课堂上的多样性，还具有利用这种多样性来丰富学生学习机会的机智与策略。优秀职业技术教师理解创造开放、温暖的学习环境的重要性。在这种环境中，学生感受到被重视和被尊重，能够自由地与同伴和教师交流。通过创设这种使学生能够被公平和有尊严地对待的学习环境，优秀职业技术教师示范多元文化社会中的公民必须具备的品质和行为，为学生在未来

① National Board for Professional Teaching Standards. Career and Technical Education Standards（Second Edition）［EB/OL］.［2019－05－12］. http：//www. nbpts. org/wp-content/uploads/EAYA-CTE. pdf.

② National Board for Professional Teaching Standards. Career and Technical Education Standards（Second Edition）［EB/OL］.［2019－05－12］. http：//www. nbpts. org/wp-content/uploads/EAYA-CTE. pdf.

趣来越充满国际竞争力的跨国工作场所工作做好引导。

标准3：内容知识。新标准规定：优秀职业技术教师能够利用他们的技术和专业知识以及跨学科知识和教育教学知识，开发课程目标，设计教学，以促进学生的学习，帮助学生获得成功。① 新标准对优秀职业技术教师所具备的内容知识的要求分两个方面：跨学科知识和行业知识。新标准规定的跨学科知识包括英语语言艺术、历史、社会研究、数学和科学。熟练运用这些学科知识有助于职业技术教师阅读专业领域的理论文献以及相关的技术手册。当教师教授职业领域和专业领域的核心学科知识时，他们也需要借鉴这些跨学科知识。新标准将行业知识分为八个专业技术领域：商务、市场营销和金融服务，社区服务，装饰艺术与设计，工程、设计和制造，信息系统与技术、通信及艺术，休闲与娱乐服务，自然资源，交通运输系统和服务。职业技术教师可以从中任选某一领域参加认证。

标准4：学习环境与教学实践。新标准规定：优秀教师能够设计具有情景性的学习环境，培养学生的批判性思维、创造性、领导力、团队合作能力和沟通技能，帮助学生为接受中学后教育和规划未来职业做好准备。② 新标准要求优秀职业技术教师能够通过情景认知的方式对学生进行职业技术教育。他们能够将内容知识的传授、学习环境的创设以及教学实践的开展作为三位一体的要素，培养出智力及情感发展良好、技术能力优秀的专业人员。应用性的学习环境是职业技术教育的重要特点。教师应该通过侧重让学生在真实的工作环境中进行调查和发现，从而将学生的学习经验置于真实情境中。这一目标需要通过多种途径来实现，包括课堂模拟、实验室学习以及在职培训、学徒、临床实习或服务学习项目等途径。优秀职业技术教师要培养学生成为自主学习者，首先应该是热爱自己的专业领域的人，能够将自己的热情传递给学生，构建主动探究的学习文化，勇于提出问题、探求答案，在自己感兴趣的专业领域发展。优秀职业技术教师还要创设一个保障学生身心安全的学习环境。在职业技术教育中，无论是课堂、实验室还是实习岗位，都存在具有

---

① National Board for Professional Teaching Standards. Career and Technical Education Standards (Second Edition) [EB/OL]. [2019－05－23]. http：//www. nbpts. org/wp-content/uploads/EAYA-CTE. pdf.

② National Board for Professional Teaching Standards. Career and Technical Education Standards (Second Edition) [EB/OL]. [2019－05－23]. http：//www. nbpts. org/wp-content/uploads/EAYA-CTE. pdf.

危险性的机器、设备及材料等。优秀职业技术教师不仅要求学生能够展示出安全协议中具备的能力，同时还要培养学生在涉及维护安全问题时发挥领导作用的能力。此外，优秀职业技术教师要意识到保护学生的心理安全同样重要，要采取多种措施，确保学生有一个免遭骚扰、恐吓、攻击和排斥的学习环境。

标准 5：评价。新标准规定：优秀职业技术教师能够设计并实施一系列具有效度与信度的评价，能够让学生展示出他们真实的知识技能，并帮助他们建立未来的技术与专业发展目标。[①] 新标准要求职业技术教师能够运用一系列量化和质性评价方式，获得关于学生经验和目前知识状况的信息。通过使学术授课与现实世界体验相结合的评估方式，优秀职业技术教师能够促进职业技术教育关于学习环境的课程目标的实现。优秀职业技术教师能够根据他们要评估的技能、能力和成果及工作岗位的业务需求，选择最适合达到他们评估目的的评估方式，并能够根据相关专业领域的专业学习目标和标准调整考试内容。优秀职业技术教师了解选择、设计及管理具有效度与信度的测验的重要性，使用有效的评估来做出与目标成果相关的决定，确保其测量的内容和框架可以支持对学生的技能和行为的评价。新标准要求教师能够根据学生个体的需要来调整和修正评价方式，以确保所有学生都有机会展示出他们所获得的技能和能力。优秀职业技术教师不仅能对学生进行有效的教学评价，还要能合理有效利用评价数据。他们应该对教学评估的教育目的保持关注，即为学生提供详细信息，让学生了解自己的已知和未知，帮助学生找到扩展自己知识的广度的途径；对收集到的评估数据进行分析，并对这些数据进行阐释，让学生参与对评估数据的实质性讨论，以进一步分析自己的强项和弱项，更好地促进学生的学习。

标准 6：中学后教育准备。新标准规定：优秀职业技术教师能够促进学生进行职业探索，推动学生获得知识技能，使学生能够做出符合自己的兴趣与性向并能满足行业需求的明智的职业决定。[②]鉴于学生中学毕业后要面对非常广泛的受教

①　National Board for Professional Teaching Standards. Career and Technical Education Standards（Second Edition）［EB/OL］.［2019－05－23］. http：//www. nbpts. org/wp-content/uploads/EAYA-CTE. pdf.

②　National Board for Professional Teaching Standards. Career and Technical Education Standards（Second Edition）［EB/OL］.［2019－05－23］. http：//www. nbpts. org/wp-content/uploads/EAYA-CTE. pdf.

育和就业机会，无论初中还是高中阶段的职业技术教师，都要积极引导学生探究他们面临的这些选择机会，以帮助他们为在中学后继续接受教育或者选择职业做出明智的决定。教师要引导学生探求自己的职业兴趣，以便使他们的潜在职业与他们的兴趣和性向相匹配；可以通过组织一些活动，如参观高校、招聘会及实地考察工作场所等，以便于学生对各州各样的工作岗位及教育机构有更深入的了解和体验；告知学生有关行业规范，让他们对行业进行研究，以确定有关雇佣岗位的前景信息、工资范围、所需的教育背景和职业领域的其他相关关键因素等。重要的是，教师要引导学生拓展对职业要求的探究，以便使学生获得关于现实世界的丰富体验。教师能够敦促学生通过工作见习、做学徒等方式寻求学习机会，并与地方高校、企业合作，帮助学生发现尽可能多的关于中学后受教育或工作的机会。

标准 7：项目设计与管理。新标准规定：优秀职业技术教师能够设计与行业要求一致的高质量项目，利用自己的经验和资源丰富他们的项目，为学生提供有意义的学习经验。[1] 优秀职业技术教师应该能够不断改进教学，通过有针对性的课程改革促进教学质量的提高，在其专业领域的职业技术教育教学方案的设计和教学管理中起到积极作用，根据其职业技术教育专业领域的独特性设计不同的教学方法，根据学生的不同需要和兴趣调整教学。重要的是，优秀职业技术教师——不论其任教年级、所在区域位置、任教学生群体或所在专业领域，都应该扮演教学管理者的角色。无论所在学校环境条件如何，所有优秀职业技术教师都应该能够进行某种形式的数据分析，从事课程设计以及教学宣传，寻求机会积极参与课程和教学设计以及学校、学区、州乃至全国层面的课程规划。

标准 8：伙伴关系与合作。新标准规定：优秀职业技术教师能够与家长、学校、业界和社区合作，建立支持网络，以帮助学生规划并实现自己的职业目标。[2] 在接受职业技术教育过程中，较早接触到各种职业能帮助学生选择适合他们个人和职业目标的培训和课程。职业技术教师应该能够通过课堂教学项目，岗

---

① National Board for Professional Teaching Standards. Career and Technical Education Standa-ds（Second Edition）［EB/OL］.［2019－05－23］. http：//www. nbpts. org/wp-content/uploads/EAYA-CTE. pdf.

② National Board for Professional Teaching Standards. Career and Technical Education Standards（Second Edition）［EB/OL］.［2019－05－23］. http：//www. nbpts. org/wp-content/uploads/EAYA-CTE. pdf.

位实习，工作见习，由学生组织主办、业内专业人士指导的与职业有关的活动，为学生提供多个领域的以工作为基础的经验。优秀职业技术教师应致力于促进有关各方及各社会群体的共同努力，为学生创设职业技术教育的优良环境，以帮助学生规划发展并实现自己的职业目标；应通过促进家庭、学校及业务合作伙伴进行有意义的合作，为雇主提供高水平的劳动力，并帮助学生成为对社会有用的成员。

标准9：专业领导。新标准规定：优秀职业技术教师能够与学校及社区的利益相关者合作，以改善教学，促进学生学习，并在学校和相关行业中宣传他们的专业领域。[①] 优秀职业技术教师是富有成效的教师带头人。他们能够深刻意识到自身扮演职业技术教育贡献者和倡导者的角色；能够意识到学习者和领导者之间的联系；能够鼓励他人发挥巨大潜力，取得最大化的专业成果。他们通过自己的工作以提高学生的学习能力，促进职业技术教育项目的发展；能够在地方、州及全国等不同层次的职业技术教育中起到显著的领导作用；通过不懈努力，获得并不断拓展教学资源，开发课程，致力于专业发展，为同事提供帮助及指导。

标准10：反思性实践。新标准规定：优秀职业技术教师能够对教学过程进行分析性反思，并能够利用多方面的反馈来提高自己教学的有效性，加强对学生发展的影响，以身示范终身学习。[②]优秀职业技术教师通过可以测量的学习结果来评价学生的进步。他们反思并解析整个教学过程，规划课程和教学，评估教学策略和技术的有效性。教学反思应贯穿于教学之前、教学过程中和教学发生后。教学反思影响优秀教学的方方面面，是一种精神、一种持续的习惯，其灵感来自仔细观察。有成就的教育工作者深切思考教学背景以及影响学习的许多因素，能对自己的教学技能进行自我检视，检查其从利益相关者及学习环境中获得的反馈，以不断改进教学方法。他们明白，教学反思是一个多方面的追求，可以提高学生成绩，增强教学的有效性，促进终身学习。优秀教师能够冷静地做出决策，

---

① National Board for Professional Teaching Standards. Career and Technical Education Standards（Second Edition）[EB/OL].［2019－05－23］. http：//www. nbpts. org/wp-content/uploads/EAYA-CTE. pdf.

② National Board for Professional Teaching Standards. Career and Technical Education Standards（Second Edition）[EB/OL].［2019－05－23］. http：//www. nbpts. org/wp-content/uploads/EAYA-CTE. pdf.

细心地推理，从事富于洞察力的教学，不仅能够激发学生学习，也有利于发展自己的专业。

　　总之，新标准的修订与颁布，一方面，有利于促进教师帮助中学生群体探寻与发展未来的职业兴趣，发现自己独特的才能及优势，实现职业技术教育为每一名中学毕业生未来成功做好准备的目标，从而帮助学生更好地完成向工作和成人角色的过渡，取得未来事业的成功；另一方面，通过加强与改革职业技术教育，帮助学生更好地为接受中学后教育以及从事未来职业做好准备，有利于提高未来劳动力的核心素质，最终为保持美国在全球市场的竞争力做出贡献。新标准以促进中学生职业技术的学习为最终目的，强调学生中心的理念，对教师如何为学生创造一个富有成效的学习环境提出了具体要求；注重教师的专业实践能力，注重对学生社会实践能力的培养；注重学校与工业界、社会的合作，倡导将更大的社会环境纳入学习共同体。特别值得一提的是，新标准允许和鼓励没有学士学位的教师参加职业技术教育优秀教师认证，鼓励招聘具有非传统教育工作背景的职业技术教育教师，突出职业技术教育的社会实践性。

第六章　坦桑尼亚教师信息技术能力标准解读

信息技术在全球各个领域发挥着越来越重要的作用。近十几年来，信息技术在教育领域也获得了快速发展，世界各国纷纷将其作为推动教育发展、提高教育质量的重要方面。在非洲一些国家，联合国教科文组织等重要国际组织将信息技术援助作为帮助这些国家缩小与发达国家之间的"数字鸿沟"、促进国家教育水平提高、从根本上减少贫困的重要路径，其中加强教师利用信息技术的能力的培训以提高欠发达国家的教育质量便是其中策略之一。"在学校教育中使用不断发展的信息技术正在成为全球共识……从改进教学和学习过程到增强学生的学习效果，从提高学生参与度到实现与父母的无障碍沟通，从有效的学校网络管理与监控到校际互助过程……因为信息技术提供了知识经济社会发展的机会之门。"①

第一节　联合国教科文组织—中国信托基金项目
与非洲教师教育培训

2012 年 11 月 22 日，在全民教育全球会议闭幕之际，中国政府与联合国教科文组织设立"联合国教科文组织—中国信托基金项目"（UNESCO—China-Funds-in-Trust），支持联合国教科文组织在非洲 8 个国家实施"加强教师培训，缩小非洲教育质量差距"教师培训项目。该项目旨在利用现代信息技术，通过远程教育提高各国职前教师培训和职后继续教育的能力。该项目初次实施时间为 4 年（2012—2015），每年提供 200 万美元，即在 4 年内提供 800 万美元的资助。根

---

① UNESCO. UNESCO ICT Competency Framework for Teachers［EB/OL］.［2017—09—12］. https：//en. unesco. org/themes/ict-education/competency-framework-teachers.

据中国对外援助与合作政策以及联合国教科文组织计划的优先国家名单，8个非洲国家入选该项目，分别是埃塞俄比亚、纳米比亚、科特迪瓦、刚果民主共和国、刚果共和国、利比里亚、乌干达和坦桑尼亚。2016年4月，中国宣布对该信托基金增加400万美元的资助，并宣布项目下个周期邀请多哥共和国和赞比亚两个国家参加。至此，项目参与国增加到了10个。

　　鉴于非洲国家基础设施落后，通信不发达，项目的实施旨在减小非洲国家与发达国家间的"数字鸿沟"，促进欠发达国家教育水平的提高。中国、联合国教科文组织及当地政府发挥各自优势，进行了卓有成效的合作，使该项目取得了成功。中国信托基金项目第一批3个国家（埃塞俄比亚、纳米比亚和科特迪瓦）的信息技术培训效果显著；第二批5个国家（刚果民主共和国、刚果共和国、利比里亚、坦桑尼亚、乌干达）也已启动，如2015年4月，利比里亚正式启动该培训项目，为期18个月，耗资约70万美元。通过该项目的实施，利比里亚4所教育机构的1400多名教育工作者参加了信息技术培训，部分学校获赠了电子教学设备。2016年11月，刚果民主共和国远程教学信息中心在中国、联合国教科文组织和刚果民主共和国三方共同努力下顺利落成，以帮助刚果民主共和国教师获得更专业的培训，从而提高刚果民主共和国教育水平。根据联合国教科文组织助理总干事唐虞介绍，该项目组织了70多次研讨会，惠及3000余名教育工作者，编制并修订了50多项关于教师培训模块或政策的文件。① 其中"坦桑尼亚教师信息技术能力标准"便是在联合国教科文组织—中国信托基金项目的支持下完成的。

第二节　坦桑尼亚教师信息技术能力标准开发的背景

　　坦桑尼亚政府深刻意识到，坦桑尼亚人民的知识与专业技能的发展需要依靠教育的发展，教师素质的提高是提高教育水平的核心要素。坦桑尼亚需要大力借鉴先进国家的经验，才能快速增加合格教师的数量。因此，在中国信托基金资助项目帮助的基础上，坦桑尼亚教育与职业培训部（Ministry of Education and Vocational Training）和联合国教科文组织驻达累斯萨拉姆办事处共同合作，努力通

---

　　① 联合国教科文组织—中国信托基金 FIT 项目组. 中国增加 400 万美元支持 CFIT 项目[J]. 世界教育信息，2016，29(10)：73.

过提高教师能力以缩小该国与发达国家间的"数字鸿沟"。

鉴于信息技术在教育领域的重要价值，坦桑尼亚教育与职业培训部近些年来实施了大量的教育举措与教育战略，其中包括改善中小学和大学信息技术基础设施，增强教师和学生的信息技术意识，通过使用信息技术来促进学校管理工作的实施。一方面，这些举措取得了较大成效，促进了坦桑尼亚教育的发展；另一方面，信息技术一体化进程在坦桑尼亚学校教学活动中仍处于起步阶段，教学和学习环境中的信息技术基础设施已经过时，教师信息技术能力不足并缺乏相应的培训。①

认识到面临的挑战后，坦桑尼亚渴望建设一批经验丰富的师资队伍来实现国家发展的目标。坦桑尼亚政府在 2014 年推出了新的教育和培训政策。这一政策涵盖了所有的教育层次，并且替代了那些涵盖不同教育层次的现存政策，如 1995 年的教育与职业培训政策、1996 年的职业技术教育政策、1999 年的高等教育政策以及 2007 年的基础教育领域的信息技术政策。最新的教育与培训政策旨在促进信息技术在教学与学习过程中的应用。政府的政策声明指出：政府应该强调在教育教学的各个领域使用信息技术，加强数学、自然科学等各个领域的教学实践力度，应保证这些领域的所有教学和学习过程都应用信息通信技术。②

尽管政策已在强调，但在中小学和大学，信息技术与教学结合的进程仍然受到限制。一方面，中小学和大学信息技术运用不足与信息技术基础设施短缺及计算机设备过时有很大关系。此外，网络连接是中小学和大学面临的另一个挑战。另一方面，帮助教师运用信息技术以便更便利地获得学习机会和学习资源，借助信息技术远程学习课程来丰富专业发展所必需的教学知识以及提高信息技术运用

---

① Tanzania Communication Regulatory Authority. Report on Internet and Data Services in Tanzania—A Supply-Side Survey[EB/OL].［2019－01－23］. https：//www. tcra. go. tz/uploads/text-editor/files/The％20survey％20report＿1622728807. pdf.

② Hooker Mary；Mwiyeri，Esther；Verma，Anubha. ICT Competency Framework for Teachers (ICT-CFT) Contextualization and Piloting in Nigeria and Tanzania[EB/OL].［2019－01－25］. https：//unevoc. unesco. org/e－forum/Synthesis＿Report＿ICT－CFT＿Draft＿Final＿191011. pdf.

意识和信息技术运用能力，也是坦桑尼亚教育的重大需求。[①]因此，在联合国教科文组织教师信息技术能力框架的基础上，基于 2011 年开发但未能付诸实施的《坦桑尼亚教师信息技术能力标准（草案）》，在坦桑尼亚教育和职业培训部、坦桑尼亚开放大学和联合国教科文组织—中国信托基金等各方的共同努力下，坦桑尼亚教师信息技术能力标准得以开发、确立并付诸实施。

<h2 style="text-align:center">第三节　坦桑尼亚教师信息技术能力标准
开发的基础与依据</h2>

一、联合国教科文组织一体化教师信息技术能力发展阶段模型

联合国教科文组织将信息技术与教育整合过程中教师信息技术能力的发展规划为包括四个阶段的一体化过程：初步掌握信息技术操作能力—掌握具体信息技术操作能力—掌握复杂信息技术操作能力—探索创新信息技术的运用和发展（见图 6-1）。[②] 这四个阶段将教师信息技术能力的发展整合为从技术开端到简单应用到内涵深化再到进行创造的一体化持续发展过程。教师通过从前面阶段向后面阶段的发展，使自己在日常教育教学活动中提升信息技术能力，从而把信息技术作为提高教学与学习质量的有效工具加以掌握。

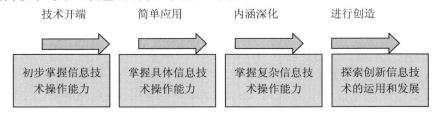

图 6-1　教师信息技术持续发展一体化策略

---

① Hooker Mary；Mwiyeri，Esther；Verma，Anubha. ICT Competency Framework for Teachers (ICT-CFT) Contextualization and Piloting in Nigeria and Tanzania [EB/OL]. [2018－01－25]. https：//unevoc. unesco. org/e-forum/Synthesis _ Report _ ICT-CFT _ Draft _ Final _ 191011. pdf.

② Trucano，Michael. Teachers，Teaching and ICTs [EB/OL]. [2018－02－21]. https：//www. infodev. org/articles/teachers-teaching-and-icts.

从信息技术与教育整合过程中教师信息技术能力发展一体化的这四个阶段来看，在第一阶段，教师发展的重点是把运用信息技术作为一种附加在传统课程和标准化考试系统外的能力。教师和学生主要了解信息技术工具有哪些，基本操作有哪些，基本功能是什么。这一阶段强调的是信息技术素养和基本技能。第二阶段聚焦于数字化素养的提升和如何使用信息技术来实现不同专业发展水平的提升，这就涉及信息技术运用的一般以及特定的应用程序。在第三阶段，教师信息技术能力发展的重点是运用信息技术指导学生处理复杂问题，管理学习环境。这一阶段要培养教师辨别在何种情况下使用信息技术的能力、选择最恰当工具完成特殊教学任务的能力、使用这些工具解决实际问题的能力。在第四阶段，信息技术的学习和运用情况将会发生转变，这是采用专业化信息技术工具来实现教学创新发展的新阶段。通过信息技术的帮助，教师在不断从事教育实践和创新的过程中，学习关于教学实践的新知识，并成为深度学习者和知识创造者。教师通过信息技术能力这四个阶段的发展，最终实现教学实践的转变。

传统的教师信息技术能力培养通常通过一次性的速成计算机课程来进行，这种方式在面对日常教育教学实践，特别是在运用信息技术增强学习效能的时候，对提升教师的信息技术与教育整合能力的作用有限。与传统的教师信息技术能力培养途径不同，联合国教科文组织这种教师信息技术持续发展的一体化策略包含的教师信息技术持续发展的四个阶段需要教师持续深度地学习与创新，该框架也从教师信息技术能力的维度反映了当代世界各国的教师专业发展从训练到终身职业准备和终身发展模式的转换。坦桑尼亚教师信息技术能力标准开发者认识到了这些发展阶段的重要性，采纳了联合国教科文组织教师信息技术能力发展的这种一体化框架，旨在将教师信息技术能力的提升从短期的的计算机课程培训模式转化为教师终身专业发展的重要组成部分。

二、联合国教科文组织教师信息技术能力框架概述

联合国教科文组织教师信息技术能力框架(ICT-Competency Framework for Teachers)是一个全球性的标准框架，是由联合国教科文组织和思科公司、英特尔公司、微软公司会同国际教育技术协会、美国弗吉尼亚理工大学合作开发完成的。这个框架试图整合 21 世纪教师所需要的能力，建构了技术素养、知识深化、

知识创造三个教师信息技术能力持续发展阶段下的六大学习模块（见表 6-1）。①联合国教科文组织制定这一框架的目的是帮助教育决策者和课程开发者确定教师在教育工作中利用信息技术所需的技能，让世界各国可以根据本国的国情及需要，依据这一框架制定本国的教师信息技术能力标准。

表 6-1　联合国教科文组织教师信息技术能力标准的三个阶段六大模块

构成要素	实现途径		
	技术素养	知识深化	知识创造
理解教育中的信息技术	了解政策	了解政策	政策革新
课程与评估	基础知识	知识应用	知识社会的技能
教学法	技术整合	复杂问题的解决	自我管理
信息技术	基本工具	复杂工具	普遍工具
组织与管理	标准课堂	合作小组	学习组织
教师专业发展	数字素养	管理与指导	教师作为榜样学习者

根据联合国教科文组织的建议，这个框架可用于教师的职前教育与在职培训，可以作为教师培训、评估以及认证的基准。从表 6-1 中可以看出，这个框架不仅包括了教师信息能力发展的技术层面，而且涵盖了教学内容、教学方法、教学管理以及教师领导力和教师发展的层面。这一全球性的教师信息技术能力标准的制定是为了完成以下目标：

成为教师信息技术能力的核心，并对不同的教师信息技术技能进行定义，以帮助专业发展支持者共享全球学习资源；

提供一套基本的标准框架，以帮助教师将信息技术与教学进行整合；

拓展教师专业发展的含义和维度，使教师利用信息技术促进教学、协作以及创新；

---

① UNESCO. UNESCO ICT Competency Framework for Teachers[EB/OL]. [2017—09—12]. https：//en. unesco. org/themes/ict-education/competency-framework-teachers.

协调教师在教育中运用信息技术时的不同意见和观点。①

总之，联合国教科文组织的标准框架将信息技术与教学法、课程和学校组织相结合，力求改进教师在其所有工作领域的做法；同时，还力图促进教师使用信息技术的各种技能开发资源，以提高其教学质量，加强与同事合作，最终成为学校创新的领导者。其最终目标不仅在于提高教师的信息技术能力与教学实践能力，而且在于建立更高水平的教育制度，进而促进国家发展。此外，联合国教科文组织教师信息技术能力标准作为一个理论性框架，要求世界各国在采用这一框架时，要根据本国的实际情况。在联合国教科文组织和中国信托基金的帮助下，坦桑尼亚以联合国教科文组织的一体化教师信息技术能力发展阶段模型及这一全球性体系框架为基础与依据，根植于国家及教育发展的实践状况，开发出了坦桑尼亚教师信息技术能力标准。

第四节　坦桑尼亚教师信息技术能力标准框架与内容

坦桑尼亚教师信息技术能力标准的开发可以追溯到 2009 年。当时该国教育与职业培训部实施了 21 世纪教师发展项目（Teacher Development for 21st Century）。该项目的目标是探讨联合国教科文组织教师信息技术能力框架在坦桑尼亚的本土化运用。该项目在 2011 年催生了坦桑尼亚第一个教师信息技术能力标准草案。该标准草案是撒哈拉以南非洲地区首个基于联合国教科文组织教师信息技术能力框架开发的标准文本，但未能实施。2015 年以来，肯尼亚和卢旺达等东非国家也开始着手以联合国教科文组织教师信息技术能力框架为蓝本，开发适合本国的教师信息技术能力标准。因此，为了将坦桑尼亚教师信息技术能力标准推进到实践层面，该国教育与职业培训部请联合国教科文组织帮助进一步修订教师信息技术能力标准草案。

2015 年，坦桑尼亚教师信息技术能力标准的开发立足于本国教师信息技术能力发展的实际，目标是使该国教师具备 21 世纪教育发展所需的能力。这一标准的制定也是坦桑尼亚教育与职业培训部 2014 年颁布的"教育与培训政策"的实

---

① UNESCO. UNESCO ICT Competency Framework for Teachers [EB/OL]. [2017－09－12]. https：//en. unesco. org/themes/ict-education/competency-framework-teachers.

施措施之一。该政策致力于培养具有丰富技能的内驱型师资队伍，以保证国家教育战略目标的实现。此外，坦桑尼亚教师信息技术能力标准是建立在联合国教科文组织教师信息技术能力框架基础之上的，涵盖了该框架中的六大模块——理解教育中的信息技术、课程评估、教学法、信息技术、组织与管理和教师专业发展。这使得该标准与全球性教师信息术能力要求衔接，同时这一能力标准又根植于坦桑尼亚教育的发展状况。根据坦桑尼亚教师教育学院中的教师信息技术能力一体化发展趋势，新修订的教师信息技术能力标准选择从知识发展的两个渐进阶段，即技术素养和知识深化阶段，来界定具体标准，形成了基于两个渐进的一体化知识发展阶段和六大技能模块的坦桑尼亚教师信息技术能力标准结构框架（见表 6-2）。①

表 6-2　坦桑尼亚教师信息技术能力标准所采用的两个阶段六大技能模块

构成要素	实现途径	
	技术素养	知识深化
理解教育中的信息技术	对政策的理解与把握	对政策的理解与把握
课程与评估	基础知识	知识应用
教学法	技术整合	复杂问题的解决
信息技术	基础工具	复杂工具
组织与管理	标准课堂	合作小组
教师专业发展	数字化素养	管理与指导

坦桑尼亚教师信息技术能力标准进一步规定了在技术素养和知识深化阶段具体的技能领域与应具备的相关能力（见表 6-3）。此外，这些标准采用模块化的方法，使每个阶段可以单独论述。这种方法更有利于教师信息技术能力标准的实施。简化和便于这些标准的实施是本次标准修订所要达成的目标之一。

---

① The Ministry of Education and Vocational Training in Collaboration with UNESCO Dares Salaam Office under the Support of UNESCO-China Funds-in-Trust Project. ICT Competency Standards for Teachers in Tanzania［EB/OL］.［2018 － 03 － 23］https：// unesdoc. unesco. org/ark：/48223/pf0000234822.

表 6-3　技术素养和知识深化阶段具体的技能领域与应具备的相关能力①

技能领域	技术素养层面的能力水平	知识深化层面的能力水平
理解教育中的信息技术	理解教育与培训政策，并能清晰地说明如何利用信息技术响应和支持教育政策	在根据教育与培训政策制订学校的计划时，知道如何将信息技术整合于其中
课程与评估	将信息技术融入教学、学习和评估过程	1. 利用一系列信息技术工具和数字化技术，根据课程设计调整学习活动，以满足学习者多样化的学习需求 2. 将信息技术工具和数字资源运用于多样化的学习环境，以便于评估学习者对学科核心概念与技能的理解与把握
教学法	能够识别在何时、何地、以何种方式将信息技术应用于教学	1. 能够设计有效的学习活动，使有不同需求的学习者能够团结合作，共同解决现实世界的真实问题 2. 运用信息技术工具和数字资源支持以学习者为中心的教学方法
信息技术	基础硬件和软件的使用（多媒体软件、办公软件、浏览器等）	选择和使用各种各样的与特定学科相关的技术工具和数字资源
组织与管理	能在各种课堂环境（如计算机教室、小组学习、个体活动）中使用基本信息技术，以确保每一个学习者都能公平地拥有学习机会	创设灵活多样的学习环境，将基于问题的学习融于学习者的活动中，运用信息技术支持合作
教师专业发展	拥有信息技术技能和网络资源知识，以获得拓展性的学科知识以及教育教学知识，支持自身专业发展	拥有使用数字化资源以及借助网络工作的技能，与教育系统内外的专家合作来促进自身专业发展

　　掌握这些技能领域包含的能力将会使教师在信息技术与教学的整合过程中发挥重要作用。对应于每一个技能领域，教师信息技术能力标准实施将最终导向两

---

① The Ministry of Education and Vocational Training in Collaboration with UNESCO Dares Salaam Office under the Support of UNESCO-China Funds-in-Trust Project. ICT Competency Standards for Teachers in Tanzania［EB/OL］.［2018 － 03 － 23］https：//unesdoc. unesco. org/ark：/48223/pf0000234822.

个层次的预期结果（见表 6-4）。[①]

表 6-4　教师信息技术能力标准实施的预期结果

预期结果	技术素养	知识深化
理解教育中的信息技术	技术素养促进教育质量的提高	知识深化促进教育质量的提高
课程与评估	增强运用信息技术的基本技能，使教育质量得到提高	应用信息技术的知识，使教育质量得到提高
教学法	技术与教学的整合使教育质量得到提高	信息技术用于解决学习环境中的问题，使教育质量得到提高
信息技术	运用基本信息技术工具和网络实现教育质量的提高	运用高级信息技术工具实现教育质量的提高
组织与管理	信息技术在课堂教学和计算机实验室的使用使教育质量得到提高	通过建构技术强化的学习环境实施以学习者为中心的学习方式
教师专业发展	使用信息技术使教师专业水平得到提升	使用信息技术使教师队伍的质量得到提升

　　信息技术与教学整合的技术素养和知识深化两个阶段，对于六大模块中的每一个模块，都详细规定了能力标准、学习目标、行为指标、教学策略、学习活动举例、学习资源、评价工具。以知识深化层面的教学法模块为例，其具体规定见表 6-5。[②]

表 6-5　知识深化层面的教学法

标题：信息技术在教学法中的高级应用

副标题：将信息技术运用于教学中复杂问题的解决

应到水平	知识深化层面的要求
能力标准	1. 设计活动，使有不同需求的学习者能够团结合作，共同解决现实生活中的真实问题 2. 利用信息技术工具和数字化资源支持以学习者为中心的教学方式

　　①　The Ministry of Education and Vocational Training in Collaboration with UNESCO Dares Salaam Office under the Support of UNESCO-China Funds-in-Trust Project. ICT Competency Standards for Teachers in Tanzania［EB/OL］.［2018－03－23］https：//unesdoc. unesco. org/ark：/48223/pf0000234822.

　　②　The Ministry of Education and Vocational Training in Collaboration with UNESCO Dares Salaam Office under the Support of UNESCO-China Funds-in-Trust Project. ICT Competency Standards for Teachers in Tanzania［EB/OL］.［2018－03－23］https：//unesdoc. unesco. org/ark：/48223/pf0000234822.

续表

应到水平	知识深化层面的要求
学习目标	展示合作的、基于问题的学习活动和信息技术如何帮助学习者思考问题以及进行社会互动，以帮助学习者逐步理解学科知识的核心概念以及解决真实问题的过程与技能
行为指标	能够设计让学习者可以使用信息技术工具、数字化资源探究和解决社会问题的学习活动
教学策略	指导学习者/教师去推理社会问题，将其转化为学习经验，并通过团队协作寻求问题的解决方案
学习活动举例	1. 教师能够识别社会中的复杂问题，围绕这些问题建构学习活动；同时，这些学习活动应该体现以学科知识核心概念的具体运用为学习项目的基础 2. 教师能够设计基于学习案例的数字资源，以促进学习者知识的建构 3. 教师能够实施使学生通过合作以深刻理解和解决社会问题、在反思与沟通解决方案的过程中学会推理和使用核心学科概念的学习活动
教学资源	课程、网络资源（包括开放教育资源），最低信息技术设备要求：有计算机和投影仪
评价工具	观察记录，自我评价，作品集

坦桑尼亚教师信息技术能力标准界定了联合国教科文组织所倡导的在教育工作中利用信息技术应该具备的知识与技能。这个教师信息技术能力标准提供了评估教师知识水平和在教育环境中应用信息技术开展教育的能力的性能指标。具体地说，这个教师信息技术能力标准体系致力于提高在信息技术发展大趋势下教师在教育活动中的能力，也致力于推动教师教育体制的变革和发展，以满足全球信息技术发展的需求。

第七章　中国国际汉语教师专业标准解读

为了提高国际汉语教师的专业素质和教学水平，培养一大批合格的汉语教师，满足世界各地日益增长的汉语学习需求，自 2006 年 10 月起，中国国家汉语国际推广领导小组办公室（以下简称"国家汉办"）聚集海内外近百名专家和学者，参与研制《国际汉语教师标准》的工作，并广泛征求了国内外专家、学者和一线教师的意见。经反复论证、修改，国家汉办于 2007 年年底举行的第二届孔子学院大会上正式发布了《国际汉语能力标准》，首次为海外汉语学习推出教师专业标准。该标准由外语教学与研究出版社正式出版发行。

第一节　国际汉语教师标准的研发背景

一、全球"汉语热"持续升温催生国际汉语教师热

21 世纪初，全球范围内出现一股学习汉语的热潮，突出表现在以下几个方面。第一，来华留学生人数急剧上升。中国从 1950 年开始接受来华留学生，当年只有 33 人，1996 年接受的来华留学生为 4.12 万人，2002 年增加到 8.58 万人。第二，国内外汉语教学机构数量快速增长。2002 年全球有 85 个国家 2100 多所大学开设了汉语课程。参加汉语水平考试（HSK）的考生人数快速增长，1996 年外国考生人数是 2.1 万人，2000 年增加到 4 万人，到 2004 年外国考生人数已达到 10 万人，已有 34 个国家设立了 151 个考点。

2003 年 12 月，美国大学理事会宣布设立"AP 汉语项目"，把汉语列为可供高中生选修的大学预修课程。这是美国汉语教育发展的一个里程碑，标志着汉语正式进入美国国民教育体系。到 2004 年，美国已经有 2500 多所中小学提出开设AP 中文课程。2005 年 5 月，美国参议员利伯曼（Lieberman）和亚历山大（Alexander)联合提出一项名为"2005美中文化接触法案"的议案，要求美国联邦政府从2006年至2011年5年拨款13亿美元，全面促进美中在教育、学术、商业等方面的交流与接触，并在美国中小学加强中文教育。那时美国的"汉语热"正在从传统华人聚集区向该国主流社会拓展。开始时，大部分开设汉语教学的学校位于美国的东海岸和西海岸。后来，中心地区的许多学校也开始开设汉语课，包括中西部的俄亥俄州和伊利诺伊州、南部的田纳西州和乔治亚州、西部的科罗拉多州和犹他州。华盛顿应用语言中心的一项调查显示，在美国开设至少一门外语课的2.75万所中学中，开设汉语课的学校所占比例已从1997年的1％增至2008年的4％。该中心主任南希·罗兹（Nancy Rodes）说："这实际上在改变美国外语教学的面貌。"

欧洲"汉语热"的显著特点是政府参与其中，成为"汉语热"的重要推手。意大利罗马国立住读学校于2009年将汉语作为第一外语纳入必修课体系。到2019年，法国有11个学区52所中小学开设中文国际班，英国有5200多所中小学开设汉语课。曾经门可罗雀的大学汉学系也已成为热门科系，大公司专门从外面聘请教师，开设中文速成班。2003年开始举行的中法文化年活动使法国对中国的看法大为改观，法国已成为继韩国、日本之后世界第三大举行"汉语托福"考试的国家。

亚洲的汉语教学在经过多年沉寂、徘徊不前和缓慢发展后，已然出现井喷之势。在韩国，汉语水平考试成绩已经成为许多大企业用人的标准之一。2019年，中兴教育管理有限公司在马来西亚马来亚大学孔子学院开设了通信、物联网、大数据等社会亟须专业的汉语职业技能培训班。泰国孔敬大学孔子学院在2016年开办"中泰高铁汉语培训项目"，为泰国培养了100多名铁路技术人才。泰国的海上丝路孔子学院推出了"汉语＋旅游管理""汉语＋空乘""汉语＋电商"等人才培养项目。在印度尼西亚，政府逐渐放开了对汉语的禁锢，压抑多年的学习欲望逐渐复苏，开办汉语课程的学校如雨后春笋般涌现。

"汉语热"的产生有多种原因。

第一，中国的繁荣和崛起以及由此带来的巨大机遇。世界各国对中国的重视得益于中国综合国力的增强和国际地位的提高。各国人民越来越看好中国的未来，都希望加强和中国的交流与合作。中国的国际影响日益扩大，使得全球范围内的民众更想直接了解当代中国。美国教育部资助的一项调查发现，1997年至

2008 年，美国开设外语课的中小学数量大幅下降，许多原本提供日语、法语、德语、俄语教学的学校都已经停止开课，唯有开设汉语课的学校大幅上升。教育部原副部长章新胜认为，汉语教学需求增长迅猛，说明世界对中国的重视程度不断提高，世界对中国未来发展的预期越来越好。2009 年，希拉克在会晤胡锦涛时说道：中国历史文化悠久，发展充满活力，面貌日新月异，在世界舞台上发挥着越来越重要的作用。中国的发展对世界来说是个积极因素，中国通过自身的努力已进入世界强国之列。① 2007 年，英国文化协会一项研究表明，除了英语，21世纪的关键语言是汉语、西班牙语和阿拉伯语。

第二，语言文化的力量。北京语言大学王路江教授认为，中国是一个文明古国，有悠久的历史和灿烂的文化。文化的力量也会吸引一些人到中国来，或者短期访问，或者长期居留。有些人甚至和中国人通婚并长期定居下来。欧美的一些大学开始成立中国研究中心，对中国的历史、文化、政治、经济、哲学、文学艺术、语言进行专门研究。从语言类型上看，汉语不同于世界上许多语言，它是一种孤立语。汉字是世界上现存最古老的文字之一。汉语本身的特点对于语言学习者来说很有魅力。

第三，华人华侨发挥了巨大的作用。华人华侨分布在世界的每一个角落。华人家长希望自己的孩子不忘祖宗，能够与祖国保持亲密联系，因此许多华侨子女都在学习汉语，这对全球范围内的"汉语热"也起到了推动的作用。

第四，中国政府在推广汉语方面做了大量的工作。2019 年 12 月，教育部和湖南省人民政府共同主办的 2019 年国际中文教育大会发布的数据表明，中国已在 162 个国家（地区）建立 550 所孔子学院和 1172 个中小学孔子课堂。孔子学院自创办以来，为数千万学员学习汉语、了解中国文化提供了服务，在推动国际汉语教育发展方面发挥了重要作用，成为世界认识中国的一个重要平台。中国政府于 1962 年成立了专门以对来华留学生进行汉语和中华文化教育为主要任务的外国留学生高等预备学校（1964 年定名北京语言学院，现已更名为北京语言大学）。该校是以对来华留学生进行汉语和中华文化教育为主要任务的国际型大学，素有"小联合国"之称。到 2021 年 6 月，该校已与世界上 75 个国家和地区的 386 所高

---

① 新华社．国家主席胡锦涛在钓鱼台会见法国前总统希拉克［EB/OL］．［2015－07－23］http：//www.gov.cn/ ldhd/2009－04/28/content _ 1298826. htm.

校及教育机构建立了合作交流关系。

面对全球"汉语热"的升温，我们也清醒地认识到，我们要做的工作还很多。其中，高素质汉语教师的普遍缺乏便是重要问题。例如，与英语教学相比，英语在全球的普及已有上百年的历史，全球各地都有大量英语教师。而对外汉语教育的大发展是近几年才出现的新情况，汉语教师人数还远远不能满足需求。要把对外汉语师资队伍建设好，以适应汉语教学，必须制定对外汉语教师专业标准及其他相关教学标准，培养更多高素质汉语教师，进一步提高对外汉语教学质量。

二、孔子学院的蓬勃发展和国际汉语师资的强烈需求呼唤教师标准出台

随着全球各地"汉语热"的到来，全世界看到了古老中华文化散发的魅力。在这种大背景下，作为在世界范围内传承汉语教学的载体，以圣人"孔子"命名的孔子学院应运而生。在汉语教学方面，它是最正规、主要的渠道之一。自 2004 年 11 月全球首家孔子学院在韩国成立以来，至 2020 年全球已有 162 国家（地区）设立了 541 所孔子学院和 1170 个孔子课堂。其中，亚洲 39 国（地区），孔子学院 135 所，孔子课堂 115 个；非洲 46 国，孔子学院（堂）560 个；大洋洲 7 国，孔子学院 20 所，孔子课堂 101 个。国内许多高校和机构参与孔子学院的合作办学，主要提供到国外教授中文的教师和招募志愿者。

在各国开办孔子学院，使其作为海外汉语教学基地，以提高当地汉语语言水平，提供更多汉语进修的渠道，有助于整合当地汉语教学以及民间文化活动，让汉语在世界得到尽可能广泛的传播。国家汉办新闻发言人张国庆说：对外教授汉语不是简单的教育问题，而是一个国家和民族的事业，要集中国内各方面的力量，形成一致工作的目标，如现在商务部有些项目向汉语教学方面倾斜。商务部领导已经提出，商品走向世界，没有语言的支撑是不行的。一种语言能够引起热潮，除了该国国力、侨民分布外，文化的魅力是难以量化而又绵绵不绝的动力。长期从事汉语教学的陆俭明教授并不讳言语言教学中的文化动机诱导——如用法语造句，一般是"去巴黎、看凯旋门"；用汉语造句，一般是"去中国、看长城"。"语言的学习会加强文化认同感。语言永远只是载体，把中华文化推向世界是汉语教学的目的。"

国家汉办的信息表明，全球存在着对汉语的强烈需求，由此形成的"汉语教师荒"格外醒目。国家汉办 2004 年提供的数字为：马来西亚汉语教师缺口 9 万，印度尼西亚缺口 10 万，日本、韩国、泰国、菲律宾、越南、印度尼西亚、哈萨克斯坦、吉尔吉斯斯坦、塔吉克斯坦、乌兹别克斯坦、土库曼斯坦、印度、巴基斯坦等国家对汉语教师的需求都非常迫切，非洲、南美洲等地也有要求，澳大利亚、新西兰等发达国家也都希望在汉语教师方面得到中国的帮助。为适应世界汉语教学发展的新形势，缓解各国汉语教师紧缺的状况，教育部于 2004 年启动了"国际汉语教师中国志愿者计划"，从国内招募志愿者到国外从事汉语教学；2006年又启动了"国际汉语教师海外志愿者计划"，从国外招募志愿者在当地从事汉语教学。国家汉办负责上述计划的统一实施，设立"国际汉语教师中国志愿者中心"（简称"志愿者中心"）负责汉语教师志愿者工作的统筹、规划、组织和协调。自2004 年以来，国家汉办已派出近 5000 名志愿者，其分布于世界五大洲 42 个国家。国家汉办列出的志愿者申请条件很宽泛：年龄在 65 岁以下，有奉献精神，相关专业大专以上学历。在对外汉语教师大量增加之后，对高素质、专业化教师的要求必然凸显。因此，国际汉语教师标准的研发势在必行。

第二节　国际汉语教师标准的内容框架

《国际汉语教师标准》是对从事国际汉语教学工作的教师所应具备的知识、能力和素质的全面描述，旨在提高国际汉语教师的专业素质和教学水平，培养合格的汉语教师，满足世界各地日益增长的汉语学习需求，建立一套完善、科学、规范的教师标准体系，为国际汉语教师的培养、培训、能力评价和资格认证提供依据。《国际汉语教师标准》由 5 个模块组成，分别为：一是语言知识与技能，包括汉语知识与技能和外语知识与技能两个标准，对教师应具备的汉语及外语知识与技能进行了描述；二是文化与交际，包括中国文化和中外文化比较与跨文化交际两部分，要求教师具备多元文化意识，了解中国和世界文化知识及其异同，掌握跨文化交际的基本规则；三是第二语言习得理论与学习策略，要求教师了解汉语作为第二语言的学习规律和学习者的特点，能够帮助学习者成功学习汉语；四是教学方法，包括汉语教学法，测试与评估，课程、大纲、教材与教辅材料，现代教育技术与运用四个标准，要求教师掌握汉语作为第二语言的教学理论和教学法知识，具备教学组织和实施能力；五是教师综合素质，主要对教师的职业素质、职业发展能力和职业道德进行描述。《国际汉语教师标准》借鉴了国际第二语言教学和教师研究新成果，吸收了国际汉语教师实践经验，反映了国际汉语教学的特点。

《国际汉语教师标准》5个模块的具体内容如下。①

模块一：语言知识与技能

标准1：汉语知识与技能。教师应掌握汉语语音、词汇、语法与汉字基本知识，并具备良好的汉语听、说、读、写的技能。

标准2：外语知识与技能。教师应至少掌握一门外语，熟练掌握外语的语音、语调、词汇、语法等方面的基本知识，并能够运用听、说、读、写、译等综合能力进行交流。

模块二：文化与交际

标准3：中国文化。教师能了解和掌握中国文化与中国国情方面的基本知识，并将相关知识应用于教学实践，激发学习者对中国文化的兴趣，使其在学习汉语的同时了解中国文化的丰富内涵和中国的基本国情。

标准4：中外文化比较与跨文化交际。教师应了解中外文化的主要异同，理解汉语与跨文化交际的主要概念以及文化、跨文化交际对语言教与学的影响，并能够将上述理论知识应用于教学实践。

模块三：第二语言习得与学习策略

标准5：第二语言习得与学习策略。教师应了解第二语言习得与学习策略的基本理论和知识，并能运用其指导汉语教学实践。

模块四：教学方法

标准6：汉语教学法。教师能理解和掌握外语教学的一般原则和基本概念，并熟悉运用汉语进行外语教学的方法和技巧；能掌握汉语语音，词汇，语法，汉字的基本教学原则和方法及听、说、读、写的基本教学原则和教学技巧。

标准7：测试与评估。了解各种测试与评估的作用和方法及其适用性和局限性，根据不同目的选择合适的评估手段或测试方法；设计试题和试卷，并从测试

---

① 国家汉语国际推广领导小组办公室．国际汉语教师标准［M］．北京：外语教学与研究出版社，2007：3—48．

后果中获得有助于教与学的反馈信息。

标准 8：汉语教学课程、大纲、教材与辅助材料。教师应理解并掌握汉语教学课程与大纲的内容、范围和目的，熟悉汉语课堂教学的基本环节，并能根据教学实际恰当地选择和使用教材及教辅材料。

标准 9：现代教育技术及运用。教师熟悉并掌握有关计算机的基本知识与操作方法，了解常用的现代化教学手段及网络技术，并能应用于汉语教学实践。

模块五：教师综合素质

标准 10：教师综合素质。教师具备对自己教学进行反思的意识，具备基本的课堂研究能力，能主动分析、反思自己的教学实践和教学效果并据此改进教学；具备自我发展的意识，能制定长期和短期的专业发展目标；积极主动参与专业活动或社区活动以丰富自己的教学经验；能在各种场合的交际中显示出责任感、合作精神和策略性；具备良好的心理素质，能应对教学过程中的突发事件，并能在任何教学场合中体现良好的职业道德素养。

第三节　国际汉语教师标准的特点解析

一、《国际汉语教师标准》对国际汉语教师所应具备的知识、能力和素质进行了全面具体的描述

《国际汉语教师标准》要求教师不仅要掌握汉语知识和技能、外语知识和技能，还要了解中国历史文化、文学艺术等方面的基本知识并将其运用于教学。《国际汉语教师标准》5 个模块对从事国际汉语教学工作的教师所应具备的知识、能力和素质做了非常全面的要求。为了达到这些要求，《国际汉语教师标准》确定了共计 54 个二级标准。此外，每个标准的要求又是非常具体的，规定了教师应该能做到什么。每个二级标准一般包括基本概念范畴和基本能力两个部分。这两个部分的条目对汉语教师所应具备的知识、能力和素质进行了详细、具体的规定。

例如，《国际汉语教师标准》中教师综合素质的规定：教师应具备良好的心理

素质，能应对教学过程中的突发事件；无论是在什么场合中进行教学，都应具有较高的职业道德水平。①

基本概念范畴：挑战与对策，毅力与意志，教学理念、动机和态度，心理压力，心理压抑，心理承受力，心理冲突，心理抗拒，心理失衡，情绪稳定性，心理咨询，职业道德。

基本能力：能意识到并注意不断提高自己应对心理压力的能力；能应对在教学、社会和家庭各种环境中出现的挑战和困难，以避免其对教学工作的干扰；能做好随时应对各种压力与冲突的心理准备；能从不成功的教学经历中吸取教训，提高自己的教学水平；能按照学生的实际需要和教学现场的实际情况调整自己的教学目标和方法；能了解学生在学习不同阶段的各种心理问题，积极寻找有效的策略加以解决；能尊重学生的需要，关注学生的困难，并对其学习加以正确引导；能鼓励学生在学习出现困难时与同龄人或师长进行交流；能了解自己的性格，随时调整自己的情绪，以最佳状态投入教学；能以良好的职业道德标准来要求自己，不断提高自身修养；对汉语教学充满热情，并具有足够的责任感。

二、《国际汉语教师标准》重视教师对中国历史文化的了解

学习汉语的过程同时也是了解中华民族文化的过程，所以国际汉语教师无疑承担着传播中华民族优秀传统文化的责任。《国际汉语教师标准》中的标准3对教师应掌握的中国历史文化做出了详细的要求。

例如，标准3.1规定，教师应了解中国历史文化的基本知识，并运用于教学。②

基本概念范畴：中国古代社会的发展及朝代沿革，中国重大历史事件，中国重要历史人物，中国古代科技成就，中国重要历史文物，中国主要文化遗产。

基本能力：能将中国历史文化教学与语言教学恰当地结合起来，并能根据具体教学环境、教学材料有选择地讲授中国历史文化知识；能根据学生的文化背景、个人情况及语言程度选择适当的教学方式与教学手段介绍中国历史文化；应

---

① 国家汉语国际推广领导小组办公室．国际汉语教师标准［M］．北京：外语教学与研究出版社，2007：47.

② 国家汉语国际推广领导小组办公室．国际汉语教师标准［M］．北京：外语教学与研究出版社，2007：8.

具有比较丰富的中国历史文化知识，并能准确、客观地介绍和讲授；能讲解列入联合国世界遗产名录的中国文化遗产；能根据学生的反馈及时调整所涉历史知识的深度、广度，以培养学生进一步自主学习中国历史文化知识的能力。

标准3.2规定，教师应了解中国主要哲学思想与宗教文化的基本知识，并运用于教学。[①]

基本概念范畴：儒学，中国佛教，道家和道教，先秦诸子，宋明理学的哲学思想，中国宗教现状的基本情况。

基本能力：应具有相关的中国主要哲学思想与宗教文化的基础知识，并能够准确、客观地介绍和讲授；能深入浅出地使学生理解和掌握有关中国主要哲学思想与宗教文化的基本常识；能根据具体教学环境、教学目标、学生的宗教文化背景及语言程度选择适当的教学方式与教学手段；能根据学生的反馈及时调整有关教学内容的深度与广度；能掌握中国主要哲学思想、宗教文化与中国当代文化的联系；能了解并介绍中国宗教现状的基本情况。

标准3.3规定，教师应了解中国文学与艺术的基本知识，并运用于教学。

基本概念范畴：中国古代文学，中国现代文学，中国当代文学，中国书法、绘画艺术，中国影视、戏曲、曲艺艺术，中国音乐艺术，中国园林与建筑艺术。

基本能力：应具有较丰富的中国文学与艺术知识，并能准确、客观地介绍和讲授；能深入浅出地向学生讲授中国文学与艺术的基本概念，并举例说明；能根据学生的文化背景、语言水平及个人爱好选择恰当的教学方式与教学手段；能将自己的才艺应用到教学中；能根据具体的教学对象、教学目标选择适当的教学材料，并能根据学生的反馈及时调整有关教学内容的深度与广度。

三、《国际汉语教师标准》要求教师具备较高的中外文化比较与跨文化交际能力

将汉语作为第二语言的教学对象以外国人为主，他们自己原有的文化相对于中国文化来说属于异质文化，所以对外汉语教学过程中就涉及一个跨文化的问题。作为一名汉语教师，不仅要了解中国文化，还要了解汉语学习者所代表的另

---

① 国家汉语国际推广领导小组办公室. 国际汉语教师标准[M]. 北京：外语教学与研究出版社，2007：9.

一种文化。所以，教师应了解中外文化的主要异同，理解汉语与跨文化交际的主要概念以及文化、跨文化对语言教与学的影响，并能够将上述理论、知识应用于教学实践。[①]《国际汉语教师标准》要求教师应了解世界文明的发展过程，并能联系中国文明的发展进行比较，将不同文明适当运用于教学；应了解世界文化的多元性及文化的分类，能在教学中体现出对不同文化的理解和尊重；应了解世界文化史上的重大历史事件及有重要影响的人物，并能在讲授中国文化时加以比较；应了解世界重要文化遗产、外国的主要节日，并能与中国的相关文化遗产和主要节日进行比较。在跨文化交际方面，要求教师能了解文化及跨文化交际在语言教学中的作用，在语言教学过程中具有跨文化交际意识；能解释在课文和教学材料中出现的各种文化概念；能在安排课堂任务和课堂活动时考虑学生的文化背景；能根据学生的文化背景和语言水平选择适当的教学方法和教学手段；能在不同的文化氛围中有效地开展语言教学；能够帮助学生克服在语言学习过程中由文化的不同和交际失误带来的各种困难；能够在跨文化交际的场合下帮助学生建立文化敏感意识。

四、《国际汉语教师标准》内容与其配套标准内容和谐统一

国家汉办除组织编写《国际汉语教师标准》外，还组织编写了《国际汉语能力标准》和《国际汉语教学通用课程大纲》。

《国际汉语能力标准》面向将汉语作为外语的学生，对其运用汉语知识和技能进行交际的能力从不同层面提供了五个级别的描述，是衡量汉语学习者语言能力的重要依据。《国际汉语能力标准》的基本框架体现在三个层面：第一，国际汉语能力总体标准；第二，汉语口头交际能力标准和汉语书面交际能力标准；第三，汉语口头理解能力标准和表达能力标准，汉语书面理解能力标准和表达能力标准。

《国际汉语教学通用课程大纲》是对汉语作为第二语言课程目标与内容的梳理和描述，旨在为汉语教学机构和教师在教学计划制定、学习者语言能力评测和教材编写等方面提供参考依据和参照标准。国际汉语教学课程的总目标是，使学习

---

①　国家汉语国际推广领导小组办公室 . 国际汉语教师标准[M]. 北京：外语教学与研究出版社，2007：13.

者在学习汉语语言知识与技能的同时进一步强化学习目的，培养自主学习与合作学习的能力，形成有效的学习策略，最终具备语言综合运用能力。《国际汉语教学通用课程大纲》分五级，每一级别都从"语言知识""语言技能""策略"和"文化意识"四个层面对学习者汉语语言知识和技能的学习及综合能力的培养进行目标描述。

《国际汉语教师标准》《国际汉语能力标准》和《国际汉语教学通用课程大纲》的内容和谐统一、相辅相成。《国际汉语教师标准》和《国际汉语能力标准》分别从教和学的角度描述了汉语教师和汉语学习者应具备的能力，总体上是概括型的表述；《国际汉语教学通用课程大纲》根据《国际汉语教师标准》和《国际汉语能力标准》，对教师教学计划制订、学习者语言能力测评和教材编写等各个层面提出了具体的要求，也就是《国际汉语教师标准》和《国际汉语能力标准》的细化，是具体的、可操作的。

可以说，国家汉办适时推出《国际汉语教师标准》《国际汉语能力标准》和《国际汉语教学通用课程大纲》，为日后培养合格的国际汉语教师和汉语专门人才提供了依据，同时也为编写国际汉语教学大纲和教材、评估学习者语言能力提供了参照的标准。

第八章　我国中小幼教师专业标准实施情况调查

教育部于 2012 年 2 月颁布《幼儿园教师专业标准(试行)》《小学教师专业标准(试行)》和《中学教师专业标准(试行)》。《教育部关于印发〈幼儿园教师专业标准(试行)〉〈小学教师专业标准(试行)〉〈中学教师专业标准(试行)〉的通知》指出："《专业标准》是国家对幼儿园、小学和中学合格教师专业素质的基本要求,是教师实施教育教学行为的基本规范,是引领教师专业发展的基本准则,是教师培养、准入、培训、考核等工作的重要依据。当前和今后一个时期,各地教育行政部门、开展教师教育的院校、中小学校和幼儿园要把贯彻落实《专业标准》作为加强教师队伍建设的重要任务和举措。"这些试行标准颁布实施至今,标准实施情况如何?基于这一实践问题,国家社会科学基金"十二五"规划教育学课题"教师专业标准深度开发与实施策略的国际比较研究"项目组和教育部教师队伍建设示范项目"中小学教师专业发展标准的应用试验研究"项目组联合开展了我国中小幼教师专业标准实施情况调查。

第一节　研究设计

一、研究目的

了解我国 2012 年颁布的中小幼教师专业标准实施情况,为教师专业标准进一步开发和实施提供实践基础,以引领教师专业发展,提高教师队伍素质。

二、研究对象

2017 年 11 月至 2018 年 2 月,项目组以我国中小幼教师为调查对象,采用随机抽样方法,共发放问卷 2000 份,回收 1690 份,有效问卷 1609 份,有效率

95.2%。在1609名调查对象中，男教师569人，女教师1040人。从年龄分布来看，30岁以下311人，31～40岁708人，41～50岁530人，51岁以上60人；从教龄分布来看，5年及以下236人，6～15年510人，16年以上863人；从任教学段分布来看，幼儿园173人，小学614人，初中569人，高中250人，另外3人学段信息不详。从任教学科分布看，样本覆盖学科面很广（见表8-1）。从职称分布来看，三级教师66人，占4.1%；二级教师453人，占28.2%；一级教师736人，占45.7%；高级教师281人，占17.5%；正高级教师3人，占0.1%，未评职称者70人，占4.4%（初步结果分析表明，由于正高样本太少，在以不同职称教师为自变量进行结果分析时，将3个正高教师样本合并到高级教师中），从所在省市分布情况来看，本次调研对象来自28个省份（见表8-2）。从所在学校的城乡分布情况看，城市学校446人，占27.7%；城镇学校735人，占45.7%；农村学校428人，占26.6%。

表8-1 研究对象中教师任教学科分布

语文	数学	外语	物理	化学	生物	历史	地理	思想品德	思想政治	音乐	美术
356	176	186	50	47	45	51	109	48	32	78	66

体育	科学	品德与生活	心理	综合实践	信息技术	教研员	学校管理人员	其他			
61	22	17	7	13	50	24	46	125			

注：学科选择中，幼儿园教师都选择了"其他"。

表8-2 研究对象中教师所在省市分布

北京	上海	天津	重庆	辽宁	吉林	黑龙江	河北	山西	河南	山东	江苏	安徽	浙江
9	117	3	44	11	6	4	117	9	11	679	59	3	11

福建	海南	贵州	云南	四川	湖北	陕西	甘肃	青海	内蒙古	西藏	新疆	广西	宁夏	总计
18	28	203	11	43	17	75	8	12	4	4	60	1	12	1609

三、研究工具

项目组采用自编调查问卷，除个人信息题目外，共设19道题目，其中选择题 15 道，主观开放题 4 道。本研究试图通过调查回答以下 5 个问题：第一，教师对 2012 年颁布的专业标准的认知情况怎样；第二，教师对 2012 年颁布的专业标准的重要性及作用的认知如何；第三，教师对 2012 年颁布的专业标准的认知途径情况怎样；第四，教师所在单位及地方教育行政部门对专业标准的实施采取措施情况怎样；第五，教师对专业标准进一步开发与实施有何思考及建议。调研结果与分析都围绕这 5 个问题进行。

四、研究过程与数据处理

本研究主要通过以下 3 种方式发放问卷：一是以北京师范大学继续教育学院、北京教育学院各类教师培训班为单位进行集体施测，由研究者或培训班班主任协同担任主试；二是以地方教育行政部门、教育科学研究院所或教研室组织的教师培训为单位进行集体施测，由研究者与当地教研员协同担任主试；三是由研究者与地方教育科学研究院所或教研室的教研员本着最大差异性原则，对各地中小学校和幼儿园发放电子问卷，其中每个单位最多发放 5 份，尽可能覆盖更多单位。在数据处理与分析方面，采用 SPSS 22.0 统计软件进行数据录入与分析，采用描述性统计考察我国中小幼教师对专业标准的认知情况、对专业标准的重要性及作用的认知情况、对专业标准的认知途径情况、教师所在单位及地方教育行政部门对专业标准的实施采取措施情况以及教师对专业标准进一步开发与实施的思考及建议，采用卡方检验考察上述问题在基本人口学变量上的差异。

第二节　研究结果与分析

一、教师对专业标准的认知情况

（一）教师对专业标准认知的总体情况

在 1609 个样本中，38.1% 的教师回答对专业标准"仔细阅读过"，43% 的教师回答"见过，没仔细阅读"，16% 的教师回答"听说过，没见过"，2.9% 的教师回答"没有听说过"。当要求教师指出专业标准的 3 个维度时，能够全部正确选择出"专业理念与师德、专业知识、专业能力"3个选项的教师有896人,占总样本量的55.7%。当要求教师指出专业标准的基本理念时,能够从5个选项中全部正确选择出"师德为先、学生为本、能力为重、终身学习"4个选项的教师有375人,占总样本量的23.3%。

(二)教师对专业标准的认知情况在人口学变量上的差异

1. 教师对专业标准的认知情况的教龄差异

对教师对专业标准的认知情况所占比例、教师对专业标准维度的回答正误及教师对专业标准理念的回答正误分别与教龄的关系进行卡方检验,发现不同教龄教师对专业标准的认知情况比例分布、对专业标准维度回答正误分布以及对专业标准理念的回答情况,均不存在显著差异。5年及以下教龄的教师中,"仔细阅读过"的比例最大,6~15年和16年及以上教龄的教师中,"见过,没仔细阅读"的比例最大(见图8-1);不同教龄教师对专业标准维度的掌握程度相当,各教龄段教师答对率介于53.7%~56.9%(见图8-2);对于专业标准理念,各教龄段教师答对率在19.6%~26.3%,总体答对率较低(见图8-3)。

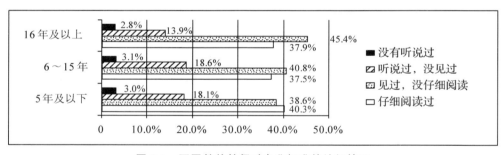

图8-1 不同教龄教师对专业标准的认知情况

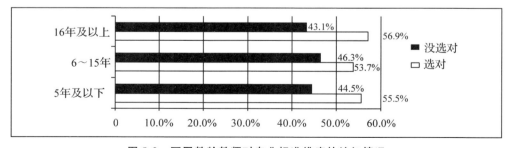

图8-2 不同教龄教师对专业标准维度的认知情况

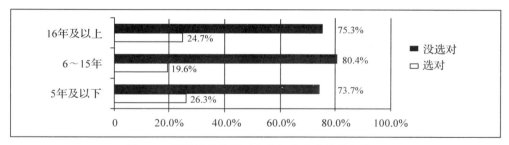

图 8-3 不同教龄教师对专业标准理念的认知情况

2. 教师对专业标准认知情况的任教学段差异

对教师对专业标准的认知情况、教师对专业标准维度的回答正误及教师对专业标准理念的回答正误分别与任教学段的关系进行卡方检验，发现不同任教学段教师对专业标准的认知情况比例分布存在显著差异。小学、初中及高中教师中"见过，没仔细阅读"所占比例最大，幼儿园教师中"仔细阅读过"所占比例最大(见图 8-4)；不同任教学段教师对专业标准维度及专业标准理念的回答正误比例分布不存在显著差异，各任教学段教师对专业标准维度的答对率在 51.5%～60.7%，普遍高于答错率(见图 8-5)；对专业标准理念答对率普遍较低，均低于 30%(见图 8-6)。

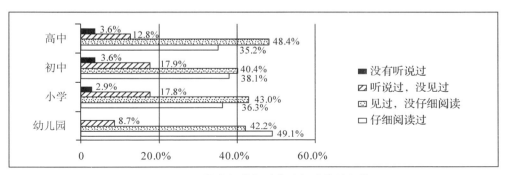

图 8-4 不同任教学段教师对专业标准的认知情况

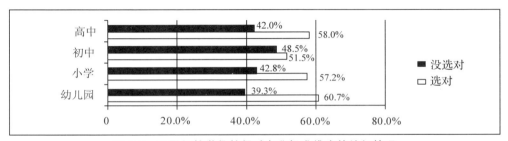

图 8-5 不同任教学段教师对专业标准维度的认知情况

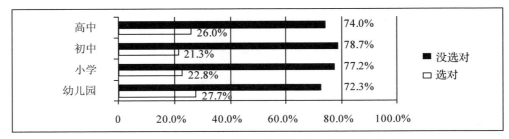

图 8-6　不同任教学段教师对专业标准理念的认知情况

3. 教师对专业标准认知情况的职称差异

对教师对专业标准的认知情况、教师对专业标准维度的回答正误及教师对专业标准理念的回答正误分别与职称的关系进行卡方检验，发现不同职称教师对专业标准的认知情况比例分布存在显著差异，其中三级、二级及未评职称教师"仔细阅读过"所占比例最大，一级及高级教师"见过，没仔细阅读"所占比例最大，所有教师选择"没有听说过"所占比例最小（见图 8-7）；不同职称教师对专业标准维度及专业标准理念的回答对错比例分布不存在显著差异，各职称教师对专业标准维度的答对率均高于答错率（见图 8-8）；对专业标准理念的答对率介于 21.0%～31.4%（见图 8-9）。

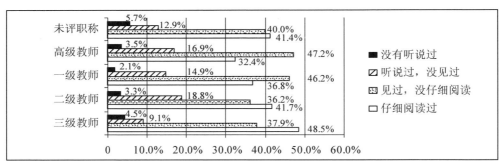

图 8-7　不同职称教师对专业标准的认知情况

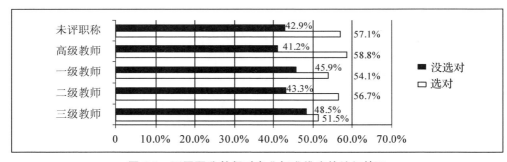

图 8-8　不同职称教师对专业标准维度的认知情况

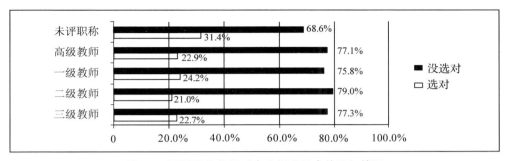

图 8-9　不同职称教师对专业标准理念的认知情况

4.教师对专业标准认知情况的城乡差异

对教师对专业标准的认知情况、教师对专业标准维度回答正误及教师对专业标准理念的回答正误分别与城乡的关系进行卡方检验，发现城乡位置不同的教师对专业标准的认知情况、对专业标准维度及专业标准理念的回答正误均不存在显著差异，城市、城镇及乡村选择"见过，没仔细阅读"的教师均最多，选择"仔细阅读过"的次之，均接近 40%（见图 8-10）；对专业标准维度的回答，答对率均高于答错率（见图 8-11）；对于专业标准理念的答对率介于 19.2%～25.9%（见图 8-12）。

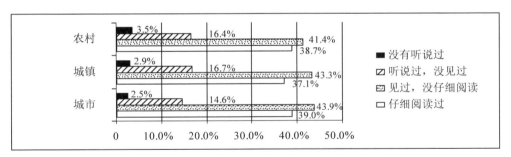

图 8-10　不同城乡位置教师对专业标准的认知情况

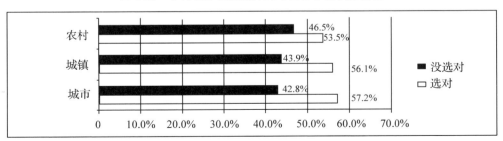

图 8-11　不同城乡位置教师对专业标准维度的认知情况

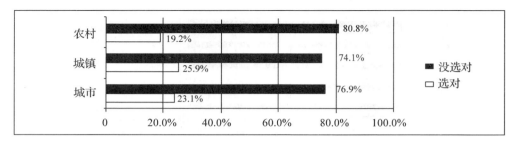

图 8-12　不同城乡位置教师对专业标准理念的认知情况

二、教师对专业标准的重要性及作用的认知情况

（一）教师对专业标准的重要性及作用认知的总体情况

对于"您认为您在专业发展和教育教学中是否需要教师专业标准"这一问题，95％的教师选择了"是"，1.7％的教师选择了"否"，3.3％的教师选择了"不清楚"。对于"您认为教师专业标准的作用有哪些"这一多选题，选择"规范教师的教育教学行为"和"引领教师的专业发展"的教师都是93.7％，选择"促进教师的自我反思"的教师占77.6％，选择"评价教师的工作绩效"的教师占61.4％，选择"其他"的教师占3.2％（见图8-13）。

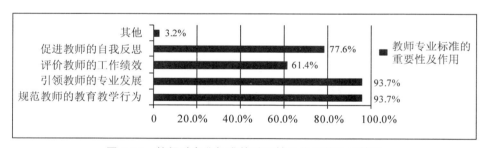

图 8-13　教师对专业标准的重要性及作用的认知情况

（二）教师对专业标准的重要性及作用的认知情况在人口学变量上的差异

对教师对专业标准的重要性及作用的认知情况与教龄、任教学段、职称及城乡位置的关系分别进行卡方检验，发现不同教龄、不同职称及不同城乡位置的教师认为专业发展和教育教学中是否需要专业标准的比例均不存在显著差异。不同教龄教师认为需要专业标准的比例介于93.9％～97.0％（见图8-14）；不同职称教师认为需要专业标准的比例均超过90％（见图8-15）；无论城乡，认为需要专

业标准的教师均在95％左右(见图8-16)。不同任教学段教师认为专业发展和教育教学中是否需要专业标准的比例存在显著差异,其中幼儿园教师中回答"是"的比例达98.8％,没有教师回答"否",1.2％的教师回答"不清楚"。总体来看,各学段教师回答"是"的比例普遍较高(见图8-17)。

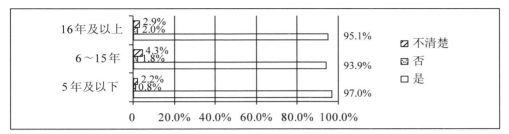

图8-14　不同教龄教师对专业标准的重要性及作用的认知情况

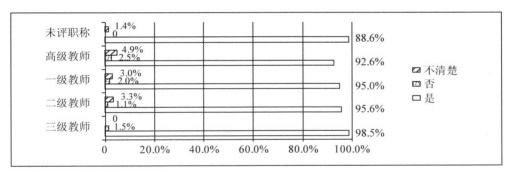

图8-15　不同职称教师对专业标准的重要性及作用的认知情况

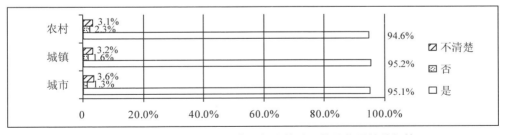

图8-16　不同城乡位置教师对专业标准的重要性及作用的认知情况

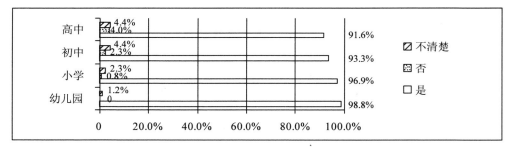

图 8-17　不同任教学段教师对专业标准的重要性及作用的认知情况

三、教师对专业标准的认知途径情况

(一)教师对专业标准认知途径的总体情况

对于"您是否参加过有关教师专业标准的讲座或其他任何形式的关于教师专业标准的培训"，67.1%的教师选择了"是"，32.9%的教师选择了"否"。对于"您是通过什么途径了解到教育部颁发的教师专业标准的"，48.4%的教师选择了"学校或地方教育行政部门的培训"，26.2%的教师选择了"学校或地方教育行政部门的宣传"，19.4%的教师选择了"网络或报刊"，2.5%的教师选择了"其他途径"，3.5%的教师选择了"没有了解的途径"。

(二)教师对专业标准的认知途径情况在人口学变量上的差异

对教师是否参加过专业标准讲座或培训与教龄、任教学段、职称及城乡位置之间的关系分别进行卡方检验，发现不同教龄、不同任教学段、不同职称及不同城乡位置的教师在是否参加过专业标准讲座或培训方面的比例存在显著差异。从教龄来看，5年及以下教龄的教师参加过专业标准讲座或培训的比例最高(见图8-18)；不同任教学段中，幼儿园教师参加过专业标准讲座或培训的比例最高(见图8-19)；从职称来看，三级教师参加过专业标准培训的比例最高，高级教师参加过专业标准培训的比例最低(见图8-20)；从城乡位置看，城镇教师参加过专业标准培训的比例最高(见图8-21)。

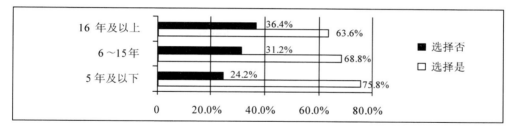

图 8-18　不同教龄教师参加培训情况

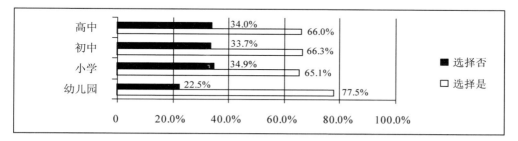

图 8-19　不同任教学段教师参加培训情况

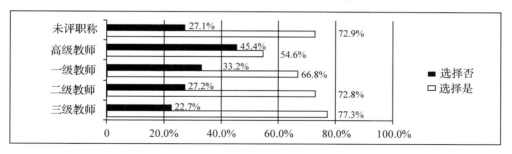

图 8-20　不同职称教师参加培训情况

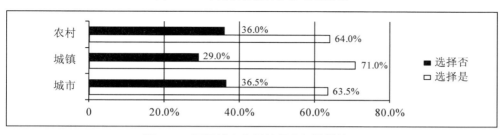

图 8-21　不同城乡位置教师参加培训情况

对教师对专业标准认知途径与教龄、任教学段、职称及城乡位置的关系分别进行卡方检验，发现不同教龄、不同任教学段、不同职称及不同城乡位置的教师在专业标准认知途径方面均存在显著差异，其中5年及以下教龄的教师通过培训了解专业标准的比例最高，通过其他途径了解专业标准的比例最低（见图8-22）。不同任教学段教师中，幼儿园、小学、初中、高中通过培训了解专业标准的教师所占比例均最高（见图8-23）。各职称阶段中，选择培训的教师比例均最高，高级教师选择网络或报刊途径占比次之，其余职称教师均是宣传途径占比次之（见图8-24）。城镇教师通过培训了解专业标准所占比例最高，没途径的教师所占比例最低；城市和农村教师选择通过培训了解专业标准的所占比例也最高，比例最低的是其他途径（见图8-25）。

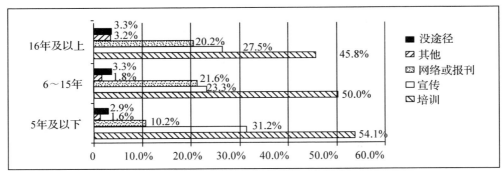

图8-22 不同教龄教师了解专业标准的途径

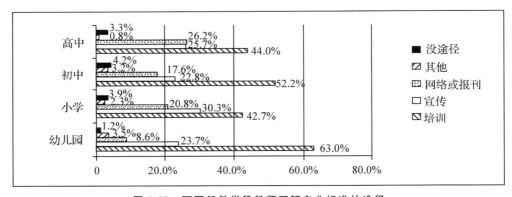

图8-23 不同任教学段教师了解专业标准的途径

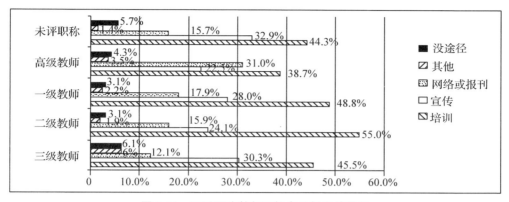

图 8-24 不同职称教师了解专业标准的途径

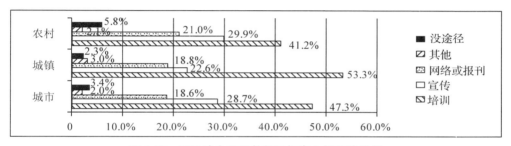

图 8-25 不同城乡位置教师了解专业标准的途径

四、教师所在单位及地方教育行政部门对专业标准实施采取措施情况

(一)教师所在单位及地方教育行政部门对专业标准实施采取措施的总体情况

对于"为贯彻实施教师专业标准,您所在学校或地方教育行政部门采取了哪些措施"这道多项选择题,46.2%的教师选择了"组织教师座谈会",36.5%的教师选择了"举办教师专业标准报告会",56%的教师选择了"开展教师专业标准专题培训",49.3%的教师选择了"通过网络、报刊和宣传栏等进行宣传",6.5%的教师选择了"其他措施",12.3%的教师选择了"没有采取任何措施"。可以看出,近90%的教师认为所在单位或地方教育行政部门采取了一项或多项措施来促进专业标准实施。对于"您所参加的'国培计划''省培计划'或者其他各类教师培训,是否将教师专业标准列为培训内容",56.6%的教师选择"'国培计划'有",38.8%的教师选择了"'省培计划'有",39.2%的教师选择"其他培训有",18.6%的教师选择"所参加的培训都没有"。对于"您所在的学校或地方教育行政部门在

进行各种形式的教师考核时，是否将教师专业标准作为依据"，70.2％的教师选择了"是"，14％的教师选择了"否"，15.8％的教师选择了"不清楚"。对于"您所在地方教育行政部门进行教师资格考试或进行教师招聘考试时，是否对教师专业标准中的要求有所体现"，75％的教师选择了"是"，3.5％的教师选择了"否"，21.5％的教师选择了"不清楚"。

(二)教师所在单位及地方教育行政部门对专业标准实施采取措施情况在人口学变量上的差异

对教师对所在单位及地方教育行政部门是否将专业标准作为教师考核依据的认识与教龄、任教学段、职称、城乡位置的关系分别进行卡方检验，发现不同教龄、不同职称的教师对所在单位及地方教育行政部门是否将专业标准作为教师考核依据的认识的比例分布均存在显著差异。从教龄来看，5年及以下教龄的教师回答"是"的比例最高，16年及以上最低（见图8-26）；从任教学段来看，回答"是"的比例最低达68.6％，回答"否"的比例最高只有16.4％（见图8-27）；从职称来看，所有教师中均是回答"是"的比例最高（见图8-28）；从学校所在城乡位置看，无论城乡，较高比例的教师认为所在单位及地方教育行政部门在进行各种形式的教师考核时是将专业标准作为依据的（见图8-29）。

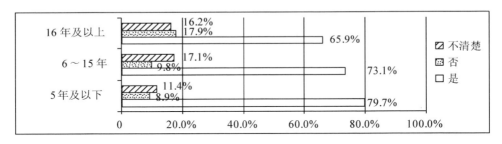

图 8-26　不同教龄教师对专业标准是否作为考核依据的回答

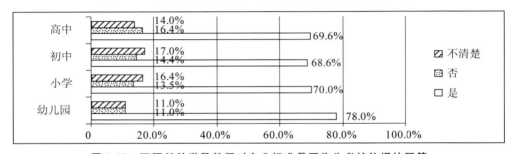

图 8-27　不同任教学段教师对专业标准是否作为考核依据的回答

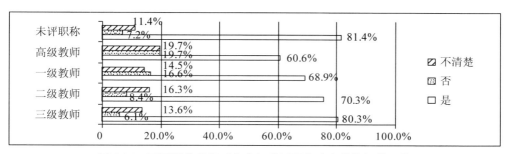

图 8-28 不同职称教师对专业标准是否作为考核依据的回答

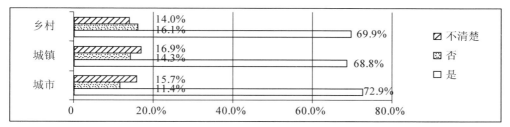

图 8-29 不同城乡位置教师对专业标准是否作为考核依据的回答

对教师对所在单位及地方教育行政部门是否将专业标准作为教师招聘依据的认识与教龄、任教学段、职称、城乡位置的关系分别进行卡方检验，发现不同教龄、不同职称、不同城乡位置的教师比例分布均存在显著差异。从教龄看，5 年及以下教师回答"是""否"和"不清楚"的比例分别为 86.4%、2.2%、11.4%，16 年及以上教师回答"是""否"和"不清楚"的比例分别为 71.4%、3.9%、24.7%（见图 8-30）。从职称看，不同职称教师 3 种回答情况比例差异较大（见图 8-31）。从城乡位置看，城市与城镇比例差异较小，农村与城市比例差异较大；但总体看，回答"是"的比例都超过了 70%（见图 8-32）。不同任教学段教师比例分布不存在显著差异，回答"是"的比例均超过了 70%（见图 8-33）。

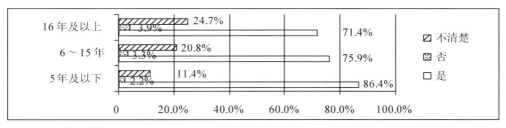

图 8-30 不同教龄教师对专业标准是否作为招聘依据的回答

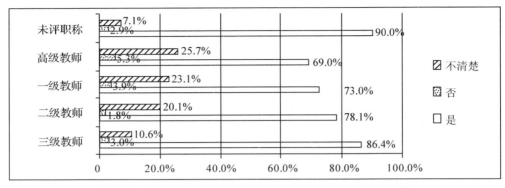

图 8-31　不同职称教师对专业标准是否作为招聘依据的回答

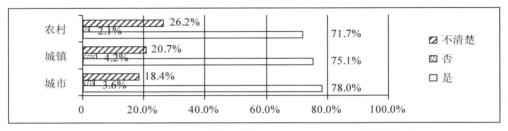

图 8-32　不同城乡位置教师对专业标准是否作为招聘依据的回答

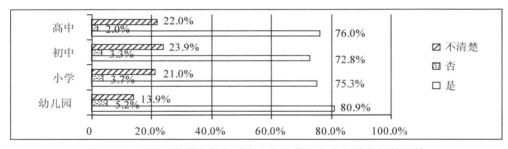

图 8-33　不同任教学段教师对专业标准是否作为招聘依据的回答

五、教师对专业标准进一步开发与实施的思考及建议

(一)教师对专业标准进一步开发与实施的思考及建议的总体情况

对于"您认为关于教师专业标准，是否需要加大宣传和培训的力度"，92%的教师认为"是"，2.2%的教师回答"否"，5.8%的教师表示"不清楚"；对于"您认为教育部是否有必要进一步开发和颁布适用于不同学科的教师专业标准"，84%的教师认为"是"，8.7%的教师回答"否"，7.3%的教师表示"不清楚"；对于"您

认为教育部是否有必要进一步为处于不同专业发展阶段的教师开发和颁布不同的教师专业标准"，76.6％的教师认为"是"，15.4％的教师回答"否"，8％的教师表示"不清楚"。可以看出，绝大多数教师认为需要加大专业标准宣传与培训力度，并进一步开发和颁布适用于不同学科、不同发展阶段的教师的专业标准。

(二)教师对专业标准进一步开发与实施的思考及建议在人口学变量上的差异

对教师对专业标准宣传和培训的认识与教龄、任教学段、职称、城乡位置的关系分别进行卡方检验，发现不同教龄、不同职称、不同城乡位置的教师认为是否需要加大专业标准宣传和培训力度的比例分布均不存在显著差异。各教龄段认为应该加大专业标准宣传和培训力度的教师都在90％以上(见图8-34)；各职称段教师均回答"是"的比例最高(见图8-35)；无论城乡，支持加大专业标准宣传和培训力度的教师均在90％以上(见图8-36)；不同任教学段教师之间存在显著差异，不同任教学段教师回答"是"的比例均最高，高中教师回答"否"和"不清楚"的比例差异更大，其他学段教师回答"否"和"不清楚"的比例相对接近(见图8-37)。

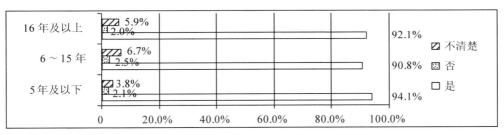

图 8-34　不同教龄教师对加大培训力度的态度

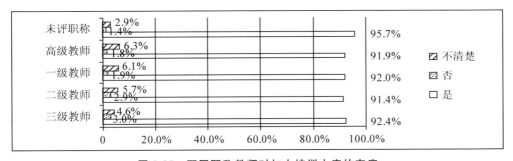

图 8-35　不同职称教师对加大培训力度的态度

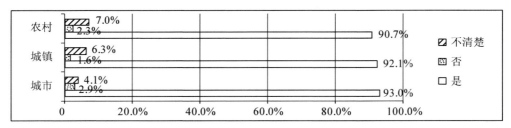

图 8-36　不同城乡位置教师对加大培训力度的态度

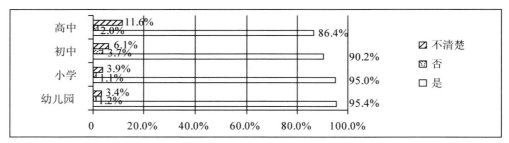

图 8-37　不同任教学段教师对加大培训力度的态度

　　对教师对不同学科专业标准开发的认识与教龄、任教学段、职称、城乡位置的关系分别进行卡方检验，发现不同教龄、不同任教学段教师对是否需要开发不同学科专业标准的态度分别存在极其显著差异和显著差异。3 个教龄段的教师回答"是"的比例都是最高的，但其他两种情况的回答不同。5 年及以下教师回答"否"和"不清楚"的比例相当，16 年及以上教师回答"否"的比例高于回答"不清楚"的比例（见图 8-38）。从各任教学段来看，均是回答"是"的比例最高，幼儿园、小学和初中教师回答"否"的比例高于"不清楚"的比例，高中教师回答"不清楚"的比例高于回答"是"的比例（见图 8-39）。不同职称和不同城乡位置的教师均不存在显著差异，各职称阶段教师对开发不同学科专业标准的支持率均超过或接近 80%（见图 8-40）；无论城乡，绝大多数教师都支持开发学科专业标准（见图 8-41）。

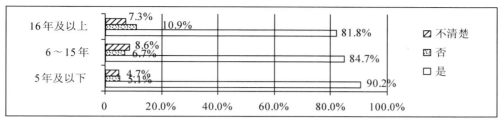

图 8-38 不同教龄教师对开发不同学科专业标准的态度

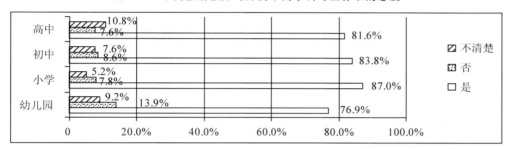

图 8-39 不同任教学段教师对开发不同学科专业标准的态度

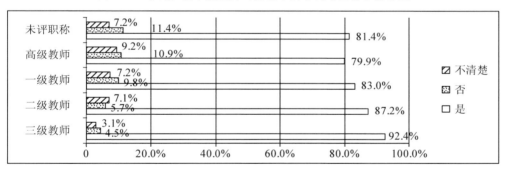

图 8-40 不同职称教师对开发不同学科专业标准的态度

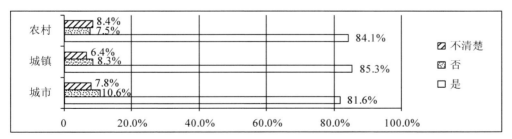

图 8-41 城乡教师对开发不同学科专业标准的态度

对教师对不同专业发展阶段专业标准开发的认识与教龄、任教学段、职称、城乡位置的关系分别进行卡方检验，发现不同教龄、不同任教学段、不同职称的教师对是否需要开发不同专业发展阶段专业标准的认识均存在显著差异。不同教龄教师回答"是"的比例均最高，任教 5 年及以下和 16 年及以上的教师回答"否"和"不清楚"的比例差异更大，任教 6~15 年的教师回答"否"和"不清楚"的比例更为接近（见图 8-42）；不同任教学段教师回答"是"的比例均最高，幼儿园教师回答"否"的比例更高，其次是小学教师，然后是高中教师，高中教师回答"否"和"不清楚"的比例较为接近，初中教师回答"否"和"不清楚"的比例几乎相同（见图 8-43）；不同职称教师回答"是"的比例均最高，回答"否"的比例高于"不清楚"的比例（见图 8-44）；不同城乡位置教师不存在显著差异，无论城乡，绝大多数教师支持开发不同专业阶段专业标准，回答"不清楚"的教师比例均最低（见图 8-45）。

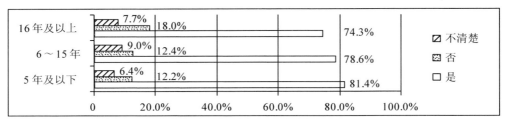

图 8-42　不同教龄教师对开发不同专业阶段专业标准的态度

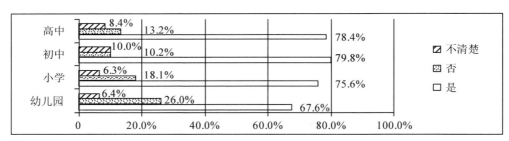

图 8-43　不同任教学段教师对开发不同专业阶段标准的态度

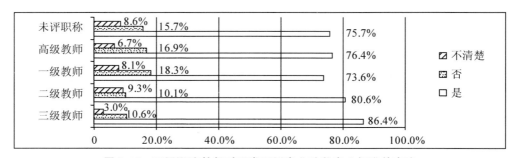

图 8-44　不同职称教师对开发不同专业阶段专业标准的态度

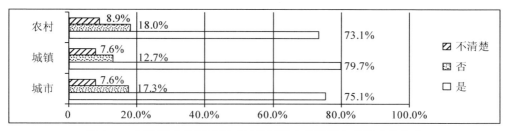

图 8-45 不同城乡位置教师对开发不同专业阶段专业标准的态度

第三节 研究结论及建议

一、研究结论

(一)进一步加强对专业标准对促进我国师资队伍建设作用的认识

《国家中长期教育改革和发展规划纲要(2010—2020 年)》颁布实施以来,我国政府相继出台了多项加强教师队伍建设的政策文件,加快完善教师队伍建设的政策体系,不断推出加强教师队伍建设的有力举措,努力打造一支师德高尚、业务精湛、结构合理、充满活力的高素质、专业化教师队伍。在 2012 年教育部颁布中小幼教师专业标准之后,国务院于 8 月印发了《关于加强教师队伍建设的意见》,提出要"通过完善教师专业发展标准体系、提高教师培养质量、建立教师学习培训制度、完善教师培养培训体系、培养造就高端教育人才等措施来大力提高教师专业化水平"。从调研情况看,各级教育部门在专业标准颁布之后采取了一些宣传措施,也进行了一些培训。但从总体情况看,各级教育部门宣传培训力度及广大教育工作者对专业标准的认知度不够,各级教育部门对专业标准在促进我国师资队伍建设中的作用的认识有待加强。

(二)通用合格专业标准不能满足处于不同专业发展阶段、任教不同学科的教师对专业标准的需求

一方面,教育部 2012 年颁布的专业标准是关于幼儿园及中小学教师的合格标准,是对幼儿园及中小学合格教师专业素质的基本要求,没有区分处于不同专业发展阶段的教师(如师范生、新手教师、优秀教师等)的不同要求;另一方面,2012 年颁布的专业标准是适用于各学段所有学科教师的通用标准,没有针对任

教不同学科的教师提出不同要求。调研发现，通用合格专业标准不能满足处于不同专业发展阶段、任教不同学科的教师对更有针对性的具体专业标准的需求，需要为处于不同专业发展阶段、任教不同学科的教师制定不同的专业标准。

（三）专业标准存在实施难的问题

任何一项教育政策的出台，若缺乏使政策落地的有效实施路径，往往可能流于"束之高阁"的命运。纵观世界许多国家的经验，教师专业标准的真正实施，除了各级教育部门要重视加大对专业标准的认知和培训力度外，开发出恰当的实施路径也是专业标准得以实施的关键。为什么在有些国家，许多专业标准虽然得以开发但却被教师忽视，不能对教学实践产生影响？因为缺乏恰当的对教师是否达到专业标准的评价方式。我国教师专业标准在教育实践层面的全面实施还有许多问题需研究解决，解决如何评价教师是否达到专业专标准这一问题是解决专业标准实施问题的关键。

二、对专业标准进一步开发与实施的建议

（一）进一步深化对专业标准对促进我国师资队伍建设的作用的认识

自 20 世纪 80 年代以来，世界各国掀起了基于专业标准的教育质量运动，作为专业化重要标志之一的教师专业标准率先在美、英、澳等英语国家开发。各国已将教师专业标准作为保障与提高教学质量、促进教师专业化的重要途径，先后进行了对不同层次、不同任教阶段、不同学科教师的专业标准的研发与实施。例如，美国全国专业教学标准委员会通过对教师专业标准及其认证体系近三十年的研发与实施表明，教师专业标准的制定与实施能够对教学实践产生极大的推动作用：能够改进教师的教学实践，促进教师的专业发展，促进学生更深层次的学习，对学生发展具有积极的影响。21 世纪初以来，亚洲国家在国际组织的支持下启动了教师专业标准的联合开发，如菲律宾、马来西亚、泰国、越南等国家开发了不同形式的教师专业标准。我国把"建设高素质教师队伍"列为贯彻落实《国家中长期教育改革和发展规划纲要（2010—2020 年）》、实现 2020 年远景目标的教育发展保障措施之一；尤其是国务院印发的《关于加强教师队伍建设的意见》，把教师队伍建设放在优先发展的战略地位，提升到国家战略高度，其中"完善教师专业标准体系"被作为提高教师专业化水平的重要措施。因此，各级教育部门

应进一步深化对教师专业标准对促进我国师资队伍建设的作用的认识。

（二）进一步开发适用于处于不同专业发展阶段、任教不同学科的教师的专业标准

教育部于 2012 年颁布中小幼教师专业标准是我国教师队伍建设过程中具有里程碑意义的大事，是我国教师专业化发展的标志性实践，对于推动我国教师的专业化发展、提高教师队伍整体素质具有重大意义。近年来，我国进一步加强专业标准体系的开发，又陆续颁布了中等职业学校教师专业标准、幼儿园园长专业标准、义务教育学校校长专业标准、普通高中学校校长专业标准、中等职业学校校长专业标准、中小学教师信息技术应用能力标准、中小学校长信息化领导力标准等。根据目前教育实践需求，结合调研情况，我们认为，处于不同专业发展阶段、任教不同学科的教师需要不同的专业标准，建议以 2012 年教师专业标准为基础和依据，加强对适用于不同专业发展阶段、不同学科等具体领域的标准的研发，从而构建我国完整的教师专业标准体系，为教师培养、准入、培训、考核等工作提供更为具体、科学的依据，通过构建教师专业标准体系来促进高素质、专业化教师队伍建设。

第九章　学科教师专业标准开发与实施的地方探索

在周南照教授带领的国家教师专业标准研究和开发课题组的引领下，北京教育学院于 2009 年成立了由李晶教授负责的"教师专业发展标准研究"课题组（以下简称"课题组"）。课题组围绕职后中小学教师专业发展标准及其具体内容和操作要点，开展了深入、系统的研究，构建了中小学教师专业发展总标准框架和具体内容，开发并出版了分学科、分阶段的"中小学教师专业发展标准及指导"丛书。这套书共 9 个分册，即语文、数学、英语、社会科、理科、信息技术、体育与健康、艺术、技术与综合实践学科（以下简称"学科教师标准"）。课题组以此为基础，推进了教师专业发展标准的应用试验，取得了较好成效。北京教育学院在学科教师专业标准上的深度开发与实践探索，是国内第一次对中小学教师专业标准进行分学科、分阶段开发及应用实践，对我国教师专业标准的深度开发与应用实施、教师专业标准体系的构建和完善具有重大政策意义与实践价值。

第一节　中小学学科教师专业标准的开发

一、学科教师专业标准开发的缘起

为顺应国内外教师专业化发展的趋势，建立健全教师教育标准体系，建设高素质、专业化、创新型教师队伍，教育部从 2004 年开始着手研究建立教师教育标准体系。其中，中小学教师专业标准被定位为通用标准，未分学科与阶段。为呼应和补充通用标准，促进其应用功能的实现，我国迫切需要开发分学科、分阶段的教师专业标准，将其作为通用标准的补充，以实现功能互补，推动通用标准的实践，引领中小学教师专业发展的方向。

　　为解决这一问题，在联合国教科文组织亚太国际教育与价值教育联合会会长、华东师范大学国际教师教育中心创始主任、国内较早开展教师专业标准研究的专家周南照教授的大力推动下，北京教育学院依托该单位承担的"北京市教师教育创新平台"项目，于 2009 年组建了课题组。课题组自 2009 年开始进行中小学教师专业标准研究，先后经历了标准理论建构、标准文本开发、标准论证出版阶段，历时 4 年开发并出版了 9 个学科的教师专业标准；又历时 4 年开展了学科教师专业标准的应用试验，探索了学科教师专业标准在教师培训、学校教师队伍建设规划、教师个人发展等方面应用的路径及方法。

二、学科教师专业标准开发的过程

　　课题组自 2009 年开始开发学科教师专业标准，至 2012 年学科教师专业标准开发完成，并开始下一阶段的学科教师专业标准应用试验，整个过程大致分为三个阶段。

（一）学科教师专业标准理论建构阶段

　　这一阶段主要是开展政策、理论和实证研究，为学科教师专业标准开发奠定科学基础。课题组首先研究了《中华人民共和国教育法》《中华人民共和国教师法》等法律法规以及有关教师知识、教师素质、教师专业发展、教师发展性评价的理论，为学科教师专业标准开发提供了法律法规和理论依据；其次，在研究和运用北京教育学院组织的两次"教师专业发展水平调查与研究"成果的基础上，又问卷调查了 194 名骨干教师，访谈了 18 名优秀教师，开展了质性分析，提炼出了优秀教师的动机、特质、自我概念、学习能力、技巧五种主要特质，形成了教师专业发展六阶段理论，为构建学科教师专业标准理论框架、描述各发展阶段的任务奠定了科学基础。

（二）学科教师专业标准文本开发阶段

　　这一阶段主要开发总标准和分学科标准，可细分为三个子阶段。

　　一是明确学科教师专业标准开发的目的和指导思想阶段。课题组从问题出发，首先明确了学科教师专业标准开发的目的和指导思想。学科教师专业标准开发的目的有三：为教师反思自身教学实践、制订专业发展规划、自主学习与发展提供依据，为教师培训机构诊断教师需求、设计培训项目与课程提供依据，为教育行政管理部门评估教师发展水平提供参考。学科教师专业标准开发的指导思想是基于对宗旨上体现以学生发展为本、内容上体现时代性、层次上体现分阶段、学科上坚持分领域、运用上突出可操作性的综合考量。课题组基于上述目的与指导思想，确立了标准框架、具体内容、表述形式等。

二是开发学科教师专业总标准阶段。课题组构建了以维度、关键表现领域、条目、结果指标四层结构的学科教师专业总标准。维度包括专业基础、专业实践两个维度：专业基础是教师应该具备的师德素养、知识素养，强调的是素养、基础和静态的素质；专业实践是指教师的教育教学活动以及自我发展的实践（包括教学研究与专业发展），强调的是实践活动、实践能力和动态的素质。关键表现领域是两个维度内容的细分，共有四个表现领域，即健全人格与职业道德、学科与教育教学专业知识、促进学生的学习与发展、教育教学研究与专业发展。条目是对关键表现领域的细分，是比较概括的素质和行为表现，是学科教师专业标准的主体内容，共计20条。这些条目的描述尽量直接表达含义和意义。结果指标是条目的进一步细化，是在特定发展阶段对教师专业基础和专业实践的具体要求。一条条目既细化为若干具体的要求，又体现出程度上的差异。各学科在结果指标的多少上有所差异。

三是开发学科教师专业分标准阶段。课题组在完成学科教师专业总标准开发后，又组建分学科团队，参照学科总标准框架，结合学科的特殊性进行研究，从专业基础和专业实践两个维度解析不同学科教师专业发展的特点、重点和困惑点，对学科标准的条文进行内容说明和操作要点说明，并给出具体案例，形成了语文、数学、英语、社会科、理科、信息技术、体育与健康、艺术、技术与综合实践9个学科教师专业标准文稿。

（三）学科教师专业标准论证出版阶段

这一阶段具体包括以下三个子阶段。

一是学科教师专业标准试读阶段。课题组完成学科教师专业标准文稿后，组织部分中小学校长、教师和学生试读学科教师专业标准文稿，对学科教师专业标准文稿进行适切性检验。

二是学科教师专业标准论证阶段。课题组组织专家对学科教师专业标准文稿进行了两次大型论证。一是学科教师专业标准文稿送审。2011年8月，由21名高校教授（包括学科课标组组长）、研究员、一线知名特级教师组成的专家团队，对 9 个学科教师专业标准文稿进行了审议。专家团队充分肯定了学科教师专业标准文稿关于教师专业发展阶段划分及对不同阶段发展任务的描述的创新意义；认为学科教师专业标准如能出版，对推进我国教师的专业发展将具有重要的指导意义。专家团队也对各学科教师专业标准文稿提出了具体的修改意见。课题组结合专家意见反复修改，于 2012 年 1 月完成了学科教师专业标准定稿。二是学科教师专业标准文本鉴定。2012 年 1 月 16 日，课题组召开"中小学教师专业发展标准"评审鉴定会。国家教育咨询委员会委员、国家总督学顾问、联合国教科文组织协会亚太联合会主席陶西平，教育部教育发展研究中心主任张力，北京市教育委员会领导，首都师范大学教育学院院长，一线知名特级教师等专家和领导组成评审团，对学科教师专业标准进行评审鉴定。评审专家对学科教师专业标准文本给予了充分的肯定，认为学科教师专业标准研究对北京市中小学教师队伍建设具有战略意义，体现了难能可贵的教育理性精神和使命感；认真深入教学实践中，较深刻地把握了专业特点，具有指导性、引领性、可操作性；倡导了学科能力和教学思维等新理念，关注了教师的专业发展、评价和有效培训，突出了教师专业的发展性，区别于教师资格标准，具有创新意义。

三是学科教师标准出版阶段。课题组结合评审专家的意见，反复打磨学科教师专业标准文本，交付北京师范大学出版社。2012 年 9 月、2013 年 10 月，北京师范大学出版社分两批出齐了 9 个分册的学科教师专业标准。"学科教师专业标准丛书"各分册多次印刷。截至 2021 年 10 月，语文分册加印了 12 次，数学分册加印了 10 次，英语分册加印了 8 次，社会分册加印了 5 次。

三、学科教师专业标准框架的建构

课题组在围绕职后中小学教师专业标准及其具体内容和操作要点开展深入系统研究的基础上，经过不断修改完善，构建了中小学教师专业发展总标准框架和具体内容。学科教师专业标准包括从新手到熟练、从熟练到成熟、从成熟到卓越三个过程性的阶段描述。

第一，提出教师专业发展六阶段理论。

教师专业发展六阶段是指从新手教师到合格教师的适应期、从合格教师到熟练教师的熟练期、从熟练教师到成熟教师的成熟期、从成熟教师到骨干教师的发展期、从骨干教师到专家教师的创造前期、从专家教师到教育家的创造后期。每个阶段有不同的发展特点与发展任务。兼顾大多数教师的实际情况、教师发展阶段的连续性及发展阶段评价的复杂程度和难度，学科教师专业标准将一二期、四五期分别整合成一个阶段，保留第三阶段，去掉第六阶段，构成三个过程，即从新手到熟练、从熟练到成熟、从成熟到卓越。这一教师专业标准的分阶段描述，体现了教师不同阶段的不同发展要求，有助于通过递进式培训、自主学习与实践等方式，更有指导性地帮助教师顺利完成从低一级到高一级的发展。

第二，开发学科教师专业标准。

学科教师专业标准分学科、分阶段。课题组首先开发了教师专业总标准，并按总标准框架，结合9个学科的特殊性进行研究，从专业基础和专业实践两个维度解析不同学科教师专业发展的特点、重点和困惑点。课题组分学科、分阶段地描述教师专业标准，具体表现为标准框架的四层结构，包括维度、关键表现领域、条目、结果指标四层。这里具体呈现标准框架的维度、关键表现领域、条目三个层级（见图9-1）。

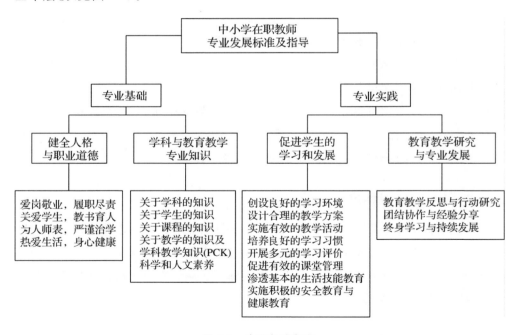

图 9-1　专业标准框架

第三，提出三阶段递进结构。

按照从新手到熟练、从熟练到成熟、从成熟到卓越三个阶段阐述学科教师专业框架、标准内容与指导要点，三阶段呈现递进式发展趋势。学科教师专业标准指导的三项内容包括内容要点、操作要点、举例说明，具有帮助中小学教师理解学科教师专业标准、落实标准的要求、反思教学实践、规划自身发展的功能。学科教师专业标准指导在专业基础维度上主要呈现内容要点，侧重于具体条目的含义、要素、内容的解析；在专业实践维度上主要呈现操作要点，侧重于行为的指导，如操作的程序、要求、策略。举例说明是关于重点与难点的实例呈现和实例示范。另外，北京教育学院依据学科教师专业标准完善了教师培训体系，设计了2013 年、2014 年北京市市级常规培训项目，奠定了新教师"启航计划"、熟练期教师"青蓝计划"、成熟期教师"卓越计划"培训格局的基础，完善了基于学科教师专业标准的分岗位、分学科、分学段、分层次的教师培训体系。语文课程的知识三阶段结果指标如表 9-1 所示。

表 9-1　语文课程的知识三阶段结果指标

标准	结果指标		
	从新手到熟练	从熟练到成熟	从成熟到卓越
（七）关于课程的知识	7.1 了解语文课程改革中提出的基本理念，理解国家课程标准对语文课程性质与地位、课程目标以及课程实施建议等的规定，并努力实践语文课程倡导的价值与行为 7.2 了解所用语文教科书的内容、结构及编写思路，有整体把握语文课程内容的意识	7.1 理解语文课程改革中提出的基本理念，掌握课程标准的相关规定，能用教学实践阐释语文课程改革倡导的价值及课程标准的基本理念与内容 7.2 理解所用语文教科书的体系及其理论依据，知道如何创造性地使用语文教科书，并努力开发语文课程资源	7.1 深谙语文课程改革的基本理念和国家课程标准的相关规定，能够认识到语文课程改革在实施中出现的误区与问题，并在教学中积极探索如何解决这些问题，积极推进语文课程改革 7.2 能够比较研究当前不同版本语文教科书的体系，在教学实践中扬长避短，并积极开发、整合相关课程资源 7.3 能够较好地把握语文课程设计及课程实施等基本理论知识，并能运用于校本课程的设计与实施中

第二节　中小学社会科教师专业标准开发案例

社会科课程是为学生公民素养奠基的包含多个学科领域的综合课程，既包括历史、地理、思想品德（道德与法治）、思想政治等分科课程，也包括品德与生活、品德与社会（道德与法治）、历史与社会等综合课程。以下以社会科为例，探讨中小学社会科教师专业标准的功能定位和结构层级、基本特点、实施建议，以促进学科教师专业标准对社会科教师专业发展和教师培训的有效指导。

一、中小学社会科教师专业标准的功能定位和结构层级

中小学社会科教师是指从事小学品德与生活、品德与社会（道德与法治），初中思想品德（道德与法治）、历史、地理，高中思想政治、历史和地理等课程教学的专业人员。他们在落实课程的人文精神和历史感，培养学生具有现代公民应有的人文素质和社会责任感方面起着独特的作用。建设高素质、专业化的社会科教师队伍是促进学生健康成长的关键因素和重要保障。提高中小学社会科教师素质的途径之一，就是通过研制中小学社会科教师专业标准来引导教师专业发展的方向。

中小学社会科教师专业标准既从宗旨、内容、结构、层次、学科、运用等维度体现了中小学教师专业标准的指导思想，又结合社会科教师不同发展阶段的差异性与社会科不同学段内容的丰富性，实现了教师专业标准内容的学科化和领域化。

中小学社会科教师专业标准是业务指导性的专业标准，不同于教育部颁发的具有政策性和行政指令性的《中学教师专业标准（试行）》和《小学教师专业标准（试行）》。研制社会科教师专业标准的主旨是为中小学社会科教师的专业发展服务，对社会科教师自我发展和社会科教师培训进行指导。

中小学社会科教师专业标准遵循教师专业标准框架，从结构上建立了维度、关键表现领域、条目、结果指标四个层级；结合社会科的特点，以内容要点、操作要点和举例说明的方式解析了20个条目，形成了50条从新手到熟练、63条从熟练到成熟和49条从成熟到卓越的结果指标，并将其作为指导中小学社会科教师应用教师专业标准的具体建议。

二、中小学社会科教师专业标准的基本特点

(一)体现以人为本的思想

以人为本既是研制中小学社会科教师专业标准的重要指导思想，也是该标准

的特点之一。以人为本包括以学生发展为本和以教师发展为本两重含义。

第一，以学生发展为本。教师专业发展不仅是为了教师本身，而且是为了学生，为国家和社会培养有用人才。尊重学生、关心学生、爱护学生、促进学生健康成长，应该成为教师专业发展中重要的要求。在教学中，教师要从学生的学情出发，深入了解学生的知识基础、生活经验、困难障碍等；又要调动学生学习的积极性，发挥学生的主体性，以促进全体学生的发展。"促进学生的学习与发展"关键领域命名以及细化的 8 个条目内容，均为这一思想的具体体现。

第二，以教师发展为本。以教师发展为本主要表现为中小学社会科教师专业标准不仅规范了中小学社会科教师专业内涵的要求，也关注教师的全面发展。例如，"热爱生活，身心健康"，具备"科学和人文素养"，强调"教育教学反思与行动研究""终身学习与持续发展"等具体内容。教师是学生健康成长的关键因素和重要保障。

(二)体现学科综合性

中小学社会科教师专业标准对品德与生活、品德与社会、思想品德、思想政治、历史、地理学科课程进行了整合和建构，呈现出学科综合性的特点。

1. 用跨学科主题综合社会科各分科内容

学科知识与技能的层级结构是教师专业标准的核心点之一(见图 9-2)。

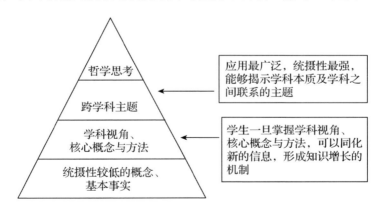

图 9-2　学科知识和技能层级结构与作用示意图

知识结构是指一个人经过专门学习和培训后所拥有的知识体系的构成情况与

结合方式。合理的学科知识结构是有层级的，具有上、下位关系。

这里的跨学科主题是指不同学科、不同领域中共同存在的主题，在地理、生物、历史等学科中均存在。这里的核心概念实际上是学科中一些基本的、重要的观点和观念。某个学科的核心概念是在众多的事件、事实、现象的基础上归纳、推理出来的，是对同一类问题本质特征的概括，通常是由一个命题、判断构成的。教学中让学生掌握这种核心概念，可以提高学生的概括水平、解释水平和应用迁移能力。2011 年国家课程标准的修订，强调了教学中对核心概念的渗透；在构思科学教育目标时，在知识方面不是用一堆事实和理论，而是用趋向于核心概念的一个进展过程来描述。这些核心概念及进展过程可以帮助学生理解与他们在校以及离开学校以后的生活有关的一些事件和现象。[①] 所以，知识和技能的层级结构贯穿于以分学科为主的社会科三个阶段的结果指标中，成为社会科知识的核心(见表 9-2)。

表 9-2 　关于社会科的知识标准及其结果指标简表

维度	领域	标准	结果指标		
			从新手到熟练	从熟练到成熟	从成熟到卓越
专业基础	二、学科与教育教学专业知识	(五)关于社会科的知识	5.1.1 掌握所任社会科国家课程标准中明确规定的学科知识 5.2.1 了解所任社会科课程的学科知识与技能体系	5.1.2 掌握所任社会科国家课程标准中明确规定的学科知识，把握所任社会科课程的学科知识与技能体系 5.2.2 能够描述所任社会科课程的学科知识层级结构 5.3.2 了解所任社会科课程与其他学科以及生活实践、社会发展之间的联系，并能有意识地在教学中渗透	5.1.3 具有统领性、深刻性、融通性的所任社会科学科知识 5.2.3 在丰富的学科实践经历中，形成动态发展的学科知识结构和解决实际问题的能力

由于结果指标的文字比较简明概括，缺乏具体的解释和说明，因此，我们对

---

① ［美］温·哈伦. 科学教育的原则和大概念［M］. 韦钰，译. 2 页，北京：科学普及出版社，2011：2.

标准条目做了内容说明和操作要点说明，配以典型案例，以利于实践，并凸显阶段性和发展性。

对表9-2中的"5.1.3 具有统领性、深刻性、融通性的所任社会科学科知识"的内容要点的解析如下。

统领性：自觉掌握本学科宝塔型的层级知识结构，不仅清楚本学科视角、核心概念与方法，而且善于运用社会科跨学科主题解决本学科的问题，理解本学科知识是如何创立、构建并与其他学科相联系的。教师只有不断地将与学科有联系的事实、论据、概念等纳入一个处于不断统一的结构之内，建构起自己的学科知识结构，才可以使学生独立地面对并深入新的知识领域，从而不断地认识新问题，增加新知识。

举例说明："从成熟到卓越"阶段的历史教师可以外显的统领性知识结构（见图9-3）。

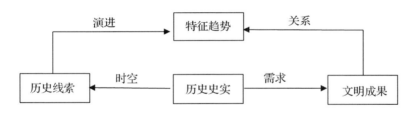

图 9-3　历史教师统领性的知识结构

教师在教学中凸显时空、需求、演进、关系等核心概念的内涵、价值和意义，使学生学会用这些核心概念去构建新知识，探究社会现象，解决新问题。

2. 在领域化的过程中体现综合性

在领域化的过程中体现综合性，表现为两个方面。

第一，强调社会科的课程意识。在现有的分科课程目标、课程内容、课程组织和课程评价方面渗透社会科的综合理念。例如，关于社会科的知识标准条文的具体内容（见表9-3），就体现了社会科的综合性。

表 9-3 关于社会科课程的知识标准及其结果指标简表

维度	领域	标准	结果指标		
			从新手到熟练	从熟练到成熟	从成熟到卓越
专业基础	二、学科与教育教学专业知识	（七）关于社会科课程的知识	7.1.1 了解社会科所任学科的课程目标、课程内容、课程组织和课程评价等知识 7.2.1 理解课程改革中提出的理念并努力实践课程改革中倡导的价值与行为	7.1.2 掌握社会科所任学科的课程目标、课程内容、课程组织和课程评价等知识 7.2.2 理解课程改革中提出的理念并知道如何实践课程改革中倡导的价值与行为	7.1.3 深谙课程改革的基本理念和所任社会科课程在学生发展中的意义 7.2.3 掌握丰富的所任社会科课程设计、课程实施、课程资源和课程评价等知识

第二，在教学过程中，根据教师的不同发展阶段落实社会科课程目标、单元目标、课堂目标，力求做到宏观把握、中观把握、微观把握的有机结合。设计合理的教学方案标准及其结果指标（见表 9-4）就体现了这种综合性。

表 9-4 设计合理的教学方案标准及其结果指标简表

维度	领域	标准	结果指标		
			从新手到熟练	从熟练到成熟	从成熟到卓越
专业实践	三、促进学生的学习和发展	（十一）设计合理的教学方案	11.1.1 能够基于所任社会科课程标准、学习内容、初步的学情分析确定教学目标并进行正确表述 11.2.1 熟悉教材内容，初步学会分析教材，确定学习重点	11.1.2 能够基于所任社会科课程标准、学习内容、学情分析确定具体且清晰的教学目标并进行准确表述 11.2.2 能够正确把握教材中的基本内容及其联系，确定学习重点	11.1.3 整合多元教学目标，不仅关注学生获得知识、提高认知能力，还关注培养学生的责任感与非智力因素 11.2.3 根据学生认知发展规律，整体安排学段教学进程，创造性地设计教学单元，能够进行教学设计背后的学理分析

维度	领域	标准	结果指标		
			从新手到熟练	从熟练到成熟	从成熟到卓越
专业实践	三、促进学生的学习和发展	（十一）设计合理的教学方案	11.3.1 能够从学生的知识基础和生活经验出发，确定学习难点 11.4.1 能够依据教学目标设计教学进程 11.5.1 能够根据教学目标设计评价方式 11.6.1 能够提供一定的学习资源	11.3.2 能够准确地确定学习难点，并掌握突破难点的方法 11.4.2 能够依据教学目标设计合理的教学进程和学习活动 11.5.2 能够依据教学目标设计合理的评价方式 11.6.2 能够提供相应的学习资源	11.3.3 深谙不同类型知识的学习策略，具有丰富、系统且有创造性的教学策略，在教学设计中运用智慧优化教学过程 11.4.3 设计中能有效运用多媒体手段，能为学生提供丰富的学习资源，以促进学生理解知识 11.5.3 积极研究中高考的命题规则和评价标准，做好复习与考试的整体设计，使学生在复习中自己组织知识，在考试时有效提取知识解决问题

（三）体现阶段性

教师专业发展是一个持续的过程，终身学习是教师专业发展的核心。教师专业标准只有明确不同阶段的发展特征，才能阐述不同阶段的发展任务，才能通过递进式培训、自主学习与实践等帮助教师从低一级发展阶段提升到高一级发展阶段，才能使教师专业标准更具有针对性和指导性。

社会科教师专业标准基于教师专业发展呈现六阶段理论和教师专业标准的框架结构，分为从新手到熟练、从熟练到成熟、从成熟到卓越三个阶段，并依据这三个阶段描述社会科教师的发展任务和发展目标，以对不同发展阶段的教师进行专业引领。例如，表9-2、表9-3、表9-4中的三个发展阶段对应的结果指标在内容上大致相同，但从低到高三个发展阶段的要求程度明显不同。

（四）体现操作性

研制社会科教师专业标准是为了指导实践，特别是社会科教师在制订专业发展规划、进行教学实践反思的过程中，要参考本社会科教师专业标准的要求。但社会科教师专业标准的文字一般比较简明，其内涵如何理解，包含什么具体内容，如何操作，操作时注意什么问题，都需要比较具体的解释和说明。为此，我们不仅描述了社会科教师专业标准，还就社会科教师专业标准条文做了内容说明和操作要点说明，对一些重点和难点还加以举例说明，从而增强了社会科教师专业标准的操作性。

三、中小学社会科教师专业标准的实施建议

从服务的主体看，社会科教师专业标准对社会科教师、学校领导、教师培训机构、教育行政部门均有具体的引领作用；从服务的内容看，它适用于诊断（反思）与规划、培养与培训、评估与管理等方面。因此，在实施过程中就要充分发挥社会科教师专业标准的引领、指导和评估功能，促进社会科教师的专业发展和教师培训质量的提升。

（一）中小学社会科教师要善于应用社会科教师专业标准指导自我发展

为了帮助社会科教师理解和实践社会科教师专业标准，发挥社会科教师专业标准的作用，社会科教师专业标准强调了专业指导的功能：对中小学社会科教师理解社会科教师专业标准的指导，对落实社会科教师专业标准要求的行为的指导，对反思教学实践、规划自身发展的指导。其中，对反思教学实践、规划自身发展的指导是核心内容。

教学反思是教师发展的内在机制。教师反思自身教学实践有什么优点和不足，教学水平达到了什么程度，需要借助教师专业标准提供的框架。社会科教师专业标准有助于教师系统地反思与发展。从新手教师到熟练教师阶段的教育教学反思与行动研究标准及其结果指标见表9-5。

表 9-5 从新手教师到熟练教师阶段的教育教学反思与行动研究标准及其结果指标

维度	领域	标准	结果指标
专业实践	四、教育教学研究与专业发展	18. 教育教学反思与行动研究	18.1. 经常有意识地反思自己的教学，形成教学反思的习惯 18.2. 具有问题意识，能够把工作中遇到的问题进行梳理，在他人的帮助下将其转化为研究课题 18.3 学习课题确立与实施的基本方法

表9-5中的结果指标"经常有意识地反思自己的教学，形成教学反思的习惯"的"操作要点"解析：经常有意识地对自己的课堂教学实践进行回顾、审视和反

思，总结经验与教训，汲取他人的教学经验，不断改进自己的教学，逐步形成教学反思的习惯；练习撰写教学日记、教学叙事和教学案例分析，做好说课、评课，提高自己教学反思的质量；在教学反思中，注意把自己学会教学的过程与教学生学会学习的过程统一起来，努力提升自己教学实践的合理性，为实现从新手教师到熟练教师的过渡打下基础。

指导的方式包括内容要点、操作要点和举例说明。表 9-5 即为操作要点指导方式。初中思想品德学科的知识体系和技能体系内容采用了内容要点指导方式。思想品德学科是一门综合性的学科，融合了道德、心理健康、法律、国情等相关内容的知识。该学科的知识学习最终指向的是引导和促进初中学生道德品质、健康心理、法律意识和公民意识的进一步发展，从而使初中学生形成乐观向上的生活态度，逐步树立正确的世界观、人生观和价值观。因此，教师需要掌握道德、心理健康、法律、国情等领域的知识，了解思想品德学科与历史、地理、生活实践、社会发展之间的联系，掌握相关学科的知识，并能有意识地在思想品德教学中渗透。

技能体系内容包括自我调适、自我控制的能力；参与社会公共生活、交往和沟通的能力；收集、处理、运用信息的能力；以正确的价值观为标准，做出正确的道德判断和选择的能力；运用法律维护合法权益的能力；保护环境的能力；道德思维能力和问题解决能力。

社会科教师在应用社会科教师专业标准的过程中，一是要全面学习和理解社会科教师专业标准的内容，从整体上把握社会科教师专业标准的理念与要义，深刻理解社会科教师专业标准对教师专业发展方向、内容和评价的引领作用；二是要结合自身所处的专业发展阶段，参照社会科教师专业标准诊断自身发展的优势和不足，明确本阶段发展的主要任务，通过多种方式促进自主发展。

（二）教师培训机构要发挥社会科教师专业标准对培训的指导功能

社会科教师专业科标准的指导功能也体现在为教师培训机构诊断教师需求、设计培训目标与课程提供依据。教师培训机构要有效促进教师的专业发展，提高培训的针对性和实效性，必须准确把握教师需求，设计有针对性的培训目标与课程。不同层次培训课程的设计必须依据不同发展阶段教师的发展目标。社会科教师专业标准在这方面做了精心设计，并已经对北京市"十二五""十三五"时期教师培训项目的规划与设计、培训课程体系的建设产生了直接的指导作用，还会对"十四五"时期构建高质量教师培训体系发挥重要作用。

作为教师培训机构，在应用《中小学教师专业发展标准及指导》的过程中，一是要注意与教育部颁发的《中学教师专业标准（试行）》和《小学教师专业标准（试行）》的对接和有机整合，处理好行政指令性和业务指导性的关系；二是要开展有关中小学教师专业发展标准内容的专题培训，提高社会科教师对中小学教师专业发展标准的认同度和应用的自觉性，有效发挥中小学教师专业发展标准的价值导向作用。

（三）教育行政管理部门要加强标准配套测试系统的开发

中小学教师专业发展标准的指导功能还表现在为教育行政管理部门评估教师专业发展水平提供依据。教师专业发展的过程性评估、终结性评估对教育行政管理部门了解信息、激发动力、考核奖惩等都有帮助，评估标准和指标体系的设计要依据教师专业标准来研制。为此，教育行政管理部门要加强标准配套测试系统的开发，依据社会科教师专业标准涉及的可检测的学科知识、教学技能建立测试框架和题库，为评估社会科教师专业发展水平和检测社会科教师培训效果提供科学、系统的检测工具。中小学社会科教师专业标准的研发是一项具有创造性的基础研究，对提高中小学社会科教师的专业发展水平具有很强的指导性。社会科教师专业标准的实施对提高中小学社会科教师的专业地位，加强中小学社会科教师队伍建设必将产生重要影响。当然，社会科教师专业标准反映的是社会科教师专业发展的规律性和要求，具有统一性，而教师个体之间是有差异的。因此，社会科教师专业标准具有相对性，而不是绝对的。在实践和应用过程中，教育行政部门需要对社会科教师专业标准进行检验和不断完善。

第三节　中小学学科教师专业标准的实施

学科教师专业标准开发及其成果出版后，北京教育学院课题组基于这些学科教师专业标准，进一步完善了教师培训体系，开发了教师培训课程指南，申报了教育部教师队伍建设示范项目并获得了立项，举办了学科教师专业标准应用试验培训班，并在中小学开展了应用试验，探索了学校应用模式，推进了教师专业标准的应用，取得了较好成效。

一、学科教师专业标准应用试验的背景

教育部颁发的中小幼教师专业标准需要学校和教师在实践中加以应用。课题组开发出来的分学科、分阶段标准，也需要接受适切性检验和效果性检验，以解决标准在教师培训、教师队伍建设规划、教师个人专业发展等方面应用的问题。因此，为使北京市中小学教师学习应用国家教师专业标准和北京教育学院版学科教师专业标准，发挥教师专业标准的自我诊断、评价和导向功能，强化中小学教师的职业地位、专业尊严，促进中小学教师专业发展，探索国家教师专业标准的应用模式和实施经验，为中小学教师发展水平评估、培训课程体系建设和教师专业标准的推广应用提供实践依据，北京教育学院副教授王远美主持的学科教师专业标准应用试验课题组依托北京教育学院开展的北京市市级教师培训项目、市级骨干教师项目、京郊"绿色耕耘"项目、城区"专业促进"项目，分阶段开展了学科教师专业标准的应用试验。

二、学科教师专业标准应用试验的过程

学科教师专业标准应用试验课题组于 2012 年 12 月开始学科教师专业标准的应用试验，历经 4 年实践，推动了学科教师专业标准在教师培训、学校教师队伍建设规划、教师个人发展等方面的应用，为教育部颁发的通用教师专业标准的应用提供了参考。

(一)在北京教育学院的应用试验：探索项目应用模式

北京教育学院既是学科教师专业标准开发的主体，也是学科教师专业标准应用试验的主体之一。在应用试验方面，一是北京教育学院基于学科教师专业标准完善培训体系，开发培训课程指南。北京教育学院基于学科教师专业标准，完善了分岗位、分学科、分学段、分层次的教师培训体系，设计了 2013 年、2014 年市级常规培训项目，开发并出版了包括 12 个学科的"中小学教师培训课程指南丛书"，开发了"学科教师专业标准"专题课程。二是申报了教育部教师队伍建设示范项目并获得立项，举办学科教师专业标准应用试验培训班。2012 年，课题组申报并立项教育部教师队伍建设示范项目"中小学教师专业发展标准的应用试验"

（项目编号 17-252-PX），举办学科教师专业标准应用试验培训班，指导学员应用学科教师专业标准进行自我发展诊断和课堂教育教学行为调整；还在市级常规培训、"国培计划"、援助培训、合作培训等项目中，开设教师专业标准课程，引领教师应用学科教师专业标准，促进教师专业发展。三是召开学科教师专业标准应用试验推进会，总结反思。课题组利用学科教师专业标准应用试验培训班结业式，整合召开"教育部教师队伍建设示范项目推进会"，总结学科教师专业标准应用经验，反思应用中的问题，邀请周南照教授指导的教师专业标准研究团队成员（如教育部教育发展研究中心、临沂大学的教师专业标准专家等）点评指导，探索改进项目推广的应用模式，形成并发表研究论文。

（二）在中小学的应用试验：探索学校应用模式

学科教师专业标准应用试验课题组以北京教育学院附属丰台实验学校、北京师范大学第二附属中学西城实验学校、北京市第七中学等学校为学科教师专业标准应用实验学校，推动学科教师专业标准在学校的应用，为学校和教师发展服务。北京教育学院附属丰台实验学校依据学科教师专业标准的指导思想、框架结构、内容要点及操作要点，结合学校办学理念和教师队伍培养目标，制定了《教师队伍建设三年实施方案》，探索了学科教师专业标准整校推进的应用试验模式，有效促进了不同学科、不同发展阶段教师的专业成长，为学校教师队伍整体发展发挥了重要的导向作用。北京师范大学第二附属中学西城实验学校两个学科组的教师基于学科教师专业标准重构课堂，有效促进了教与学的改变；通过课例研究、论文撰写、反思等方式，落实学科教师专业标准的理念及内容要点，形成系列研究课和相关教学论文，提高了教学研究的能力，增强了专业发展的信心。

（三）基于应用试验初步提炼学科教师专业标准应用模式

学科教师专业标准应用试验课题组通过开展学科教师专业标准的项目应用、学校整校推进和学科组试点以及学科教师专业标准引领下的课程指南开发等应用试验，发现整校推进和学科组试点两种模式是推动学科教师专业标准在中小学应用落地的有效路径，能有效破解教师专业发展怎样整体推进、发展期教师如何得到发展这两大难题。以项目方式聚焦学科教师专业标准应用主题设计培训，可降低专业培训的随意性、经验性和碎片化，加快年轻教师成长为具有专业化水平的成熟教师的速度。成熟教师可通过解析学科课程目标，聚焦学科视角、核心概念和方法，建构学科知识层级结构，从而改变知识结构，在教书育人过程中加速自身成长。通过学科教师专业标准的应用试验，学科教师专业标准应用试验课题组还发现了学科视角和教师专业发展的关联路径与方法。

三、中小学学科教师专业标准应用试验案例

以下分别以北京教育学院附属丰台实验学校和北京师范大学第二附属中学西城实验学校为例，来说明中小学学科教师专业标准在中小学的应用试验情况。

（一）北京教育学院附属丰台实验学校的应用试验

北京教育学院附属丰台实验学校的应用试验于 2013 年 3 月开始，至 2016 年 12 月结束。该校采取整校推进的应用试验模式，将学科教师专业标准作为理论依据和操作指南，依据学科教师专业标准的指导思想、框架结构、内容要点及操作要点，结合学校办学理念和教师队伍培养目标，制定了《学校教师队伍建设三年实施方案》。

北京教育学院附属丰台实验学校将学科教师专业标准作为引领学校教师个人成长的方向与依据，基于从新手到熟练、从熟练到成熟、从成熟到卓越不同专业发展阶段的特点，分析教师队伍现状，遵循分阶段、递进式专业成长路径，开展"小主题"培训活动，着力对年轻教师开展"单元备课""研究素养的实践"等教研模式，加速年轻教师成长。应用学科教师专业标准的 4 年里，该校教师共有 207 篇论文获得国家、市、区级奖项，出版各类成果累计 165 万字，先后有 89 人次获得市区级荣誉。北京教育学院附属丰台实验学校将学科教师专业标准作为教师队伍可持续发展的引擎。学科教师专业标准的应用加深了教师对职业的理解，促进了教师教育理念和教学行为的变化，从而带动了学生思维品质、综合素养的变化。

（二）北京师范大学第二附属中学西城实验学校的应用试验

北京师范大学第二附属中学西城实验学校的应用试验自 2015 年 3 月开始，至 2016 年 12 月结束。该校以学科组试点方式推进学科教师专业标准的应用试验。该校信息技术学科组和政治学科组以参与北京教育学院承担的教育部教师队伍建设示范项目——"中小学教师专业发展标准的应用试验"培训班为契机，展开学科教师专业标准的实践。

信息技术学科组联合北京市第七中学组建试验组，通过课堂教学、课例研究、论文撰写、反思等方式，落实学科教师专业标准的理念及内容要点，形成了系列研究课和相关教学论文，实现了学科组成员从实践教学向经验提升的发展。

政治学科组对照学科教师专业标准，首先开展教师自我诊断，找准定位；其次梳理学科知识层级结构和核心概念，反思教学，重构课堂，出现了教师"教"得轻松、学生"学"得轻松的课堂氛围。政治学科组教师开发的多个课例、撰写的多篇论文在西城区评比中获奖，这激发了教师成长的内在动机，促进了教师团队的自我成长。

两个学科组的试验所取得的成绩对学校教师队伍的专业发展产生了积极影响，推动了学校在更大范围内应用学科教师专业标准，有效地促进了学校教师队伍整体水平的提高。

第四节　中小学学科教师专业标准应用的成效

中小学学科教师专业标准的开发及应用成效较为显著，具体表现为以下七点。

第一，在教育政策层面，学科教师专业标准被转化为教师培训政策。课题组提出的教师专业发展六阶段理论以及分岗位、分学科、分学段、分层次构建中小学教师培训体系的思路被北京市教育委员会采纳。北京市教育委员会在《北京市"十二五"时期中小学教师培训工作实施意见》中设计了新教师上岗培训、学科教师培训、特级教师及学科带头人和骨干教师高端培训等多个层次的常规培训项目。

第二，在培训课程开发层面，学科教师专业标准指导了培训课程开发。课题组依据学科教师专业标准，开发、出版了"中小学教师培训课程指南丛书"（共 12本）。体育学科课题组 2015—2016 年以学科教师专业标准为基础，开发了教育部"中小学教师课程培训体系·体育学科"培训标准，体现了学科教师专业标准的引领作用。课题组还开发了《中小学教师专业标准的价值与内容》《中小学教师专业发展标准的应用》两门网络课程，这两门课程成为北京市"十三五"中小学教师培训公共必修课程。14 万名中小学教师通过"京师网"在线学习。课题组成员还为多个省份的"国培计划"项目讲授学科教师专业标准课程 260 多久，致力于推动教育部颁发的通用教师专业标准的实践。

第三，在学校层面，学科教师专业标准在学校的整体推进，提升了实验学校教师队伍的规划意识和专业化水平。北京教育学院附属丰台实验学校参照"学科教师专业标准丛书",制定了《学校教师队伍建设三年实施方案》,通过"小融通""新课程""小主题"等实践方式有效地规划和促进了学校教师队伍建设。

第四,在学科组层面,学科教师专业标准为学科教师反思课堂教育教学实践提供了依据。中小学教师以学科教师专业标准的学科知识层级结构理念指导、改进教学,提高了课堂教学质量,增强了教学的实效性,有效地促进了学生学习质量的提高。北京市西城区某学校政治、信息技术学科组的教师参加学科教师专业标准应用实验培训班后,做了8节研究课,撰写了8篇论文,其中6篇获学科论文奖项,实现了学科组成员从实践教学向经验提升的发展。

第五,在教师发展方面,学科教师专业标准增强了教师自主发展的目标性、自觉性。"学科教师专业标准丛书"被众多培训项目班指定为必修读本,并在全国一些省市成为教师用书,为教师自我诊断、规划专业、自主学习提供了依据。

第六,在研究者发展方面,课题组成员多年合作研究,促进了自我专业成长。在学科教师专业标准开发及实验应用实践过程中,课题组成员有的成长为教育部"国培计划"专家库专家,有的成为全国有影响力的学科培训专家,有的成为北京市市级骨干教师或学科带头人。课题组成员承担教育部、北京市、学院等各级各类相关科研课题10多项,发表论文30多篇,在教师教育领域产生了一定的影响。

第七,在应用规模方面,学科教师专业标准在全国得到广泛应用。截至2021年10月,"学科教师专业标准丛书"已累计印刷23.7万册,成为北京、上海、江苏、浙江、广东等地区的中小学教师培训参考用书。此外,课题组的研究成果还得到了《光明日报》《北京日报》《现代教育报》等媒体的关注和报道。

面向未来,北京教育学院课题组将继续秉持开放、合作、集体攻关的价值理念,持续推进学科教师专业标准的应用实践和修订完善,为教师专业标准的实施积累实践经验,助力新时代高素质、专业化、创新型教师队伍建设。

第十章　基于教师专业标准的
幼儿园新教师园本培训实践[①]

　　近年来，中央和地方政府加大对幼儿教育的投入，各地公办幼儿园数量激增，新教师大量涌入。新教师作为幼儿园的新生力量，对幼儿园的可持续发展起到举足轻重的作用。加强新教师的职前培训，使其尽快适应幼儿教育工作需求，实现专业发展，是办好高质量幼儿园的必然要求和前提条件。

　　胶州市实验幼儿园是山东省胶州市机关幼儿园教育集团现有四所园所之一。近几年来，这四所幼儿园每年新进教师8～10名，有考取事业编制和聘任两种来源，均为学前教育专业研究生、本科或专科学历，具有幼儿园教师资格证书。新教师缺少教学实践经验，急需专业成长。传统的园本培训模式单一，已经难以满足新教师的发展需要。因此，幼儿园急需找到一条有效的路径来培训新教师，帮助他们尽快由新手教师向熟手教师转变，从而适应幼儿园的工作。

　　2012年教育部颁布的《幼儿园教师专业标准（试行）》指出，幼儿园教师是履行幼儿园教育工作职责的专业人员，需要经过严格的培养与培训，具有良好的职业道德，掌握系统的专业知识和专业技能。胶州市实验幼儿园以《幼儿园教师专业标准（试行）》中的基本理念"师德为先、幼儿为本、能力为重、终身学习"为框架，以《幼儿园教师专业标准（试行）》中的要求为依据，制定了一系列幼儿园新教师园本培训方案，以入园0～3年的新教师为培训对象，开展切合教师需求的园本培训、研讨等活动，积极探索有效的园本教研及园本培训方式和制度，以有效实现新教师的主动发展，助推青年教师的专业成长。

---

　　① 本章初稿主要由胶州市实验幼儿园逄伟艳老师撰写。

第一节　园本培训前的教师需求调查

为了解新教师的需求，胶州市实验幼儿园组织了问卷调查和座谈交流，调研新教师发展现状以及成长需求，根据调研结果制订培训计划，以满足新教师对教学实践能力、参与式培训以及名师带教指导的需求。问卷调查主要针对教龄为 0～3 年的教师展开，共发放问卷 17 份，收回有效问卷 17 份。问卷统计结果见表 10-1。

表 10-1　基于《幼儿园教师专业标准（试行）》的新教师园本培训前的教师需求调查

内容	调研情况	分析
1. 对《幼儿园教师专业标准（试行）》的了解程度	简单了解 70%，很了解 30%	大多数教师对《幼儿园教师专业标准（试行）》有简单了解，经过接受专门的培训以及联系实际研讨感悟后，对《幼儿园教师专业标准（试行）》有深刻的理解
2. 现在最希望得到的培训	100%选择专业能力，具体指向：与家长沟通交流、组织幼儿活动、观察指导幼儿、个别幼儿教育	新教师专业思想意识较强，热情较高，专业知识较为丰富，急需在实践中提升能力
3. 幼儿教师最应该具备的能力、急需发展的能力	具备爱幼儿、观察幼儿、组织活动的能力，急需组织教育活动、班级管理、观察解读幼儿行为、家长沟通等能力	综合上一条分析，新教师急需专业能力培训，需要得到成熟、先进的经验指导
4. 印象深刻的教育理论、实践中用到的教育理论	皮亚杰、卢梭、杜威、苏霍姆林斯基、加德纳、埃里克森、蒙台梭利、瑞吉欧、维果斯基、马斯洛、陈鹤琴、福禄贝尔、夸美纽斯、陶行知、洛克、斯金纳	新教师全部毕业于学前教育专业本科、专科学校，经历事业编制考录，具备深厚的理论基础，在实践中能自觉反观理论，寻求理论支撑
5. 希望得到哪种方式的培训	依次排序：①跟踪观摩；②参观学习；③师徒结对；④专家讲座；⑤读书和经验交流；⑥网络视频	新教师对参与式、行动性培训需求更大，希望得到更具体、更有针对性的个别指导
6. 受益最大的园本培训	关于经验和实践能力的园本培训收获较大	幼儿园安排的园本培训有效促进了新教师成长
7. 对专业有影响的重要他人	有大学教师、园长、同事，其中优秀同事对自身影响明显	入职后近距离接触的优秀同事对新教师影响较大，园长有高度的引领作用对新教师树立职业理想有较大影响

在座谈会中，新教师围绕两个方面的问题展开交流，一是回顾工作经历，谈自己对幼儿教育工作的认识；二是谈自己在工作中的困惑和想要得到的帮助。新教师表达了自己对职业的理解和认识以及发展的具体需求：一是新教师普遍对自己的职业有清楚正确的认识，能够在工作过程中发现自身价值，感受职业的幸福，有发展自己专业的热情和期望，希望得到快速提升；二是新教师的困惑和需求主要是在实践能力方面，集中在教学活动组织能力、与家长沟通交流能力、幼儿管理尤其是个别幼儿教育等方面，希望获得一些经验引导，如优秀教师经验介绍、优秀课例展示、优秀教师带教指导等；三是新教师希望能得到专门的指导帮扶，如名师带教、师徒结对；四是新教师喜欢参与型的培训活动，如观摩和课例研讨，在观摩优秀案例、亲自组织课例、团队研讨交流的过程中得到实践能力的提升。

通过座谈及问卷调查还发现，新教师普遍具备较好的专业思想和师德素养，有热情和信心获得专业发展，专业知识丰富，理论基础扎实。入职后面临的问题是理论与实践脱节，感觉有力用不上，急需在实践中发展能力。根据对新教师需求的分析，胶州市实验幼儿园应该将教师园本培训的重点放在对新教师专业能力的指导培训方面。培训内容方面，包含幼儿行为观察解读、一日活动组织实施、家长工作、个别幼儿教育等，加大领域教学培训力度，将理论的集体培训改为以自学为主；培训方式方面，更多采用参与式、互动式行动研究，注重专题性、针对性、个别化指导，加大参与式、案例式培训成分，让新教师在行动中提升自我，注重名师示范指导，发挥师带徒作用，以正确范例帮助新教师明确发展方向。

根据《幼儿园教师专业标准（试行）》要求及教师发展普遍需要，胶州市实验幼儿园还开展了全方位、有实效的师德素养培训，让教师养成自觉读书学习、以研究的态度对待工作的良好习惯。

第二节　园本培训的指导思想

胶州市实验幼儿园以教师专业标准的核心理念作为新教师园本培训的指导思想，将教师专业标准的核心理念贯彻于日常教学实践中。

一、突出"师德为先"的职业理想

热爱幼儿教育事业的专业思想是指幼儿教师对专业和职业的认同。幼儿教师具有幼儿教育的职业理想和敬业精神，愿意为幼儿教育事业奉献自己，这是幼儿教师专业发展和职业发展的前提。幼儿教师师德培训基础内容包括：落实法律法规中的师德要求，学习把握幼儿发展特点。师德培训重点内容包括：基于自我价值发现的教师职业认同和职业理想形成。主要通过教育故事、师德演讲、微信等网络平台等方式，引领教师发现自我价值，产生职业认同，树立职业理想，感受职业幸福，从而保持敬业和奉献精神。

二、坚持"幼儿为本"的基本理念

运用"幼儿为本"的教育理念指导教师的教育行为，包括三个方面：一是理解、尊重幼儿，树立正确的儿童观；二是掌握幼儿发展知识，树立科学的教育观；三是注重理念对实践的指导，在日常教学中真正实现"幼儿为本"。幼儿教师理念培训的基础内容包括：常用幼儿教育基础理论、幼儿学习和发展基本知识，《3—6岁儿童学习与发展指南》。理念培训重点内容包括：提升教师观察和解读幼儿行为的能力。主要通过培训指导教师撰写观察记录、幼儿学习故事等方式进行。

三、注重"能力为重"的实践要求

幼儿教育能力包括对幼儿教育知识和幼儿生理心理发展知识的理解能力、保教能力、沟通能力和反思能力等。这些能力的培养，必须通过实践才能得以落实。幼儿教师实践能力培训的基础内容包括：保教工作要求、幼儿一日活动组织、环境创设、家长工作、材料书写等。实践能力培训的重点内容包括：领域教学活动设计组织能力、教学反思能力。主要采用行动学习方式，通过"教法培训＋模拟课堂＋课堂实践＋反思跟进＋再实践"，让教师在行动中学习研究，获得发展。

四、强化"终身学习"的职业特性

终身学习是教育工作的需求，胶州市实验幼儿园的培训中主要是通过培养教师的读书习惯来体现终身学习这一基本理念的。采用集体读书与个别读书相结合的方法，依据新教师必读书目、选读书目和推荐书目，利用读书交流、撰写读书笔记提高教师的阅读水平，形成阅读学习习惯。

第三节　园本培训的实施策略及关注点

一、突出"师德为先"的职业理想教育

胶州市实验幼儿园将培训重点放在基于自我价值发现的幼儿教师职业认同和职业理想形成方面。首先，学习法律条规，了解师德的重要性。胶州市实验幼儿园会对新入职的教师进行专门的师德培训，学习《中华人民共和国教育法》《中华人民共和国教师法》《实验幼儿园职业道德标准》等文件，并提出"两懂"（懂法、懂孩子），对新教师做出明确的师德规范要求。其次，通过各种活动进行师德教育。胶州市实验幼儿园通过"爱的故事""我的教育故事""师德故事演讲"等分享会、讲座，引领新教师通过讲述自己和孩子之间发生的爱的故事以及倾听、感受同伴爱的故事，产生职业认同，获得价值感和幸福感，从而保持敬业和奉献精神；定期邀请专业心理咨询师为教师进行"积极心理学与教师幸福"等讲座，引领教师在工作中保持积极的心态，把工作当成一种乐趣；此外，针对社会上出现的不良师德现象，胶州市实验幼儿园还充分利用微信等网络平台，引领教师讨论交流，强化内心思想，树立职业理想。

二、用"幼儿为本"的教育理念指导教师的教育行为

对幼儿的理解和角色定位，直接决定着幼儿教师专业发展的高度。理解、尊重幼儿，树立正确的儿童观，掌握儿童发展知识，树立科学的教育观，这是幼儿教育工作者应该具备的首要条件。理解幼儿，必须注重理念对实践的指导，在日常教学中去实践、发展。胶州市实验幼儿园通过调研分析发现，新教师普遍具备较为丰富的幼儿发展专业知识和扎实的教育理论基础，他们急需的是如何将这些理论知识转化为教育实践能力。因此，胶州市实验幼儿园重点进行"提升教师观察和解读幼儿行为能力"的培训，主要通过方法培训、教师撰写观察记录、交流观察记录等方式进行，引领教师观察幼儿行为，运用掌握的理论知识尝试进行分析解读，打通理论

和实践的关系；通过区域活动和户外活动的开展，引导教师把目光转向幼儿，从幼儿的角度去分析幼儿的行为并进行指导，以游戏为基本活动，以幼儿为活动的主题，把幼儿的需求放在第一位去考虑，在活动中切实感受幼儿为本的教育理念。为深化教师对幼儿的理解，胶州市实验幼儿园为教师提供必读书目《幼儿行为的观察与记录》《窗边的小豆豆》，要求教师研读并撰写读书感悟，组织读书感悟交流会，全方位发展教师对幼儿心理和行为的把握、解读能力。

三、突出"能力为重"的实践要求

在每学期初的新教师岗前培训中，胶州市实验幼儿园都会组织专门的讲师团，集中培训教师的基本能力，包含一日活动的组织与实施，教育活动计划的制订，家长工作要求，师德规范和教师行为规范，《幼儿园教育指导纲要（试行）》《幼儿园教师专业标准（试行）》《3—6岁儿童学习与发展指南》的解读等内容。例如，胶州市实验幼儿园会进行以"弱化装饰，强化互动——让环境和材料与幼儿对话"为主题的环境创设与利用培训研讨，引领教师将环境创设的重点置于内心，关注幼儿与环境的有效互动。培训采用参与互动方式，由新教师互相展示实践成果、观摩学习、研讨互动，在实践中学习反思、获得发展。在"让幼儿的学习看得见——幼儿游戏行为的观察分析"专题培训中，胶州市实验幼儿园给教师购买了相关书籍，结合教师自学内容，引领新教师从观察幼儿游戏入手，解读幼儿游戏行为。培训后，教师撰写观察记录，定期开展交流分析。指导教师给予指导，提高新教师观察、理解幼儿的能力。学期末的新教师课例展示每一位新教师都要参与。课题组针对每一个活动进行观摩评析，了解新教师发展现状，帮助新教师查找问题，给予新教师具体的指导帮助，为接下来的领域教学培训确定思路、奠定基础。在课例展示过程中，针对新教师水平不一、部分新教师对教学活动的基本流程没有掌握的情况，接下来的培训要加强基本教学法培训，并为新教师提供优质课例观摩学习，采用"教法培训＋模拟课堂＋课堂实践＋反思跟进＋再实践"培训模式，让新教师在行动中学习研究，提高教学组织能力。

在浓厚的研究氛围中，胶州市实验幼儿园新教师快速成长。2018年，入职仅4年的张一萍老师在青岛市优质课比赛中获得一等奖的好成绩。下面附上她的初稿教案和终稿教案以及活动的反思。从中我们可以看到新教师在打磨一节课的活动中，从关注目标到关注幼儿，从提问不明确到有启发性。其中除了体现出教研中教师智慧的结晶外，还体现出教师在磨课过程中专业能力的迅速提升。

活动名称：各种各样的纸（初稿）

活动目标：

1. 了解常见纸的名称及用途，感知纸的厚薄、软硬、色彩、光滑度等特征，知道中国人很早就发明了纸。

2. 积极与同伴分享收集的关于纸的信息，能按学习、家用、装饰、包装等用途将纸分类。

3. 感受纸的多样性及其给人们生活带来的方便，产生作为中国人的自豪感。

活动准备：

1. 收集各种各样的纸。

2. 分类筐 5 个（学习用纸、家庭用纸、装饰用纸、包装用纸、其他用纸）。

活动过程：

1. 引导幼儿介绍自己收集的纸，了解纸的名称、用途及多样性。

（把幼儿收集的纸放到前面桌子上）

(1)请幼儿介绍自己收集的纸。

提问：这是什么纸？它是干什么用的？

小结：生活中有各种各样的纸，有皱纹纸、彩纸、餐巾纸、挂历纸、包装纸等。这些纸有不同的用途，给我们的生活带来了方便。

(2)感知纸在厚薄、软硬、色彩、光滑度等方面的不同特点。

提问：这些纸有哪些不同呢？请你们拿自己收集的纸和小伙伴们互相看一看、摸一摸、比一比，感受一下它们到底有什么不同。

小结：我们收集的纸在厚薄、软硬、色彩、光滑度等方面不同，接下来我们一起认识几种特殊的纸。

(3)出示 PPT，展示几种特殊的纸及其用途。

提问：你们认识它们吗？它们有什么用途？

小结：这些纸都有自己的用途，我这里还给小朋友们准备了一些纸。我们一起来用一用，看看它们有什么用途。

2. 引导幼儿尝试使用纸，探索纸的不同用途和种类。

(1)请幼儿分组尝试使用纸，探索纸的不同用途。

(2)组织幼儿交流、展示自己组用什么纸做了什么事情，根据幼儿的交流及时小结纸的不同用途及种类。

3. 组织幼儿玩"把纸送回家"游戏，请幼儿按照用途将纸分类。

（1）引导幼儿讨论：这么多的纸，怎么摆放用起来比较方便。

（2）启发幼儿将纸进行分类。

（3）请幼儿欣赏故事"蔡伦造纸"，知道中国人最早发明了纸，萌发作为中国人的自豪感。

活动反思：

教师提出的要求不明确、不简练。例如，在让幼儿玩"纸乐园"时，教师提出的要求太琐碎，没有突出重点，尤其对中班幼儿，要有语气、情绪的带动。每一个环节的小结都有欠缺。对幼儿回答后的追问，没有抓到幼儿的重点。

修改活动环节如下。这个活动，第一环节可以为幼儿创设一个"纸乐园"，让幼儿在玩中感受不同的纸，提供报纸、牛皮纸、纸箱等让幼儿尽情地玩，主要让幼儿感受各种各样的纸的特点。第二环节让幼儿介绍自己带来的纸，在此过程中进行分类整理，并认识特殊用纸。第三环节观看视频，提升情感，感受纸带来的方便及作为中国人的自豪感。

题目：科学活动"各种各样的纸"（终稿）

班级：中班

活动由来：

随着科技的发展，纸的种类越来越多，用途越来越广泛。各种新型纸不断诞生，纸的"大家族成员"越来越多。中班幼儿对纸有一定的认识，生活中常用到卫生纸、餐巾纸，游戏活动中常常接触画纸、皱纹纸、宣纸等。本次活动引导幼儿收集各种各样的纸，进一步了解纸的种类和用途，引发幼儿关注、探究纸的兴趣，鼓励幼儿在操作实践中感知纸的不同特征，感受纸给人们生活带来的方便。

教学方法和策略：

1. 操作实践——引导幼儿在游戏中自主学习。

《3—6岁儿童学习与发展指南》指出，幼儿科学学习的核心是激发探究兴趣，体验探究过程，发展初步的探究能力。在此活动中，为让幼儿更好地感知纸的特性，教师给幼儿提供了充分操作探究的机会，在活动中为幼儿提供了各种各样的纸，供幼儿在游戏中探究纸的特性及用途。幼儿通过帮教师做许愿瓶，在操作中了解纸的不同用途。

2. 结合生活——激发幼儿探究兴趣。

《幼儿园教育指导纲要(试行)》指出,科学教育应密切联系幼儿的实际生活进行。本活动从幼儿的生活入手,收集幼儿生活中常用到的纸,并用不同用途的纸进行礼物的制作,引发幼儿的探究欲望,使幼儿感受生活处处都离不开纸。

3. 交流讨论——在表达交流中提升经验。

讨论交流有助于帮助幼儿将自己的发现尝试进行归纳整理,提升经验。活动中,教师采用集体活动和个别活动相结合的形式,引导幼儿从纸的名称、特性、用途等方面大胆介绍自己带来的纸;在游戏中鼓励幼儿大胆分享交流自己的发现,提升经验。

活动目标:

1. 了解常见的纸的名称及用途,感知纸的厚薄、软硬、色彩,光滑度等特征,知道中国人最早发明了纸。

2. 积极与同伴分享收集的关于纸的信息,能按学习、家用、装饰、包装等用途将纸分类。

3. 感受纸的多样性及其给人们生活带来的方便,产生作为中国人的自豪感。

活动准备:

1. 家长、幼儿、教师共同收集生活中不同的纸。

2. 环境创设:大纸箱内投放各种各样的纸(报纸、挂历纸、彩纸、皱纹纸等),6个不同大小的纸箱,挂满纸彩条的架子及纸扇。

3. 贴有"学习用纸""包装用纸""装饰用纸""家庭用纸"等标签的架子。

4. 供幼儿制作许愿瓶的瓶子、彩笔、胶水。

活动过程:

1. 玩一玩,引导幼儿在游戏中感知纸的特性。

提问:看一看你们玩的是什么纸,摸一摸、比一比它们有什么不同。

小结:这里的纸有这么多秘密呀!有的厚,有的薄;有的软,有的硬;有的摸起来很光滑,有的摸起来粗糙;颜色也都不一样。你还知道纸有什么秘密?纸怕什么?

2. 说一说,请幼儿介绍纸的名称及用途并进行分类,认识不同用途的纸。

(1)请幼儿介绍自己带来的纸的名称及用途并进行分类。

提问:你带来的是什么纸?有什么用途?

小结:幼儿带来的纸有可以写字、画画、学习知识的学习用纸,有可以做手工装饰房间、教室的装饰用纸,有可以包装礼物、物品的包装用纸,还有可以帮我们讲卫生的家庭用纸。

（2）引导幼儿认识不同用途的纸。

提问：请每个小朋友选择一张纸，看一看它是什么样子的，是什么纸，有什么特殊用途。

小结：纸在我们的生活中作用可真大，我们的生活处处都离不开纸。

3. 做一做，以情境引入，让幼儿在制作中感知不同用途的纸。

以教师的好朋友要过生日的情境引入，请幼儿帮忙制作生日礼物。做许愿瓶都需要什么材料？刚清洗完的瓶子有水怎么办？用卫生纸擦完瓶子再做什么？可以用到哪些纸？玻璃瓶子怕摔碎怎么办？我还想写封信祝福他，可以用什么纸？

小结：谢谢你们帮我给朋友准备精美的礼物。今天我们认识了这么多纸，而且还用这些纸做了许愿瓶。

4. 看一看，激发幼儿通过观看视频产生作为中国人的自豪感。

提问：其实在很久以前是没有纸的，你知道纸是谁发明的、是怎么制造出来的吗？我们一起来看一个视频。

小结：纸是我们中国人发明的，中国人厉害吧！聪明的小朋友，相信你们长大了一定也可以发明各种各样的纸。

四、强化"终身学习"的职业特性

"终身学习"是教育工作的需求。胶州市实验幼儿园主要通过培养教师的读书习惯来体现终身学习这一基本理念，采用集体读书与个别读书相结合的方法，依据新教师必读书目、选读书目和推荐书目三种类型，定期组织教师交流读书笔记。新教师利用读书交流、撰写读书笔记等方式提高阅读水平，形成阅读的习惯。

五、新教师园本培训的关注点

（一）关注多种途径提升职业认同感

《幼儿园教师专业标准（试行）》对幼儿园教师的师德与专业态度提出了特别的要求。师德与专业态度是教师职业的基准线，尤其幼儿园教师的教育对象是身心发展迅速、可塑性大、易受伤害的幼儿，更需要幼儿教师师德高尚，具有良好的职业道德修养，富有爱心、责任心、耐心，热爱幼儿，并给予幼儿精心的呵护和培养。因此，对于新入职的教师来说，他们要实现从学生到教师的角色转变，要爱上这个职业，首先就要对幼儿教师的职业形成认同感。职业认同感是指个体对于所从事的职业的目标、社会价值及其他因素的看法与社会对该职业的评价及期望的一致性，即个人对他人或群体的有关职业方面的看法、认识完全赞同或认可。职业认同感是人们努力做好本职工作、达到目标的心理基础。胶州市实验幼儿园通过讲座引导的方式让新教师了解幼儿教师的职业价值，通过榜样引领的方式让新教师热爱幼儿教师这一职业，使教师树立正确的职业理想，发现自我价值，体验职业幸福感，克服新入职时的茫然和惶恐，坚定自己的职业理想。

(二)关注儿童观的树立

新教师需要更多的时间和精力去适应岗位，需要学习组织一日活动的方法，需要学习如何与家长沟通、如何创设环境、如何提供游戏材料等。但是无论需要学习的内容有多少，新教师都要坚持将目光转向幼儿，在《幼儿园教师专业标准（试行）》以"幼儿为本"理念的指引下，学着去尊重、理解幼儿，读懂幼儿，与幼儿交朋友，从对幼儿行为的理解和解读中提升自己各方面工作的能力，这是新教师专业能力提升的关键一步。

(三)关注理论与实践的结合

新教师具备较为丰富的幼儿发展专业知识和扎实的教育理论基础，但是缺少实践经验。《幼儿园教师专业标准（试行）》指出：要把学前教育理论与保教实践相结合，突出保教实践能力。因此，在新教师的培训中，应该引导他们注重理论与实践相结合；在理论培训之后，给他们提供相关的实践机会，让他们将理论应用到实践中，在实践中对理念进行内化，从而达到专业能力有效提升的效果。例如，在学科教学的培训中，胶州市实验幼儿园转变了单纯的教法培训的方式，从理论入手，先对新教师进行《3—6岁儿童学习与发展指南》中五大领域的核心价值、教育要点以及注意事项等的培训，而后再对五大领域的教学法进行系统的培训。有了理论基础之后，再开展课例研究，让新教师自己设计活动、组织活动，将理论应用到实践当中，并通过名师示范课让他们进一步加深对理论的理解，明确理论在实践中的具体应用。

(四)关注激发内驱力，实现自我主动发展

内驱力是由内而外驱动自身主动学习、工作的重要因素。《幼儿园教师专业

标准(试行)》在"基本理念"和"专业能力"中均提出了对教师反思与自主发展的要求。唤醒教师的内驱力，实现新教师的主动发展成为胶州市实验幼儿园一直倡导的目标。在工作中，胶州市实验幼儿园除了通过培训、榜样引领之外，还通过引领教师自主反思、自主读书，在学习和反思中找经验、找方法并学会主动思考，树立终身学习的思想，实现自我的主动发展。

第四节　园本培训的实施效果

一、新教师对《幼儿园教师专业标准(试行)》有了更深入的认识和理解

《幼儿园教师专业标准(试行)》是国家对合格幼儿园教师的基本要求，是幼儿园教师开展保教活动的基本规范，是引领幼儿园教师发展的基本准则。其框架结构与中小学教师专业标准基本一致，但在具体内容上有所不同。在专业能力方面，《幼儿园教师专业标准(试行)》充分体现了幼儿园教育的突出特点和保教工作的基本任务，特别强调了幼儿园教师必须具备的良好环境的创设与利用、幼儿一日生活的合理组织与保育、游戏活动的支持与引导、教育活动的恰当计划与实施能力等。在基本要求层面，《幼儿园教师专业标准(试行)》充分反映了幼儿园教师必须具备的专业态度、知识与能力，如特别强调幼儿园教师要将幼儿的生命安全和身心健康放在首位，并具有相应的专业知识和能力；要掌握和尊重幼儿身心发展的年龄特点与个体特点，重视生活对幼儿健康成长的重要价值，重视环境和游戏对幼儿发展的独特作用，掌握幼儿园环境创设、一日生活安排、游戏与教育活动、班级管理的知识与方法等。通过参加《幼儿园教师专业标准(试行)》引领下的新教师培训，新教师对教师专业标准的理念、内容和要求有了更进一步的认识和理解。

二、推动了新教师专业水平的快速提升

通过多种方式的培训研讨，新教师的教学素养得到很大提升，教学能力得到长足发展。他们钻研教材、一日活动、家长工作、课堂组织等方面的能力都不断提高。后期的教师问卷调查对教师完成课题前后的需求情况做出较为细致的比较（见表10-2）。

表 10-2　完成课题前后调研情况比较

内容	完成课题前调研情况	完成课题后调研情况	分　析
1. 对《幼儿园教师专业标准（试行）》的了解程度	简单了解占 70%，很了解占 30%	很了解占 100%	经过专门的培训解析以及联系实际的研讨感悟，对《幼儿园教师专业标准（试行）》有了深刻的理解
2. 哪种培训收益最大	100% 选择专业能力，具体指向：与家长沟通交流、组织幼儿活动、观察指导幼儿、个别幼儿教育	62% 选择专业能力，具体指向：与家长沟通交流、组织幼儿活动、观察指导幼儿、个别幼儿教育。25% 选择专业理念和师德。13% 选择专业知识	新教师经过培训后，对专业能力、专业理念和师德、专业知识都有了一定的了解
3. 印象深刻的教育理论、实践中用到的教育理论	皮亚杰、卢梭、裴斯泰洛齐、杜威、苏霍姆林斯基、加德纳、埃里克森、蒙台梭利、瑞吉欧、维果斯基、马斯洛、陈鹤琴、福禄贝尔、夸美纽斯、陶行知	马斯洛的"需求层次"理论、卢梭的"自然教育"理论、裴斯泰洛齐的"教育适应自然"的原则、杜威的"做中学"的理论、维果斯基的"最近发展区"理论	新教师印象深刻的理念更有指向性、实践性，他们能够将理念应用到幼儿的一日活动之中，并学会从关注幼儿到以幼儿为主体，尊重幼儿，把幼儿的需求放在第一位，让幼儿在游戏中学习
4. 希望得到哪种方式的培训	①跟踪观摩；②参观学习；③师徒结对；④专家讲座；⑤读书和经验交流；⑥网络视频	①参观学习；②课例研讨；③跟踪观摩；④专家讲座；⑤师徒结对；⑥读书和经验交流；⑦网络视频	通过比较发现，经过培训，教师已不满足于通过跟踪观摩学习相关知识，而是想通过参观学习、课例研讨、专家讲座来不断充实自己
5. 对专业有影响的重要他人	有大学教师、园长、同事，其中优秀同事对自身影响明显	100% 指向身边的同事，如园长、级部主任、班主任、配班教师乃至保育员	园领导的专业技能和态度、独特人格魅力、以幼儿发展利益至上的思想等，级部主任和班主任的悉心教导，配班教师和保育员对工作认真负责、尽职尽责的态度都潜移默化地影响着新教师

内容	完成课题前调研情况	完成课题后调研情况	分　　析
6. 通过培训，新教师认为以下能力得到明显提升	关于经验和实践能力的园本培训收获较大	①观察研究幼儿的能力。学会观察幼儿的行为表现，并能给予准确的回应。②教育教学能力。系统梳理了专业知识，明确了各种不同类型的课例的教法与重点，能准确把握各环节。③组织一日活动的能力。④动手设计能力。例如，利用身边材料为幼儿提供学习游戏等	新教师通过参加培训，对于能力发展的描述更加具体，丰富多元的培训引领新教师在各方面都得到了充分的发展与提升

通过参加新教师园本培训，教师对《幼儿园教师专业标准（试行）》的内容已经很了解了。对于培训的收获，多数教师认为收益最大的是专业能力得到了提升，能够更好地组织教育教学活动和一日各环节，更加关注幼儿的主体地位、游戏的重要性以及幼儿的需求等。

以下是 L 教师参训感悟摘录：

园领导及各个领域有经验的教师对我们新教师展开的培训让我受益匪浅，培训为我面临的实际工作提供了许多方法和策略。我刚踏入工作时常常因为写各种材料而犯愁，担心自己写得不够好，不敢写。通过参加对幼儿游戏活动的观察与指导的培训，我知道了自己在记录观察事件方面有很多不足，记录得不够完整、细致、客观。我应该全身蹲下来，用心来观察幼儿的行为，学会带着问题去观察，而且要有坚持性，用随笔的方式记录，对于自己有困惑的地方可以和其他教师讨论，学习做一个忠实的观察者。通过参加活动区的创设与指导的培训，我学到了应该怎样去指导幼儿活动，往往遇到的问题不同，教师扮演的角色也不同。当幼儿对活动的玩法、规则、扮演角色、内容不熟悉时，教师是参与者；当幼儿游戏活动发生纠纷时，教师是调解员；当幼儿操作遇到困难时，教师是指导者。教师及时指导、把握干预的时机是促进幼儿区域活动的催化剂。我往往对自己的活动设计不够自信，觉得有很多不足。经过培训后，我学到了更专业的理论，会针对不同的教育活动用合适的教学方法。

第十一章　我国教师专业标准深度开发与实施的政策建议

一、将教师专业标准深度开发与实施作为新时代加强教师队伍建设的重要举措

自20世纪80年代以来，世界各国掀起了基于教师专业标准的教育质量运动。作为专业化发展重要标志之一的教师专业标准研究与开发率先在美国、英国、澳大利亚等国家发起。各国已将教师专业标准作为保障与提高教师质量、促进教师专业化的重要途径，先后进行了不同层次、不同阶段、不同学科的教师专业标准的研发与实施。例如，美国全国专业教学标准委员会通过对教师专业标准及其认证体系多年的研发与实施表明，教师专业标准的制定与实施能够对教学实践产生极大的推动作用：能够改进教师的教学实践，促进教师的专业发展，促进学生更深层次的学习，对学生发展具有积极的影响。21世纪初以来，亚洲国家在国际组织的支持下启动了教师专业标准的联合开发，如菲律宾、马来西亚、泰国、越南等开发了不同形式的教师专业标准。我国2012年颁布的中小幼教师专业标准为促进我国教师队伍素质的整体提高发挥着越来越显著的作用。进入21世纪第二个十年后，我国把建设高素质教师队伍列为贯彻落实《国家中长期教育改革和发展规划纲要（2010—2020年）》的保障措施之一；尤其是国务院于2018年1月印发的《关于加强教师队伍建设的意见》，把教师队伍建设摆在优先发展战略地位，提升到国家战略高度，其中"完善教师专业标准体系"成为提高教师专业化水平的重要措施。因此，我们建议国家及各级教育部门进一步加强教师专业标准体系建设，并切实采取有效措施，促进教师专业标准在教育实践层面的有效实施，以教师专业标准为抓手，实现教师专业素养的整体提升，实现"让最优秀的人去培养更优秀的人"的教育愿景。

二、将制定完善的教师专业标准体系及探索有效的标准实施机制作为实施《教育部关于完善教育标准化工作的指导意见》的重要内容之一

为强化教师专业标准对加快教育现代化、建设教育强国、办好人民满意的教育的支撑和引领作用，教育部在 2018 年 11 月颁布的《教育部关于完善教育标准化工作的指导意见》中指出，与教育改革发展实践和教育现代化需求相比，教育标准化工作还存在制定标准不够科学规范等问题，主要表现在：标准意识不强，标准观念尚未树立，还没有形成事事有标准、按标准办事的习惯；标准体系还不健全，标准供给还存在缺口，部分重点领域标准缺失；标准制定机制不完善，标准化工作的规范性还要进一步提高；标准质量还有待提高，动态调整机制不健全，部分标准存在老化问题；标准实施力度有待加大，实施机制还不完善；教育标准的国际影响力还不强，在国际上认可度不高；等等。《教育部关于完善教育标准化工作的指导意见》提出要完善标准体系框架，其中在教师队伍建设标准方面，要求健全教师资格标准、教师编制或配备标准、教师职业道德标准、教师专业标准、教师培养标准、教师培训标准、教师管理信息标准等。因此，完善教师专业标准体系及探索有效教师专业标准实施机制，作为完善教育标准化工作的重要内容之一，需要在 2012 年颁布的中小幼教师专业标准基础上，进一步制定并颁布实施适用于不同任教学科教师、不同任教学段教师、处于不同专业发展阶段教师的专业标准。

三、将进一步开发、颁布并实施不同学科、不同学段、不同专业发展阶段的教师专业标准提上日程

2012 年颁布的中小幼教师专业标准是我国教师队伍建设历程中有里程碑意义的大事，是我国教师专业化发展的标志性实践，对于推动我国教师的专业化发展、提高教师队伍整体素质具有重大意义。近年来，我国进一步加强教师专业标准体系的开发，又陆续颁布了中等职业学校教师专业标准、幼儿园园长专业标准、义务教育学校校长专业标准、普通高中学校校长专业标准、中等职业学校校长专业标准以及中小学教师信息技术应用能力标准、中小学校长信息化领导力标准等。此外，根据目前教育实践需求，结合调研情况，我们认为，不同学科、不同学段、不同专业发展阶段的教师需要不同的教师专业标准，建议以 2012 年颁

布的标准为基础和依据，加强适用于不同学科、不同学段、不同专业发展阶段的教师专业标准的研发，从而构建我国完整的教师专业标准体系，为教师培养、准入、培训、考核等工作提供更为具体的依据。

四、制定教师专业标准文本转化为实施措施的行动计划

教师专业标准颁布之后，如何实现从教师专业标准文本向实施措施的转化？采用什么方式来评价教师是否达到教师专业标准？如何帮助教师实现基于教师专业标准的专业发展？澳大利亚学者因格瓦森认为，教师专业标准最重要的两大用途：一是为教师专业学习打造更有效的方法，二是建立更有效的体系来评估教师的表现。教师专业标准要实现这两大目标，要解决的核心问题在于：要在教师专业标准和教师的教学行为之间建立联系。从世界各国的实践经验来看，美国全国专业教学标准委员会开发的基于教师专业标准的优秀教师认证评估体系是建立这种联系的有效工具之一。基于教师专业标准的认证评价依据教师专业标准内容来设计认证评价任务，然后通过对认证评价任务的评估来评价教师是否达到教师专业标准；更重要的是，在实施基于教师专业标准的认证评估过程中①，通过帮助教师参与完成基于教师专业标准的认证评估，来实现教师基于教师专业标准的专业发展，使认证评估过程成为促进教师专业发展的过程。

五、在高等学校师范类专业认证与教师专业标准之间架起桥梁

2017 年 10 月，为规范引导师范类专业建设，建立健全教师教育质量保障体系，不断提高教师培养质量，教育部发布了《普通高等学校师范类专业认证实施办法(暂行)》，拉开了分级分类开展师范类专业认证的序幕。2018 年 2 月，教育部、国家发展和改革委员会、财政部、人力资源和社会保障部、中央机构编制委员会办公室联合印发的《教师教育振兴行动计划(2018—2022 年)》提出教师教育质量保障体系构建行动，包括建设全国教师教育基本状态数据库、建立教师培养培训质量监测机制、发布《中国教师教育质量年度报告》、出台《普通高等学校师

---

① 在美国全国专业教学标准委员会基于标准的优秀教师认证评估实践中，教师从报名到认证完成的认证评估过程通常持续 1～3 年，目的在于实现认证促进教师发展。

范类专业认证标准》、启动开展师范类专业认证等一系列措施，其中师范类专业认证作为教师教育质量保障体系的构成要素之一，到目前已进入实质性阶段：浙江师范大学和首都师范大学已经进行了打样认证，东北师范大学、西南大学、华中师范大学和陕西师范大学的 16 个专业已完成首批认证工作。

师范专业认证以"学生中心、产出导向、持续改进"为基本理念。"产出导向"这一基本理念指强调以师范生的学习效果为导向，对照师范毕业生核心能力素质要求，评价师范类专业人才培养质量，体现了认证对师范生培养质量及专业素养的重视。认证实施办法结合我国教师教育实际，分类制定中学教育、小学教育、学前教育等专业认证标准，将其作为开展师范类专业认证工作的基本依据。以《小学教育专业认证标准》为例，认证标准分为三级：第一级是国家对小学教育专业办学的基本要求，第二级是国家对小学教育专业教学质量的合格要求，第三级是国家对小学教育专业教学质量的卓越要求。每一级认证标准在开头的文本陈述中都说明了以国家教育政策法规、小学教师专业标准、教师教育课程标准等作为标准制定依据。在此意义上可以说，师范类专业认证是我国教师专业标准从政策文本转化为引领教育实践的重要举措之一，是促进教师专业标准落实的具有里程碑意义的大事。因此，在专业认证实践中，要切实做到以教师专业标准为依据，一方面，通过最初实验性的认证实践，进一步开发出更为详细的、更具操作性的、基于教师专业标准的认证指标体系；另一方面，我们也注意到，第一级的认证标准在课程与教学学分比例、教育实践时间与基地建设、教师教育者队伍、硬件支持条件等维度做出了较为明确的检测指标，但是对师范生的培养目标和毕业要求没有提出标准。虽然一级标准是对小学教育办学的基本要求，但缺乏对师范生培养质量的监测指标，不能体现教师专业标准的依据价值。既然第三级认证标准是国家对小学教育专业教学质量的卓越要求，那么以 2012 年颁布的《小学教师专业标准（试行）》作为依据，则不是很适合。因为 2012 年颁布的教师专业标准是通用合格标准，是分别对中小幼教师的基本要求；第三级认证标准中对师范生毕业要求的文本描述也没能很好地突出对卓越质量的要求。因此，为中小幼开发卓越/优秀教师专业标准的工作势在必行。

六、将开发实施卓越教师专业标准列入卓越教师培养计划

继《关于实施卓越教师培养计划的意见》之后，2018 年 9 月，教育部印发了

《关于实施卓越教师培养计划 2.0 的意见》，通过全面推进师德养成教育、分类推进培养模式改革、深化信息技术助推教育教学改革等 8 个方面的举措，进一步提升卓越教师的培养水平，促进一流师范院校和一流师范专业建设，推动全方位协同育人步伐。计划目标要求，经过 5 年左右的努力，办好一批高水平、有特色的教师教育院校和师范专业，师德教育的针对性和实效性显著增强，课程体系和教学内容显著更新，以师范生为中心的教育教学新形态基本形成，实践教学质量显著提高，协同培养机制基本健全，教师教育师资队伍明显优化，教师教育质量文化基本建立。可以看出，卓越教师培养计划对一流师范院校和一流师范专业的建设提出了许多具体要求，其最终目标是到 2035 年，师范生的综合素质、专业化水平和创新能力显著提升，为培养造就数以百万计的骨干教师、数以十万计的卓越教师、数以万计的教育家型教师奠定坚实基础。纵观世界各国的教师专业标准体系建设，为不同类型的教师开发不同的教师专业标准，是完善教师专业标准体系的重要一环。因此，制定我国的卓越教师专业标准，为卓越教师的培养提供引领与目标，应该尽快被提上日程。

七、关注完善教育标准化工作中统一性与多样化的矛盾

教育标准化体系的构建与实施是加强教师队伍建设、加快教育现代化、建设教育强国、办好人民满意的教育的重要保障，也是增强我国教育国际竞争力、国际影响力及国际认可度的重要途径之一。一方面，有学者担心，教育标准化体系的构建与实施的结果是否会产生越来越多的统一性，导致教育思想和教育实践中多样性的减少，这与追求个性化办学、注重创造力培养的教育理念岂不相悖？另一方面，"标准意识不强，标准观念尚未树立，还没有形成事事有标准、按标准办事的习惯；标准体系还不健全，标准供给还存在缺口，部分重点领域标准缺失；标准制定机制不完善，标准化工作的规范性还要进一步提高……"①。这是我国教育现阶段面临的主要问题，我们需要制定标准来规范教育教学，因为标准是将品质或能力所应该达到的程度予以量化，包含所有可评估的准则，这些应该是可观察、可测量的达到标准的方法；标准化是一个活动过程，这个过程是以制

---

① 中华人民共和国教育部．教育部关于完善教育标准化工作的指导意见［EB/OL］．［2019—08—21］．http：//www.gov.cn/xinwen/2018—11/27/content_5343757.htm.

定标准、贯彻标准、达到统一为目标的。随着科学技术的进步和人类实践经验的不断深化，再重新修订标准，贯彻标准，达到新的统一。周而复始、不断循环、螺旋式上升是这一过程的特征。每一次循环，每一次新的统一，都使标准水平有一个新的提高。注重标准与规范化建设，自觉按照评价指标的要求规范自己的办学行为，但又不至于滑入标准化带来的统一化、一致性的陷阱，应该成为我们在完善教育标准化工作的理论与实践中要慎重对待的问题。

附　录

我国中小幼教师专业标准实施情况调查问卷

尊敬的老师：

您好！我们是国家社科基金 2014 年度教育学一般课题"教师专业标准深度开发与实施策略的国际比较研究"（课题批准号：BDA140026）和教育部教师队伍建设示范项目"中小学教师专业发展标准的应用试验研究"（项目编号：17-252-PX）课题项目组，正在为提高教师的专业地位、促进教师专业成长而努力。我们希望通过这份问卷了解我国教育部于 2012 年 2 月颁布的《幼儿园教师专业标准（试行）》《小学教师专业标准（试行）》和《中学教师专业标准（试行）》的应用和实施情况，了解您对教师专业标准的看法和建议。问卷采取匿名方式，答案没有对错之分。您完全可以充分表达自己的真实想法。您的思考和见解对我们的项目研究很重要。

感谢您的积极参与和支持！

课题项目组

2017 年 11 月

一、基本信息

（　　）1. 您的性别：

    A. 男　　　　　　B. 女

（　　）2. 您的年龄：

    A. 25 岁以下　　B. 26～30 岁　　C. 31～35 岁　　D. 36～40 岁

    E. 41～45 岁　　F. 46～50 岁　　G. 51 岁以上

（   ）3. 您的教龄：

    A. 3 年以下　　　B. 4～5 年　　　C. 6～10 年　　　D. 11～15 年

    E. 16～20 年　　　F. 21 年以上

（说明：问卷调研时候，为获得更为详细信息，教龄按照现问卷这样细分。分析调查结果时，根据所获数据的特点，将其合并为三个教龄段进行了分析：5 年及以下，6～15 年，15 年以上）

（   ）4. 您现在任教的学段：

    A. 幼儿园　　　B. 小学　　　　C. 初中　　　　D. 高中

（   ）5. 您现在所任教的学科或其他教育岗位：

    A. 语文　B. 数学　C. 外语　D. 物理　E. 化学　F. 生物

    G. 历史　H. 地理　I. 思想品德　J. 思想政治　K. 音乐　L. 美术

    M. 体育（含健康）　　N. 科学　　O. 品德与生活（品德与社会）

    P. 心理　　Q. 综合实践　　R. 信息技术　　S. 教研员

    T. 学校教学管理人员　　U. 其他_____

（   ）6. 您参加工作时的学历：

    A. 高中或中专　B. 专科　　　C. 本科　　　　D. 硕士研究生

    E. 博士研究生　F. 其他_____

（   ）7. 您现在的学历：

    A. 高中或中专　B. 专科　　　C. 本科　　　　D. 硕士研究生

    E. 博士研究生　F. 其他_____

（   ）8. 您前后两个学历所学的专业：

    A. 一致　　　　B. 相近　　　　C. 不一致

（   ）9. 您的职称：

    A. 三级教师（原中学三级　小学三级　小学二级）

    B. 二级教师（原中学二级　小学一级）

    C. 一级教师（原中学一级　小学高级）

    D. 高级教师（原中学高级）

    E. 正高级教师　　　　　F. 未评职称

（   ）10. 您所在的学校在 _____省_____市_____区（县）。

（　　）11. 您所在学校的位置：

    A. 城市　　　　　　B. 城镇　　　　　　C. 农村

（　　）12. 您所在学校的类型：

    A. 省重点学校　　　　　　　　B. 市重点学校

    C. 区/县重点学校　　　　　　　D. 都不是

二、调查问题

（　　）1. 您对我国教育部 2012 年颁布的中小幼教师专业标准的了解情况：

    A. 仔细阅读过　　　　　　　　B. 见过，没有仔细阅读

    C. 听说过，没见过　　　　　　D. 没有听说过

（　　）2. 请您指出教师专业标准的三个维度：（可多选）

    A. 专业知识　 B. 专业理念与师德　 C. 专业基础　 D. 专业能力

（　　）3. 请您指出教师专业标准的基本理念：（可多选）

    A. 师德为先　 B. 学生为本　 C. 能力为重　 D. 仁爱之心　 E. 终身学习

（　　）4. 您是通过什么途径了解到教育部颁发的教师专业标准的？（可多选）

    A. 学校或地方教育局的培训　　 B. 学校或地方教育行政部门的宣传

    C. 网络或报刊　 D. 其他途径_____　　 E. 没有了解的途径

（　　）5. 您是否参加过有关教师专业标准的讲座或其他任何形式的关于教师专业标准的培训？

    A. 是　　　　　　 B. 否

（　　）6. 为贯彻实施教师专业标准，您所在学校或地方教育行政部门采取了哪些措施？（可多选）

    A. 组织教师座谈会

    B. 举办教师专业标准报告会

    C. 开展教师专业标准专题培训

    D. 通过网络、报刊和宣传栏等进行宣传

    E. 其他措施_____　　　　　 F. 没有采取任何措施

（　　）7. 您所参加的"国培计划""省培计划"或者其他各类教师培训，是否将教师专业标准列为培训内容？（可多选）

    A."国培计划"有　　　　　　 B."省培计划"有

    C. 其他培训有　　　　　　　 D. 所参加的培训都没有

（　　　）8. 您认为关于教师专业标准，是否需要加大宣传和培训的力度？

      A. 是　　　　　B. 否　　　　　C. 不清楚

（　　　）9. 教育部颁布的教师专业标准是适用于中小幼各学段学科教师的通用标准。您认为教育部是否有必要进一步开发和颁布适用于不同学科的教师专业标准？

      A. 是　　　　　B. 否　　　　　C. 不清楚

（　　　）10. 教育部颁布的教师专业标准适用于不同专业发展阶段的教师，即新手教师、合格教师、熟练教师、成熟教师、骨干教师和专家教师。您认为教育部是否有必要进一步为处于不同专业发展阶段的教师开发和颁布不同的教师专业标准？

      A. 是　　　　　B. 否　　　　　C. 不清楚

（　　　）11. 您所在的学校或地方教育局在进行各种形式的教师考核时，是否将教师专业标准作为依据？

      A. 是　　　　　B. 否　　　　　C. 不清楚

（　　　）12. 您所在的地方教育行政部门进行教师资格考试或进行教师招聘考试时，是否对教师专业标准中的要求有所体现？

      A. 是　　　　　B. 否　　　　　C. 不清楚

（　　　）13. 您认为您在专业发展和教育教学中是否需要教师专业标准？

      A. 是　　　　　B. 否　　　　　C. 不清楚

（　　　）14. 您认为教师专业标准的作用有哪些？（可多选）

      A. 规范教师的教育教学行为

      B. 引领教师的专业发展

      C. 评价教师的工作绩效

      D. 促进教师的自我反思

      E. 其他_____

（　　　）15. 您认为什么样的教师专业标准能够真正有利于促进教师的专业发展？（可多选）

      A. 优秀教师专业标准

      B. 通用性专业标准

      C. 专业水平等级标准

      D. 分学科专业标准

      E. 其他_____

16. 如果请您来制定中小幼教师专业标准，请按照重要程度，写出必要的三条标准内容。

17. 您希望您所在的学校或地方教育局采取什么样的措施来实施教师专业标准？

18. 您希望应该用什么样的方式来评价教师是否达到教师专业标准？

19. 对于我国的中小学教师专业标准，您有何其他建议和想法？

20. 如果您对教师专业标准还有其他话想说，我们很希望能有机会对您做深度访谈，我们的邮箱：陈老师：chendeyun@lyu.edu.cn；王老师：wangyuanmei777@126.com。

我们期待您的来信。或者，如果您愿意，我们很希望您告诉我们您的联系方式：＿＿＿＿＿＿＿＿＿＿＿＿＿＿＿＿＿＿＿，我们会联系您。

参考文献

中文部分：

[1][美]达林-哈蒙. 美国教师专业发展学校[M]. 王晓华，向于峰，钱丽欣，译. 北京：中国轻工业出版社，2006.

[2]陈德云. 美国优秀教师专业教学标准及其认证：开发、实施与影响[M]. 北京：北京师范大学出版社，2012.

[3]陈德云，周南照. 教师专业标准及其认证体系的开发——以美国优秀教师专业标准及认证为例[J]. 教育研究，2013(7)：128—135.

[4]陈德云. 美国基于标准的优秀教师认证评价开发研究[J]. 全球教育展望，2011(12)：67—71，94.

[5]陈德云. 国际视野下的教师专业标准述要[J]. 教育科学研究，2010(8)：72—76.

[6]杜晓利. 教师政策[M]. 上海：上海教育出版社，2012.

[7]邓涛，王阳阳. 澳大利亚教师教育专业认证改革：理念更新和标准重构[J]. 高等教育研究，2018(12)：98—106.

[8]梁忠义，罗正华. 教师教育[M]. 吉林：吉林教育出版社，2000.

[9]何美. 科学教师专业标准与评价体系——美国卓越教师发展的目标[M]. 北京：北京师范大学出版社，2015.

[10]洪成文. 国际教师教育质量保证制度的最新发展[J]. 比较教育研究，2003(11)：32—36.

[11]黄崴. 教师教育体制——国际比较研究[M]. 广州：广东高等教育出版社，2003.

[12]黄嘉莉，桑国元. 1994年后我国台湾地区教师教育质量保障机制的演进[J]. 教师教育学报，2019，6(1)：37—44.

[13]教育部教师工作司. 造就大国良师——《中共中央国务院关于全面深化新时代教师队伍建设改革的意见》辅导读本[M]. 北京：教育科学出版社，2018.

[14]克莱因，等. 教师能力标准：面对面、在线及混合情景[M]. 顾小清，译. 上海：华东师范大学出版社，2007.

[15]刘健智，李兰. 近十年来美英法日澳教师专业化发展状况[J]. 中国高教研究，2010(9)：

33—36.

[16]李欢，李翔宇. 中美加特殊教育教师专业标准比较研究[J]. 教师教育研究，2017，29(6)：114—122.

[17]李梦卿，刘晶晶. "双师型"教师资格认证标准设计的理性思考与现实选择[J]. 教育发展研究，2017(21)：75—84.

[18]路晨. 当前新西兰职前教师教育改革的背景、举措及启示[J]. 外国教育研究，2018，45(6)：89—101.

[19]卢乃桂，操太圣. 中国教师的专业发展与变迁[M]. 北京：教育科学出版社，2009.

[20]联合国教育、科学及文化组织. 2005年全民教育全球监测报告[R]. 北京：人民教育出版社，2005.

[21]联合国教育、科学及文化组织. 世界教育报告1998：教师和变革世界中的教学工作[R]. 罗进德，等，译. 北京：中国对外翻译出版公司，1998.

[22]单中惠. 教师专业发展的国际比较[M]. 北京：教育科学出版社，2010.

[23]王建军. 学校转型中的教师发展[M]. 北京：教育科学出版社，2008.

[24]熊建辉. 教师专业标准研究：基于国际案例的视角[D]. 上海：华东师范大学，2008.

[25]杨晶，于伟. 中俄中小学教师专业标准比较研究[J]. 外国教育研究，2015，42(5)：80—89.

[26]张治国. 美国四大全国性教师专业标准的比较及其对我国的借鉴意义[J]. 外国教育研究，2009(10)：34—38.

[27]周南照. 教师教育改革与教师专业发展：国际视野与本土实践[M]. 上海：华东师范大学出版社，2007.

[28]计琳. 周南照：科学构建教师专业标准体系势在必行[J]. 上海教育，2007(23)：27.

[29]中小学教师专业发展标准及指导课题组. 中小学教师专业发展标准及指导丛书[M]. 北京：北京师范大学出版，2012.

[30]张海珠. 教师培训需求分析模式研究——基于"教师专业标准"的探讨[J]. 课程·教材·教法，2017，37(12)：104—109.

[31]张伟平，赵倩. 基于教师专业标准的"案例示范"述评——以英国的案例示范为例[J]. 全球教育展望，2015，44(6)：56—65.

[32]熊建辉. 教师专业标准的国际经验[M]. 北京：北京师范大学出版社，2014.

[33]苟渊，曾巧凤. 改革开放40年教师教育政策变迁的回顾与反思——教师教育专业化两种路径的探索与实践[J]. 教师发展研究，2018，2(4)：10—16.

[34]闫建璋，王换芳. 改革开放40年我国教师教育政策变迁分析[J]. 教师教育研究，2018，

30(5)：7－13.

[35]朱旭东，宋萑，等. 新时代中国教师队伍建设的顶层设计[M]. 北京：北京师范大学出版
社，2018.

英文部分：

[1]Australian Science Teachers Association，Inc. National professional standards for highly ac-
complished teachers of science[R]. National Science Standards Committee. Australia，2002.

[2]Angus D L. Professionalism and the public good：A brief history of teacher certification[M].
Washington，DC：Thomas B. Fordham Foundation，2001.

[3]Bales B L. Making It Personal：The Policy Micropolitics of Stakeholders in the Standards-
Based Teacher Education Reform Effort[J]. Journal of Ethnographic & Qualitative Research，
2007，2(1)，6－14.

[4]Ballou D，Podgursky M. Gaining control of professional licensing and advancement. In T.
Loveless（Ed.），Conflicting missions：Teachers unions and educational reform[M]. Washing-
ton，DC：Brookings Institution，2000.

[5]Botman B V. A Freirean Perspective on South African Teacher Education Policy Development
[J]. South African Journal of Higher Education，2016，30(5)，48－67.

[6]Council for Science and Technology. Science Teachers：A report on supporting and develo-
ping the profession of science teaching in primary and secondary schools，2000.

[7]Crowe E. Teaching as a profession：A Bridge Too Far？[M]. In M Cochran-Smith，S
Feiman-Nemser，D J McIntyre，et al. Handbook of Research in Teacher Education：Enduring
Questions in Changing Contexts 3rd Ed，2008.

[8]Darling-Hammond L. Teacher Quality and Student Achievement：A Review of State Policy
Evidence. Seattle，WA：Center for the Study of Teaching and Policy，University of Washing-
ton，2000.

[9]Department of Education，National Competency Nased teacher Standards. Basic Education
Sector Reform Agenda. ，Metro Manila，2006.

[10]Fitzgerald T，H Youngs，P Grootenboer. Bureaucratic Control or Professional Autonomy?：
performance management in New Zealand schools[J]. School Leadership & Management，
2003，23(1)，91.

[11]Frank Serafini. Possibilities and Challenges—the National Board for Professional Teaching
Standards [J]. Journal of Teacher Education，2002，53(4)，316-327.

[12]Fung Yik Wo. Validation of an Instrument in Assessing Teacher Competence in a Developing Country. Melbourne: University of Melbourne, 2007.

[13]Gomez M L, Black R W, Allen A R. "Becoming" a teacher[J]. Teachers College Record, 2007, 109 (9), 2107−2135.

[14]Henning N, Dover A, Dotson E K, et al. Storying Teacher Education Policy: Critical Counternarratives of Curricular, Pedagogical, and Activist Responses to State-Mandated Teacher Performance Assessments[J]. Education Policy Analysis Archives, 2018, 26(26),1-26.

[15]ILO, UNESCO. The ILO/UNESCO Recommendation Concerning the Status of Teachers (1966) and The UNESCO-ILO Recommendation Concerning the Status of Higher- Education Personnel (1997) with a User's Guide. Geneva: ILO, 2008.

[16]Ingvarson L. Recognising accomplished teachers in Australia: Where have we been? Where are we heading? [J] Australian Journal of Education (ACER Press), 2010, 54(1), 46−71.

[17]Ingvarson L. Standards-Based Professional Learning and Certification: By the Profession, for the Profession. In L E Martin, S Kragler, D J Quatroche, K L Bauserman (Eds.) Handbook of Professional Development in Education: Successful Models and Practices, PreK-12. New York: Guilford Press, 2014.

[18]Ingvarson L, Schwille J, Tatto M T, et al. An Analysis of Teacher Education Context, Structure, and Quality-Assurance Arrangements in TEDS-M Countries: Findings from the IEA Teacher Education and Development Study in Mathematics (TEDS-M). International Association for the Evaluation of Educational Achievement, 2013.

[19]Ingvarson L. Trust the teaching profession with the responsibilities of a profession[J]. Teaching Science: The Journal of the Australian Science Teachers Association, 2011, 57 (3), 7−10.

[20]Interstate New Teacher Assessment and Support Consortium. Model Standards for Licensing Beginning Foreign Language Teachers: A resource for State Dialogue. Washington, DC: Council of Chief State School Officers, 2002.

[21]Ledger S, Vidovich L. Australian Teacher Education Policy in Action: The Case of Pre-Service Internships[J]. Australian Journal of Teacher Education, 2018, 43(7),22-29.

[22]Koppich J E, Humphrey D C, Hough H J. Making use of what teachers know and can do: Policy practice, and national board certification[J]. Education Policy Analysis Archives, 2006, 15 (7), 1−30.

[23]Kraft N P. Standards in teacher education: A critical analysis of NCATE, INTASC, and

NBPTS. In J. Kincheloe and D. Weil（Eds.），Standards and schooling in the United States：An encyclopedia. Santa Barbara，CA：ABC-CLIO，2001.

[24]Loughland T，Ellis N. A Common Language? The Use of Teaching Standards in the Assessment of Professional Experience：Teacher Education Students' Perceptions[J]. Australian Journal of Teacher Education，2016，41(7)，56－69.

[25]McDiarmid G W，Clevenger-Bright M. Rethinking Teacher Capacity. In M Cochran-Smith，S Feiman-Nemser，D J McIntyre，K E Demers（Eds.），Handbook of Research in Teacher Education：Enduring Questions in ChangingContexts 3rd Ed，2008.

[26]National Board for Professional Teaching Standards. How a Foundation launched a Statewide Collaboration to Improve Teaching through National Board Certification. VA：National Board for Professional Teaching Standards，2010.

[27]National Board for Professional Teaching Standards. NBPTS middle childhood generalist standards (2nd edition). Arlington，VA：Author，2001.

[28]National Board for Professional Teaching Standards. What teachers should know and be able to do. Arlington，VA：Author，1999.

[29]National Reference Group for Teacher Standards Quality and Professionalism. National Statement from the Teaching Profession on Teacher Standards and Professionlism. Canberrra：Austrilian College of Educators，2003.

[30]O'Doherty T. Defining Moments in Policy Development，Direction，and Implementation in Irish Initial Teacher Education Policy[J]. Center for Educational Policy Studies Journal，2014，4(4)，29－49.

[31]Office of the National Education Commission，Office of the Prime Minister. Education in Thailand 2004. Bangkok：OEC Publication，2004.

[32]Shulman L S. Paradigms and research programs in the study of teaching：A contemporary perspective. In M C Wittrock（Ed.），Handbook of Research on teaching（3rd edition）. New York：Macmillan Publishing Company，1986.

[33]Shulman L S. The practical and the eclectic：A deliberation on teaching and educational research[J]. Curriculum Inquiry，1984，14(2)，183－200.

[34]Shulman L S. Those who understand：Knowledge growth in teaching[J]. Educational Researcher，1986，15(7)，4－14.

[35]Shulman L S. Knowledge and teaching：Foundations of the new reform[J]. Harvard Educational Review，1987，57(1)，1－22.

[36]Shulman L S. The wisdom of practice. In D Berliner, B Rosenshine (Eds.), Talks to teachers: A festschrift for N. L. Gage. New York: Random House, 1987.

[37]Schwille J, Ingvarson L, Holdgreve-Resendez R, et al. TEDS-M Encyclopedia: A Guide to Teacher Education Context, Structure, and Quality Assurance in 17 Countries. Findings from the IEA Teacher Education and Development Study in Mathematics (TEDS-M). International Association for the Evaluation of Educational Achievement, 2013.

[38]Shishigu A, Gemechu E, Michael K, et al. Policy Debate in Ethiopian Teacher Education: Retrospection and Future Direction[J]. International Journal of Progressive Education, 2017, 13(3), 61—70.

[39]Symeonidis V. Revisiting the European Teacher Education Area: The Transformation of Teacher Education Policies and Practices in Europe[J]. Center for Educational Policy Studies Journal, 2018, 8(3), 13—34.

[40]Tatto M T, Peck R, Schwille J, et al. Policy, Practice, and Readiness to Teach Primary and Secondary Mathematics in 17 Countries: Findings from the IEA Teacher Education and Development Study in Mathematics (TEDS-M-M). International Association for the Evaluation of Educational Achievement, 2012.

[41]Teacher Education Council, Department of Education, Commission on Higher Education. Experimental Learning Course Handbook[M]. DAP Building, Pasig City, 2007.

[42]Torrance D, Murphy D. Policy Fudge and Practice Realities: Developing Teacher Leadership in Scotland[J]. International Studies in Educational Administration (Commonwealth Council for Educational Administration & Management (CCEAM)), 2017, 45(3), 23—44.

[43]Walker J, von Bergmann H. Teacher Education Policy in Canada: Beyond Professionalization and Deregulation[J]. Canadian Journal of Education, 2013, 36(4), 65—92.

[44]Wo F Y. Validation of an Instrument in Assessing Teacher Competence in a Developing Country[D],A Thesis Submitted in Fulfillment of the Requirements for the Degree of Doctor of Philosophy,Faculty of Education,The University of Melbourne, 2007.